LES PORTES DU NÉANT

Née en 1970 à Jableh en Syrie, Samar Yazbek a publié quatre romans dans son pays dont *Un parfum de cannelle* (Buchet-Chastel, 2013). *Feux croisés. Journal de la révolution syrienne* (Buchet-Chastel) a obtenu en 2012 une reconnaissance internationale et a été récompensé par plusieurs prix littéraires défendant la liberté d'expression et le courage : prix PEN Pinter en Angleterre, prix Tucholsky en Suède et prix Oxfam aux Pays-Bas. Journaliste et écrivain reconnue, figure de l'opposition à Bachar al-Assad, elle est contrainte à l'exil en 2011 et se réfugie en France avec sa fille. Entre « deux monstres » – le régime syrien et les djihadistes –, Samar Yazbek se dit aujourd'hui aux « portes du néant ».

SAMAR YAZBEK

Les Portes du néant

TRADUIT DE L'ARABE PAR RANIA SAMARA

Préface de Christophe Boltanski

STOCK

Titre original :

BAWABÂT ARD AL-'ADÂM
Publié aux éditions Dar al-Adab, Beyrouth, en avril 2015.

© Éditions Stock, 2016, pour la traduction française.
ISBN : 978-2-253-07011-5 – 1re publication LGF

Pour les martyrs de la révolution syrienne.

J'écris, d'une main tremblante.
J'écris à l'aveugle.
J'existe dans le monde réel mais alors que je l'écris, je disparais peu à peu.

Je regarde les gens autour de moi comme si j'étais des leurs. J'entends le rugissement d'un avion bien réel, pourtant je me dis : ce n'est qu'un détail dans une histoire plus vaste.

C'est mon second témoignage sur l'histoire du carnage qui se déroule en Syrie. Après *Feux croisés*, je force de nouveau la fenêtre entrebâillée, laissant pénétrer un fragile rayon de lumière qui suffit à révéler tous les cercles de l'enfer.

Je suis la conteuse qui examine vos vies fugaces, qui vous tiens dans son regard, comme nous le faisions lors de ces longues nuits, lorsque nous riions à gorge déployée en nous demandant lequel d'entre nous serait touché par le prochain obus. Je le fais pour vous. Je ne peux que vous faire apparaître dans mon esprit et bâtir vos histoires tels des piliers dressés entre la terre et le ciel.

J'écris pour vous qui avez été trahis.

PRÉFACE

Nous voilà entraînés dans un voyage. Ou plutôt plusieurs, échelonnés sur près d'une année. Il serait plus juste de parler d'une chute dans un entonnoir sans fond, d'un interminable parcours de souffrance. À chaque fois qu'elle enjambe les barbelés pour retrouver son pays, Samar Yazbek perd pied et glisse un peu plus bas. Comme dans la *Divine Comédie* de Dante, au fur et à mesure de sa descente, l'espace autour d'elle se rétrécit, l'obscurité et la désolation augmentent. Alors qu'elle pourrait fuir, regagner la Turquie voisine et retrouver son exil parisien, elle continue à dévaler la pente. Non seulement, elle ne cherche pas à se soustraire aux dangers de plus en plus grands qu'elle encourt, mais elle va au-devant d'eux. Elle se confronte à ses pires cauchemars. Elle défie ceux-là mêmes qui réclament sa tête et celle de ses semblables. Car elle veut témoigner, transmettre et aussi comprendre comment la Syrie a pu tomber dans un tel abîme. Son livre appartient à cette littérature du désastre qui, depuis Varlam Chalamov et Primo Levi ou plus récemment

Les Portes du néant

Rithy Panh et Jean Hatzfeld, tente, non pas de dire l'indicible, mais d'arracher quelque chose au néant, de faire surgir dans les trous noirs de l'Histoire un soupçon d'humanité, de capter au cœur de la nuit une petite lumière pareille à celle émise par des astres morts, des lucioles ou des âmes errantes.

Lorsqu'elle rejoint pour la première fois, en août 2012, l'une des enclaves libérées par les rebelles dans le nord de la Syrie, Samar Yazbek a déjà franchi plusieurs cercles de l'enfer. Romancière, poète, journaliste, elle a pris part dès le début, en mars 2011, au soulèvement contre la dictature de Bachar al-Assad, aux cortèges pacifiques organisés chaque vendredi et dispersés par des chars d'assaut et des tireurs d'élite, aux comités locaux formés dans des appartements enfumés, embryons de la Syrie démocratique rêvée alors par la grande majorité des manifestants. Elle-même est arrêtée, battue, traînée par des inconnus dans une prison afin qu'elle voie le sort réservé aux contestataires. Ses geôliers veulent la terroriser, la museler. Ils font d'elle un greffier. Un scribe de cette révolution paisible réprimée avec une incroyable sauvagerie. De ces semaines sanglantes, mais où tout paraît encore possible, elle tire un premier ouvrage : *Feux croisés*. Un journal tenu au quotidien qui décrit, dans un langage à la fois poétique et dépouillé, la peur, les doutes, les espoirs, la violence des miliciens, des terribles *chabbiha* et des services de sécurité, les enlèvements, la torture, les exécutions de masse.

Samar Yazbek finit par s'enfuir. Elle trouve asile en France avec sa fille, mais souffre de ce bannissement qu'elle compare à une petite mort. Elle décide de revenir clandestinement dans son pays pour secourir les habitants des zones insurgées. Elle croit encore la chute du régime imminente et veut contribuer à bâtir les institutions de l'après-Assad, d'une Syrie qu'elle imagine libre et laïque. À cette fin, elle fonde Women Now for Development, une association qui vient en aide aux femmes syriennes en mettant en place des écoles et des centres de formation. Elle reprend aussi sa plume. En tant que survivante, elle entretient un lien indéfectible avec tous ceux qui ont été tués ou qui vont l'être. Elle a une dette envers eux. Elle doit raconter, sans relâche, enregistrer leur voix avant qu'il ne soit trop tard. Elle sillonne les villages de la région d'Idlib et, tout en montant ses projets associatifs, réalise des dizaines d'entretiens avec des activistes, des combattants ou de simples citoyens. « Celui qui te parle maintenant est un mort », lui dit un homme de l'Armée Syrienne Libre. Combien de ceux qui s'expriment dans son livre ont disparu depuis ? Combien ont péri sous les bombes ou pris le chemin de l'exil ? Samar Yazbek écrit au nom d'un peuple fantôme, d'un pays défunt.

À chacun de ses séjours, elle plonge un peu plus dans les ténèbres, voit les ruines s'étendre et la haine gagner du terrain. Aux soldats succèdent les miliciens. Aux massacres s'ajoutent les viols, les pillages et les supplices. Après les missiles imprécis des MiG et les armes chimiques, place aux barils d'explosifs, moins coûteux et infiniment plus destructeurs, largués par hélicoptère au-dessus des habitations. Dans le camp adverse, des bandes de voleurs prennent des noms de bataillons imaginaires et rançonnent les populations. À partir de 2013, apparaissent des jeunes à la barbe teinte au henné, en hommage au Prophète, et à l'accent venu d'ailleurs. Les islamistes radicaux, que Bachar a amnistiés par centaines au tout début de la révolte pour mieux dénoncer un complot terroriste, ont formé à leur tour des groupes armés, Ahrar al-Cham, Jabhat al-Nosra, vite supplantés par un nouveau rival, Daech, acronyme de l'État islamique en Irak et au Levant. Des volontaires étrangers affluent en Syrie par milliers et bientôt dizaines de milliers. Des tribunaux improvisés imposent la charia, le port du voile, les châtiments corporels. Les autres rebelles ne pèsent pas lourd, face à ces extrémistes religieux riches, bien équipés, grâce aux subsides venus du Golfe, qui arborent leur foi en guise d'étendard. Les voilà contraints de combattre à la fois les partisans du régime et ceux du califat. Deux ennemis qui, loin de s'affronter, profitent l'un de l'autre pour se renforcer.

Après s'être muée en lutte armée, la révolution est devenue une guerre de religion. « Excommunicateurs » contre « mécréants ». Sunnites contre alaouites, cette branche hétérodoxe de l'islam dont sont issus les Assad, mais aussi Samar Yazbek. La romancière ne s'est jamais sentie membre d'une quelconque communauté ethnique ou confessionnelle. Elle se retrouve obligée de rappeler ses origines devant des combattants qui souhaitent ouvertement la mort de ses coreligionnaires. Femme, intellectuelle, laïque, démocrate

Préface

et alaouite. Tout la désigne comme cible. Autour d'elle, les rapts, les assassinats d'activistes se multiplient. Un journaliste polonais qui l'accompagne est kidnappé sous ses yeux. Malgré la montée des périls, elle va toujours plus loin, plus profond. Elle franchit un dernier anneau et affronte, avec son stylo et son carnet, un chef djihadiste, un émir, l'une des figures de l'enfer syrien. Intrigué, il finit par lui demander d'où elle vient. « Je suis de partout », lui répond-elle.

Christophe BOLTANSKI

LA PREMIÈRE PORTE

Août 2012

Les barbelés me lacérèrent le dos. J'étais secouée de tremblements incontrôlables. Après de longues heures passées à attendre la tombée de la nuit pour éviter d'attirer l'attention des soldats turcs, je levai enfin la tête et regardai le ciel qui virait au noir. Sous les barbelés qui délimitaient la frontière, on avait creusé un fossé juste assez grand pour une personne. Mes pieds s'enfoncèrent dans le sol et les pointes du fil de fer griffèrent mon dos alors que je rampais sous la ligne de démarcation entre les deux pays.

Je pris une profonde inspiration, me relevai et courus aussi vite que possible, comme on m'avait dit de le faire. Vite. Une demi-heure en sprint, c'est la distance à couvrir avant d'être à l'abri de l'autre côté de la frontière. Je courus, courus sur un sol traître et rocailleux d'un pied léger pourtant. Les battements de mon cœur me portaient, me soulevaient. Essoufflée, je ne cessais de murmurer : *Je suis revenue ! Ce n'est pas une scène de film, c'est réel*. Je courais en répétant : *Je suis revenue... Je suis ici*.

Derrière nous, on pouvait entendre des coups de feu, et le roulement des blindés du côté turc, mais nous avions réussi : nous étions passés. Comme si le sort l'avait décidé depuis longtemps. Je portais pour la circonstance un foulard, une veste longue et un pantalon ample. Nous devions gravir une colline pentue avant de retrouver sur l'autre flanc la voiture qui nous attendait. Cette fois, mes guides et moi ne faisions pas partie d'un convoi d'étrangers. À ce moment, je ne me posais pas la question de savoir si je pourrais jamais écrire un jour là-dessus. J'étais certaine, j'ignore pourquoi, qu'en retournant dans ma patrie, j'allais mourir comme tant d'autres. La nuit tombait et tout paraissait normal, sans surprise, du moins en apparence.

Plus tard, après avoir effectué plusieurs fois cette traversée en dix-huit mois, je remarquerais de nombreux changements : le chaos qui régnait à l'aéroport d'Antioche, près de la frontière, constituait une preuve évidente de ce qui se produisait en Syrie. Je garderais cela dans un coin de ma mémoire, comme tout ce qui témoignait des bouleversements rapides et profonds que connaissait mon pays. À cette époque, cependant, j'ignorais ce qu'il adviendrait tandis que je gravissais la colline pour la première fois, les genoux endoloris.

Quand j'atteignis le sommet, je m'accroupis et m'arrêtai pendant dix bonnes minutes, haletante, le souffle court, essayant de calmer mon cœur qui battait à tout rompre. Les jeunes hommes qui m'accompagnaient durent croire que c'était l'émotion de revoir mon pays. Mais c'était bien la dernière chose à laquelle je pensais. Nous avions couru pendant si longtemps que j'avais l'impression qu'on m'arrachait les poumons, je ne tenais plus debout.

Enfin, nous parvînmes jusqu'à la voiture et je recommençai à respirer normalement. Je montai à l'arrière avec les deux hommes qui allaient me servir de guides, Maysara et Mohammed. Ils étaient des combattants d'un genre particulier, appartenant à la même famille, celle qui allait m'accueillir. Maysara était un rebelle qui avait commencé par faire campagne de manière pacifique contre le régime d'Assad puis avait pris les armes. Mohammed avait une vingtaine d'années et faisait des études de commerce quand il avait lui aussi participé au mouvement pacifique avant de s'engager dans la résistance armée. En travaillant avec lui au cours des semaines suivantes, j'appris à le connaître et il devint un ami fidèle. À l'avant, le chauffeur et un autre jeune homme.

Nous traversions la région d'Idlib, qui avait été partiellement libérée du contrôle des forces armées d'Assad. Entre les barrages innombrables établis par l'Armée Syrienne Libre (ASL), nous roulions à toute allure sur la route bordée d'oliviers. Partout, des militants armés, des drapeaux victorieux. Je sortais la tête par la vitre, j'essayais de fixer ces images dans mon esprit en me détachant émotionnellement du paysage. La route semblait interminable, avec le bruit des bombardements au loin. Un sentiment d'euphorie me gagna alors que je contemplai cette région de la Syrie qui avait été débarrassée en partie des troupes d'Assad.

Les Portes du néant

Pourtant, même s'il y avait lieu de se réjouir, le ciel ne l'entendait pas de cette manière. Non, le ciel était en feu. J'avais l'impression d'être bombardée d'images qui rivalisaient pour retenir mon attention. Il m'aurait fallu des yeux à l'arrière de la tête, des oreilles, au bout des doigts pour tout enregistrer. Je regardais droit devant moi, essayant de trouver un sens à ce qui m'entourait. Des machines de destruction. Le ciel embrasé. Une voiture solitaire, une femme, quatre hommes à son bord, en direction de Saraqeb.

La Syrie de mes souvenirs avait été l'un des plus beaux pays du monde. J'avais passé mon enfance dans la ville de Tabqa (appelée aussi Thawra), près de Raqqa, sur la rive de l'Euphrate, et mon adolescence dans la cité historique de Jableh sur la Méditerranée, puis à Lattaquié, principal port syrien. Plus tard, j'avais vécu seule avec ma fille à Damas, pendant plusieurs années, loin de ma famille, de ma communauté et des entraves du sectarisme. J'étais indépendante, libre de mes choix, mais mon mode de vie m'avait valu la critique, le rejet et la médisance. Il était difficile d'être une femme dans cette société conservatrice qui ne permettait pas aux femmes de se rebeller contre ses lois. Tout semblait résister au changement. Et la dernière chose que j'aurais pu imaginer, lors de cette première traversée des provinces rurales du nord de la Syrie, était de les trouver bel et bien détruites.

Tout ce que j'écris dans le récit qui va suivre est réel. Le seul personnage fictif est la narratrice, c'est-à-dire moi : comme si ce personnage invraisemblable, capable de traverser la frontière au milieu du chaos, n'était pas moi ; comme si ma vie s'était muée en une intrigue farfelue de roman. À mesure que j'assimilais ce qui se passait autour de moi, je cessais d'être moi-même. Je devenais un personnage construit de toutes pièces, considérant les choix qui se présentaient, tout juste capable de continuer. Je mis de côté la femme que je suis dans la vraie vie pour devenir cet être imaginaire, j'adaptais mes réactions à ce pour quoi elle vivait. Que venait-elle faire ici ? Affronter la vie ? L'identité ? L'exil ? La justice ? La folie du bain de sang ?

J'ai été contrainte de m'exiler en France en juillet 2011. Mon départ de Syrie n'a pas été facile. J'ai fui avec ma fille, parce que j'étais poursuivie par les services de renseignement (les *mukhabarat*) pour avoir pris part aux manifestations pacifiques, lors des premiers mois de la révolution, et que j'avais écrit plusieurs articles dévoilant la vérité sur les agissements des services secrets, qui torturaient et assassinaient les opposants au régime d'Assad. Mais une fois arrivée en France, j'ai ressenti l'obligation de retourner dans le nord de la Syrie pour poursuivre mon rêve de voir un jour la démocratie et la liberté régner dans ma patrie. Je ne pensais qu'à ce retour dans mon pays natal, convaincue que je faisais ce qui était juste en tant qu'intellectuelle et écrivain, c'est-à-dire me tenir aux côtés de mon peuple dans son combat. Mon but était de mettre en place des actions à petite échelle pour les femmes ainsi qu'une organisation visant à les responsabiliser et à instruire les enfants. Car si la situation devait se prolonger, il n'y avait pas d'autre choix que de se concentrer sur la prochaine génération. Je cherchais aussi une solution viable pour établir des institutions civiles démocratiques dans ces régions qui s'étaient affranchies de la tutelle d'Assad.

Nous filions sur les routes, dans le noir le plus complet, vers la maison de la famille qui allait jouer un rôle si fondamental dans ma nouvelle vie. Nous entrâmes avec prudence dans les rues étroites de Saraqeb. La ville n'était pas totalement libérée. Un sniper posté sur la tour de radiodiffusion faisait encore d'innombrables victimes chaque jour.

La maison où j'étais hébergée comportait plusieurs ailes disposées autour d'un patio central. Cette bâtisse témoignait à l'évidence d'une époque prospère et hospitalière. Maintenant, ils se « débrouillaient » comme me le dit l'une des femmes de la famille. La partie la plus ancienne du bâtiment, édifiée par la génération précédente, était coiffée d'un ravissant dôme. On m'y avait réservé une pièce, surnommée « la cave ». À gauche, les appartements du fils aîné, Abou Ibrahim et de son épouse, Noura, mes hôtes. À droite vivait mon guide, Maysara, le cadet de la famille, avec sa femme, Manal, et leurs enfants, Rouha, sage fillette de onze ans, Aala, sept ans, Mahmoud, quatre ans et la petite Tala, deux ans et demi. La maison abritait aussi la mère des deux frères et leur tante. La sœur d'Abou Ibrahim, Ayouche, célibataire de cinquante ans, s'occupait des deux vieilles dames qui ne se déplaçaient presque plus.

Je ne le savais pas encore, mais nous partagions avec mes hôtes la même conception de l'avenir de notre pays, ce qui créa un lien fort entre nous. Les Syriens sont des gens extrêmement accueillants. À peine étions-nous arrivés, tout le monde se mobilisa pour nous préparer à dîner. Nous nous assîmes par terre, les jambes en tailleur, sur des nattes en plastique et des matelas en mousse, les deux fillettes, Rouha et Aala à mes côtés. Je regardais leurs visages amicaux en pensant à ma famille, qui vivait dans des régions du pays contrôlées par le régime, ce qui m'interdisait toute visite.

Ce soir-là, je racontai aux femmes que j'étais partie de chez moi pour la première fois à seize ans. En partageant ces confidences, je voulais leur inspirer confiance et leur donner une idée de ce que signifiait vraiment la liberté et les responsabilités qui en découlaient. Je tenais à leur montrer que la liberté d'une femme réside dans une vie responsable, contrairement aux préjugés de la société syrienne qui considérait la libération de la femme comme une violation désordonnée des coutumes et des traditions. Je leur racontai comment je vivais et travaillais dur pour élever ma fille et m'assumer économiquement depuis mon divorce, que j'avais dû accepter divers petits boulots pour qu'elle et moi puissions vivre en toute indépendance. Certains membres de ma famille, de ma communauté, avaient coupé tout contact avec moi, mais j'avais fait ce que je devais pour devenir écrivain et journaliste. Elles m'assaillirent de questions alors je leur décrivis un peu mon périple jusqu'à Saraqeb.

Je leur racontai qu'avant de traverser la frontière, je m'étais arrêtée dans un hôpital de la ville de Rihaniyé, où un service d'urgence réservé aux blessés syriens victimes des bombardements occupait tout un étage. Une longue succession de chambres à l'odeur nauséabonde, dans lesquelles reposaient les patients, amputés, mutilés, le regard dans le vide. Maysara m'accompagnait ainsi que son beau-frère Manhal, l'un des premiers militants du soulèvement de Saraqeb. Il m'avait mise en garde sur ce qui m'attendait avant d'entrer dans la chambre de Diana, quatre ans, et de Shaima, onze ans.

Diana avait été touchée à la moelle épinière, la balle avait engendré une paralysie permanente. Elle était allongée dans le lit, figée, paniquée, comme un lapin pris dans la lumière des phares. C'était un miracle que son petit corps fragile n'ait pas explosé sous l'impact. La fillette traversait la rue, un matin, pour aller s'acheter un gâteau, un sniper lui avait tiré dans le dos. Mais à quoi pouvait-il penser, bon sang, en pointant son arme sur l'enfant ?

Dans le lit mitoyen se trouvait Shaima. Un obus lui avait sectionné la jambe, sa main et son pied gauches avaient été touchés par des éclats de shrapnel, des bandages recouvraient tout son corps. Neuf membres de sa famille, dont sa mère, avaient été tués alors qu'ils étaient tranquillement assis sur le seuil de leur maison. Sa tante se tenait à son chevet.

La première porte

Shaima me regarda avec une expression où se mêlaient colère et supplication. Son bassin était bandé jusqu'en haut de la cuisse. Il y avait un vide à la place de la jambe. Nos imperfections nous rendent entiers, songeai-je. Et nous sommes incomplets quand nous sommes entiers. Mais je n'avais pas de mots pour consoler cette enfant. Je posai ma main sur son front. Elle sourit.

Shaima et Diana n'étaient pas seules à l'étage. Dans la chambre voisine se trouvait un jeune homme qui attendait qu'on l'ampute d'une jambe, pulvérisée par un obus. Il avait pourtant des yeux rieurs. Un autre garçon attendait qu'on nettoie sa blessure au pied, afin de pouvoir repartir combattre en Syrie. Abdallah, c'était son nom, était à la tête d'un groupe de combattants ; lors de ma deuxième traversée, il accepterait de me consacrer du temps, de répondre à mes questions et nous deviendrions amis. Je ne le savais pas encore mais mon troisième voyage se ferait sous son égide. Malgré les obus qui tomberaient autour de nous, nous prendrions même un café avec sa belle fiancée.

Dans les salles de cet hôpital turc situé à quelques mètres de la frontière gisaient de jeunes Syriens aux corps à moitié déchiquetés, dont les membres ensanglantés avaient été abandonnés dans la poussière. Ces jeunes gardaient le visage tourné vers leur pays, si proche qu'on pouvait presque le sentir. Ce fut le premier pas, expliquai-je à mes hôtes, vers la réalité de la frontière.

Les Portes du néant

Je leur racontai qu'il nous avait fallu ramper sous des barbelés pour passer d'un enfer à un autre. Je connus un moment de doute, en équilibre précaire sur la frontière entre l'exil et mon pays. Là, des deux côtés des barbelés, des silhouettes émergeaient soudain dans l'obscurité, des corps nous frôlaient alors que nous avancions à l'aveuglette. Une voix nous salua. D'autres échangeaient des paroles. Nous continuions à ramper aussi furtifs que des chats en maraude. La frontière, derrière laquelle les Syriens disparaissent la nuit, mérite à peine ce nom alors que des gens s'y croisent et la traversent dans le silence des ténèbres même s'ils sont peu nombreux à trouver la paix arrivés à destination. Aucun barbelé ne peut les retenir, c'est aussi vain que d'essayer de garder de la gelée dans un filet.

Lors de mon premier séjour à Saraqeb, je me suis trouvée au plus près du sniper qui avait tiré sur Diana alors que j'apprenais à connaître la ville et que mes hôtes me montraient comment passer par les maisons pour éviter la rue surveillée par l'assassin. Nous nous faufilions à travers les maisons pour ne pas nous retrouver dans la ligne de mire du sniper. Le plus souvent les propriétaires avaient abattu les murs mitoyens de leurs voisins pour ouvrir des voies de passage. Nous les traversions, sautions par une fenêtre puis nous glissions dans la cour suivante, pieds nus.

Un jour que je me trouvais avec Mohammed et deux autres jeunes hommes, nous dûmes franchir le salon d'une vieille dame qui nous regarda passer, répondant à notre salut allongée sur son canapé sans bouger d'un pouce. Elle avait l'habitude de ces intrusions. Avant de sortir par la fenêtre, je me retournai vers elle cherchant à lire sur son visage un signe de surprise, mais elle contemplait le plafond, impassible. Il n'y avait aucun autre moyen de circuler en sécurité.

D'ailleurs, le dernier jour, j'apprendrais par des voisines que le sniper venait de tuer une femme en visant ses parties génitales ainsi qu'une fillette de douze ans. Cette nouvelle me bouleversa. Les jambes soudain flageolantes, je fus incapable d'avancer. « Que fais-tu ? » me dirent mes compagnons en haussant le ton. « Dépêche-toi ! Il va falloir t'endurcir, tu sais ! » Je me promis de contenir mes émotions dorénavant, de cacher ma tristesse.

Il n'y a qu'un seul vainqueur en Syrie : la mort. On ne parle que d'elle, partout. Tout est relatif, sujet au doute. La seule chose dont on puisse être certain, c'est que la mort triomphera.

J'étais venue pour aider les femmes à monter des ateliers, des micro-entreprises qui leur permettraient de se maintenir financièrement, et je me mis au travail. Mais il était facile de se laisser distraire. Un jour, alors que je m'apprêtais à aller rencontrer des veuves et des familles de combattants martyrs (martyrs au sens laïc, pas religieux), je me retrouvai soudain entourée d'une nuée de jolies voisines, déterminées à me raconter leur histoire. La petite Aala, assise à côté de moi, me tirait par la main tandis que son aînée, Rouha, aidait sa mère et me regardait d'un œil désapprobateur. Cherchant à contenter tout le monde, je chuchotai à l'oreille de la cadette qu'il fallait écouter avec attention. Elle me fit un clin d'œil, posa sa petite main sous son menton et prit un air concentré.

Sans compter ces précieuses diversions, il ne m'était pas toujours facile de me déplacer comme je le voulais. Mohammed, qui m'accompagnait toujours en voiture, ne pouvait pénétrer dans les maisons des veuves, surtout pendant l'*iddah*, la période de deuil prolongé qui, selon la loi islamique, interdit à une veuve de se retrouver en présence d'un homme pendant quatre mois et dix jours. Ce qui frappait lorsqu'on entrait dans leurs maisons, éparpillées dans les villages autour d'Idlib, c'était la propreté de leurs foyers, malgré les coupures d'eau. Ces femmes étaient tout aussi impeccables, les sourcils bien dessinés, les yeux brillants, et en dépit de leur pauvreté, une odeur de propre, de désinfectant, ou de savon bon marché pour les plus démunies, imprégnait chaque pièce. Ces femmes, parmi les déplacés les plus misérables, qui vivaient dans des bâtiments à moitié en ruine, continuaient à prendre soin de leurs intérieurs, balayant, dépoussiérant, nettoyant avec de vieux vêtements, lavant le visage de leurs enfants à l'aide de serviettes humides. Il faut adapter ses exigences quand on a à peine un toit sur la tête.

En rentrant d'une de ces visites, Mohammed me proposa d'aller rencontrer le peintre et calligraphe qui dessinait la majeure partie des graffitis couvrant les murs de Saraqeb, l'une des formes artistiques utilisées par les militants depuis le début de la révolution. Dès qu'une ville était libérée, ses murs se métamorphosaient en livres illustrés et en expositions itinérantes. L'homme qui dessinait sur les murs de Saraqeb était le même qui ensevelissait les martyrs de la ville, victimes des bombardements.

« J'enterre les corps, me confia-t-il, en ouvrant ses mains sur ce dernier mot. Je pourrais vous raconter l'histoire de chacun d'eux, mais cela prendrait trop de temps. J'enterre les martyrs de Saraqeb et je peins les murs de Saraqeb. Je ne quitterai jamais ma ville. »

Cet échange eut lieu devant le centre culturel de Saraqeb, ses couleurs éclatantes tranchant sur la grisaille alentour. En face, un immeuble sur le mur duquel était inscrit un hommage à Mohammed Haaf, martyr local. « C'est vrai, Haaf : un œil n'oublie jamais sa paupière, ni une fleur, ses racines. » Sur un autre mur, ce slogan : « Damas, nous sommes ici pour l'éternité. » Tandis que nous marchions dans les rues, je pris des photos des murs et devantures des magasins de cette ville embourbée dans la glorification de la mort. Je vis des annonces de décès collées partout, des jeunes, des enfants, des femmes, des personnes âgées. Nous avancions sous le soleil brûlant, dans la poussière sèche, croisant quelques rares hommes, les yeux rougis mais vifs. On entendait encore les tirs du sniper.

Ce soir-là, un jeune cousin de Maysara, à la peau sombre et aux pommettes brûlées, se présenta à la maison. Il demeura silencieux pendant un long moment avant de nous dire que des obus étaient tombés dans son champ et avaient brûlé tout son foin, son unique gagne-pain. Sa saison était fichue. À peine avait-il prononcé cette phrase, qu'il jeta sa tête en arrière et la cogna contre le mur. Sa mère, qui était parmi nous, le regarda, horrifiée, comprenant qu'elle aussi avait tout perdu. Elle poussa une longue plainte, puis se tut pour prêter l'oreille, comme nous, aux tirs du sniper.

« Ils mettent le feu aux champs autour de la ville pour punir les habitants, m'expliqua Mohammed le lendemain, pendant que nous examinions un autre graffiti. Mais je ne pense pas qu'ils lâcheront un obus sur nous maintenant. Enfin, qui sait ? » Nous avons levé les yeux vers le ciel bleu qui tremblait sous le tonnerre des explosions. « Lorsqu'un obus tombe près de toi, c'est un bruit que tu n'oublies pas », ajouta-t-il en éclatant de rire. Un convoi de blindés se dirigeant vers Alep gronda aux abords de la ville.

Alors que nous remontions dans la voiture, Mohammed poursuivit : « Quand la bataille fera rage, Saraqeb se trouvera sur la ligne de démarcation. Les bombardements seront incessants. »

Nous nous arrêtâmes devant un bâtiment démoli. « Cette maison a été incendiée puis bombardée après la mort d'un des fils de la famille torturé en prison. Son cadavre a été traîné dans les rues de la ville, attaché à une voiture. Il avait sept sœurs et un frère, le père venait de mourir. Son seul crime était d'avoir participé aux manifestations pacifiques. Un autre jeune, qui filmait les manifestations, a été arrêté et allongé sous un blindé. Ils ont mis le contact et lui ont dit qu'ils allaient

La première porte

l'aplatir. Ils l'ont laissé comme ça pendant un moment puis ils ont éclaté de rire et ils l'ont emmené en prison.

» Nous allons reconstruire tout ce qu'ils ont bombardé. Tu vois cet appartement, là, de l'autre côté ? » Il me montra un mur béant au deuxième étage d'un immeuble : « C'était là que vivait la sœur d'un déserteur. Ils l'ont pilonné pour se venger. »

Comme je tente d'écrire ces événements, je m'aperçois qu'il m'est impossible de le faire de manière logique, ordonnée. Je n'y arrive pas. Je ne peux que briser la chronologie.

Je me souviens de ce jour où Maysara et Mohammed insistèrent pour me montrer le cimetière des tanks à Atareb : une montagne immense de carcasses métalliques calcinées, réduites en bouillie. Des traces d'incendie partout, les décombres des maisons éventrées, écrasées comme des boîtes en carton. Le silence. La désolation. Pas un bruit dans la ville. Rien, pas un murmure, pas même les aboiements des chiens errants. C'est là que je compris le sens profond du mot « annihilation ». Au fond d'une ruelle, on repéra la lueur d'une bougie dans une petite échoppe et, de loin, le spectre d'une femme agitant les bras. Ce furent là les seuls signes témoignant qu'Atareb n'était pas une ville fantôme abandonnée, un tas de ruines sans forme ni identité où seul résonnait le bruit des explosions.

Nous repartîmes vers Saraqeb. Un commandant voyageait avec nous, assis à ma gauche, à l'arrière. Soudain, il chargea son fusil et je ne pus réprimer un frisson. Puis il sortit une grenade sur laquelle il resserra sa main droite. J'examinai cette boule verte puis la touchai, d'un geste timide. Nous traversions une zone dangereuse. Le commandant tenait fermement la grenade tout en posant le canon de son fusil sur le rebord de la vitre, épiant le paysage brûlé, comme un loup aux aguets.

« On peut aussi bien se faire attaquer par les chiens du régime, m'expliqua-t-il, que par les voyous et les bandits qui détroussent les gens au nom de l'Armée Syrienne Libre. »

Comme je le découvrirais bientôt, si le nom « Armée Syrienne Libre » suggérait un rassemblement organisé d'unités militaires, en réalité il recouvrait des éléments très disparates aux caractéristiques et aux comportements différents, allant de la cruauté à la compassion. Les combattants de l'ASL sont des gens ordinaires comme on peut en croiser dans la rue. Leurs singularités tiennent à leur position par rapport à la révolution : certains adhèrent à ses principes moraux, d'autres les ont totalement perdus de vue, si bien que ces groupes finissent par avoir peu de choses en commun. Les brigades de l'ASL ou les « brigades de résistance des gens armés » comme on devrait les appeler, en prenant en compte leur pluralité, sont une copie carbone de la vie dans toute sa diversité. Sauf qu'ici, en Syrie, la mort flotte parmi eux avec la légèreté d'une plume.

À l'avant, Maysara sortit son fusil tandis que notre chauffeur se concentrait avec application sur la route. À ma droite, Mohammed, armé lui aussi, se tenait prêt

La première porte

à ouvrir le feu. Alors que nous roulions dans un nuage de poussière épais, les hauts cyprès s'élevant, menaçants, au-dessus de la route étroite, je tentai de cacher ma peur. Mais le fusil du commandant, posé à côté, sa grenade, qui avait retrouvé sa place dans la poche extérieure de sa veste, me firent penser que ma dernière heure était venue. Je regardais fixement le canon de l'arme pointée vers moi, sa gueule minuscule, affamée, en songeant qu'il aurait suffi que mes doigts bougent de quelques centimètres pour appuyer sur la détente et que je me retrouve engloutie par une douce obscurité éternelle. Je fus brutalement tirée de ma transe par la voix du commandant : « Nous sommes tous ensemble ici. Personne ne touchera à un seul de vos cheveux. »

Puis, tandis que nous roulions à la lueur du crépuscule vers Saraqeb, il me raconta une histoire.

« ... Nous l'avons retrouvé six jours plus tard. Son cadavre gisait dans les bois, recroquevillé dans une horrible puanteur. Il était recouvert d'un drap. De loin, on aurait dit un vieux tas de chiffons. Voilà ce qu'ils avaient fait du jeune fils de la famille Abboud, disparu le 24 mars 2012, le jour où l'armée a envahi Saraqeb. Il était couvert de sang, une plaie profonde visible sur sa nuque, massacré comme un animal. Ses vêtements étaient intacts, recouverts d'une couche de poussière. Il a été le premier martyr le jour où l'armée s'est déchaînée sur Saraqeb. Nous pensions qu'il avait été arrêté, comme tant d'autres, et emprisonné. Il est resté vivant dans nos cœurs six mois, peut-être que cela compte.

» Je suis sûr qu'il a été piégé ! Ce jour-là, il ne portait pas d'arme, il l'avait laissée chez lui. Il était sorti puis il avait disparu. S'il avait été armé, il ne se serait pas rendu facilement, donc ils ont dû lui tendre un piège. La blessure montrait clairement qu'il avait été égorgé par-derrière. Il était habillé de neuf, vous comprenez.

» L'armée s'est retirée rapidement après avoir attaqué la ville. Ils nous ont eus. Très peu de soldats sont restés. Ça, c'était un samedi. Mais ils sont revenus le mardi, pour prendre Taftanaz et Jarjanaz et toute la région dont nous avions repris le contrôle. Ils ont incendié soixante-dix maisons à Jarjanaz et une centaine à Saraqeb. Les blindés sont entrés, ils ont tout démoli. Après leur passage, Saraqeb n'était plus qu'une ruine.

» Ce jour-là, ils ont tué quelques-uns des meilleurs de nos jeunes. Saad Barish était cloué au lit par des éclats d'obus à la main et à la jambe. Il se trouvait chez sa sœur et son neveu lorsqu'ils sont entrés dans leur maison et ont tout saccagé. Ils ont pris Saad et son neveu, Uday al-Amr, ils l'ont arraché des bras de sa mère. Ils les ont traînés dehors. Saad hurlait à cause de ses blessures, mais ils s'en fichaient et ils ont continué à les tirer dans les rues avant de disparaître.

» La mère d'Uday les a suivis en hurlant. Ils l'ont repoussée, jetée à terre. Puis on a entendu des coups de feu. Elle a couru, rampé pour se rapprocher. On a retrouvé les deux garçons, affaissés contre un mur, le corps criblé de balles.

» Cette femme, qui a vu son fils traîné par terre puis tué… elle a reçu la visite d'autres soldats, plus tard, qui

La première porte

cherchaient son autre garçon. Ils avaient faim, alors elle leur a préparé à manger. L'un d'eux s'est mis à l'insulter, elle l'a maudit en lui criant "Tu es chez moi, je te nourris et tu oses m'insulter !" Le soldat s'est tu et a demandé à ses camarades de ne pas lui faire de mal. Mais ils ont pris son fils, un adolescent, malgré ses cris et ses larmes tandis qu'elle les suppliait de le lui rendre et que le soldat la regardait d'un air triste. Ils l'ont emmené, et ils le lui ont rendu : mort.

» Les rebelles ne cédaient toujours pas. Ils ne craignaient pas la supériorité numérique de l'ennemi, ni les bombardements, ni la mort. Ils ont continué à défendre leurs maisons, même s'ils étaient à court de munitions. Six d'entre eux se sont ainsi retrouvés piégés, sans rien pour se défendre. L'armée a réussi à entrer chez eux malgré les barricades. Ils ont mis le feu à la cave et s'apprêtaient à exécuter le propriétaire de la maison, un homme âgé pourtant, quand sa femme s'est agenouillée à leurs pieds et les a suppliés : "Je vous en prie, les garçons, ne le tuez pas… Je baise vos pieds… Laissez-le. C'est un homme bon… Il n'a rien fait !" Ils ne l'ont pas tué, mais l'ont sauvagement frappé puis jeté à la rue. Ils ont pris les six rebelles, ils avaient vingt ans, les ont collés contre un mur et les ont froidement exécutés. Puis ils sont repartis comme si de rien n'était.

» Le lendemain, alors qu'ils patrouillaient dans Saraqeb, ils ont arrêté Mohammed Abboud en pleine rue, l'ont éxécuté avant d'arrêter aussi son frère Zuhair. Le même jour ils ont tué Mohammed Barish plus connu sous son nom de guerre, Mohammed Haaf.

Les Portes du néant

Ils n'ont pas osé l'affronter parce qu'il était renommé pour son courage et commandait un bataillon très populaire dans Saraqeb. Un hélicoptère tournoyait dans le ciel, avec des soldats armés de mitraillettes. Au sol, un BMP tirait en continu dans toutes les directions. Après l'avoir abattu et s'être assurés qu'il était bien mort, ils se sont mis à danser et à hurler de joie près du corps. Quant à Zuhair Abboud, il a été relâché après trois mois de détention et de tortures. Quelques jours après sa libération, il est tombé dans la rue sous les tirs du sniper.

» Voilà comment ils ont remporté une victoire temporaire sur nous. Nous nous défendions avec des kalachnikovs et ils nous bombardaient avec leurs blindés et leurs avions. Mais, comme je le dis, leur victoire n'est que provisoire. »

C'est ici que prenait fin le récit du commandant sur la première invasion de Saraqeb. J'ai écrit son histoire, parmi des centaines d'autres.

Chaque fois que je songe à ma première traversée, des moments épars me reviennent détachés de leur contexte temporel. Je me souviens de mes nombreuses conversations avec les femmes et les *chebab* que je rencontrais. Je pense sans cesse à la région sauvage que nous avons traversée alors que nous passions la frontière entre la Turquie et la Syrie, accueillis par les champs d'oliviers et l'odeur d'un pays différent. Je revois, partout où nous allions, les murs des villes couverts, comme des armoiries, d'affiches révolutionnaires

La première porte

et de drapeaux, et les habitants aux visages éreintés. Nous roulions dans l'obscurité, franchissant de modestes postes de contrôle établis par l'ASL. Les rebelles semblaient tous se connaître les uns les autres, dans les villages libérés ou partiellement libérés.

Nous étions en route vers Binnish pour participer aux manifestations pour une Syrie libre et démocratique et rencontrer plus tard un bataillon de rebelles. J'y tenais beaucoup car je savais qu'ils représentaient un bon échantillon de la société syrienne. Il était important de comprendre qui ils étaient, ce qu'ils voulaient, pourquoi ils avaient pris les armes et comment ils avaient l'intention de continuer à lutter, si je voulais avoir une vision claire de la situation sur le terrain. Sans compter que d'un point de vue pratique, il était difficile de se déplacer dans cette région rurale sans la protection militaire qu'ils fournissaient.

En chemin, nous nous arrêtâmes dans un village où une autre voiture se joignit à nous, avec à son bord des jeunes d'une vingtaine d'années qui se rendaient à Alep. Des obus explosaient tandis que nous roulions, des avions vrombissaient au-dessus de nous. Mes guides, Maysara et Mohammed, s'empressèrent de me rassurer mais nous ne fûmes vraiment hors de danger qu'au bout de quelques kilomètres.

Il n'y avait pas une seule femme parmi les manifestants de Binnish. Quelques bannières proclamaient « Il n'y a de Dieu qu'Allah et Mahomet est son Prophète ». J'étais seule, une femme non voilée, au milieu d'une marée d'hommes qui me dévisageaient. Même si la plupart des femmes, dans cette région conservatrice, portaient le foulard, certaines s'en passaient. En réalité, avant la guerre, l'arrivée de l'EI (ou État islamique) et d'autres groupes militants, il était tout à fait normal de voir des femmes non voilées en Syrie. Je ne me résignais pas à porter un foulard parce que je voulais encore croire que j'étais dans le pays que j'avais connu et aimé.

Malgré leur curiosité, quand on me présenta à certains manifestants, ils se montrèrent très courtois. Il y eut des chants, des applaudissements puis un cheikh vint prêcher. Comme nous ne devions pas quitter tout de suite la ville, je saisis cette opportunité de discuter avec quelques femmes qui se tenaient sur le pas de leurs portes pour regarder passer le cortège.

« Avant, nous aussi, nous participions aux manifs, me dit l'une d'elles, mais ce n'est plus possible maintenant. Les hommes ont peur pour nous à cause des bombardements et des snipers. »

Binnish était libérée au sol, mais le ciel la trahissait avec ses avions et ses hélicoptères. L'armée du régime, défaite sur le terrain après de sévères combats avec les citoyens, n'osait plus entrer dans la ville. Ils attaquaient au milieu de la nuit ou à l'aube, lançaient leurs obus et se hâtaient de déguerpir, faisant de nombreuses victimes parmi les enfants, les femmes et les vieillards. Mais les combattants étaient déterminés à ne pas abandonner la lutte : « C'est notre destin », disaient les jeunes de Binnish.

La première porte

Ce soir-là, nous fûmes invités à un grand dîner. J'étais la seule à ne pas porter de foulard même si j'appris bien vite à le revêtir pour ne pas attirer l'attention. Lors de mes rencontres avec les rebelles, comme les hommes rassemblés ici, je m'asseyais avec eux, sans foulard, aussi certains refusaient-ils de me serrer la main. Nos conversations étaient le plus souvent très rationnelles et profanes même s'ils me confiaient que d'autres brigades n'accepteraient pas ma présence si je n'étais pas voilée. Personne n'évoquait encore un califat islamique, la conversation portait au contraire sur l'instauration du futur État civil, laïc. À cette époque, peu manifestaient des opinions islamistes et le nombre de bataillons djihadistes était encore faible. Ils commencèrent à apparaître quelques mois seulement après mon arrivée en août. Et leur nombre augmentait après chaque massacre. On disait alors qu'il n'y avait que dix-neuf moudjahidines arabes sur les sept cent cinquante combattants que comptait la ville de Saraqeb.

Un dîner somptueux avait été préparé à notre intention dans une maison au milieu d'un champ d'oliviers. Nos hôtes s'étaient mis en quatre pour honorer leur proverbiale hospitalité. Originaire de la ville, le commandant du groupe, qui avait trente ans environ, était un très bel homme, au calme olympien. Je fus surprise par son amabilité et celle des combattants, leur tolérance, leur désir de débattre du problème du sectarisme et de la nécessité urgente de le résoudre. Notre discussion porta sur plusieurs questions, en particulier l'importance de contrer l'éclatement d'une guerre confessionnelle.

« Il y a eu des débordements violents en réponse à la brutalité du régime, me dit un des hommes, mais rien de plus que quelques incidents sporadiques, vite canalisés. »

Il me confia quelques jours plus tard, pour illustrer à quel point le régime cherchait à exacerber les différences religieuses : « Un jeune alaouite a été égorgé en réponse à un massacre, et nous nous sommes insurgés contre cet acte. Le régime n'est pas encore parvenu à ses fins, aucun village sunnite n'a agressé un village alaouite. Cela ne s'est pas produit et cela n'arrivera jamais, même si nous devons le payer de notre vie. Mais nous ne pourrons pas contenir la colère de ceux dont la famille a été tuée et la maison détruite. Le temps ne guérit jamais ce genre de haine. »

Cet homme fut tué, quelques mois plus tard, par des djhihadistes en cagoule qui n'étaient pas syriens.

Lors de ce dîner, et pendant tout mon séjour, j'entendis de nombreuses histoires sur les gangs de mercenaires qui pillaient au nom de l'ASL et kidnappaient au nom de certains de ses bataillons, au lieu de se consacrer à la lutte contre le régime. Ils se retrouvèrent impliqués dans des escarmouches entre les factions armées, qui pouvaient se disputer pour des détails idiots. Un simple désaccord personnel pouvait dégénérer au point que des combattants finissaient par kidnapper des personnes et que les chefs de la communauté devaient intervenir pour mettre fin au différend. Mes hôtes parlèrent de certaines erreurs qu'ils avaient commises et de leur désir de remettre la révolution sur les rails. Ils n'étaient peut-être pas représentatifs de tout le spectre politique de la Syrie du Nord, qui comprenait les provinces d'Alep, Idlib ou Hama, car certains dans ces régions ne voulaient plus de cette révolution, cependant tous les bataillons que j'ai pu rencontrer tenaient les mêmes propos.

De la même façon, j'appris que les fonds et l'approvisionnement en matériel constituaient un problème majeur. Je ne cesserais d'entendre de la bouche de soldats qui avaient fait défection qu'ils avaient du mal à se procurer des munitions contrairement aux nouveaux groupes islamiques, très bien équipés. Ces groupes qui avaient émergé il y a peu, étaient décrits comme extrémistes et généreusement financés par certains États. Les bataillons rebelles du nord de la Syrie disaient la même chose : les combattants mal armés faisaient ce qu'ils pouvaient pour éviter d'avoir à rejoindre les islamistes. Ils n'hésitaient pas à vendre leurs biens, parfois même les bijoux de leurs femmes, s'entraidaient les uns les autres comme s'ils appartenaient à la même famille.

Le commandant de notre groupe, militant modéré, me raconta que, alors qu'il levait des fonds pour acheter des fusils, une femme leur avait tendu sa bague de mariage en or, qu'il avait refusé de prendre : « Si nous nous abaissons à ça, me dit-il d'un ton désespéré, à la fois furieux et découragé. Nous serions à égalité avec Bachar al-Assad et sa clique. » Son groupe ne disposait pas d'assez d'armes pour mener une campagne plus large. Ils auraient voulu déplacer les combats vers Alep mais n'en avaient pas les moyens, faute de soutiens. Il existait bien des marchands d'armes, mais l'opposition politique se fichait d'équiper les bataillons armés qui combattaient au sol et l'idée de former un commandement unifié ne les intéressait pas. L'opposition politique officielle ne s'engageait pas dans le combat parce qu'elle était plus faible que le mouvement révolutionnaire actuel, qui avait pris forme de manière indépendante. Elle ne se mêlait pas aux luttes du peuple et s'était vue parfois accuser des mêmes pratiques de corruption que le régime d'Assad.

« Avec les bombardements et l'état de siège, la faim, les arrestations, les tireurs d'élite, tout le monde finira par se tourner vers les groupes financés qui ont des moyens pour obtenir des armes, me dit le commandant.

— C'est ce que le régime souhaite ?

— Posez la question aux gradés ! Aux gros bonnets de l'opposition. Avec leur éducation raffinée et leur culture, ils sont passés où ? explosa-t-il. Les officiers qui ont fait défection, ils fabriquent quoi en Turquie ? La véritable bataille, elle se passe ici ! Nous mourons tous les jours et nous continuerons à mourir, nous n'avons rien d'autre à offrir que nos âmes, mais nous n'abandonnerons pas la lutte. Nous mourrons peut-être, mais nos enfants et nos petits-enfants se battront contre le régime d'Assad. Et où sont nos alliés, nos soutiens, où est passé tout le monde ? Si

La première porte

nous n'avons pas d'aide, nous pactiserons avec le diable. »

J'écoutais avec attention les combattants de Binnish raconter les défis auxquels ils devaient faire face, quand une énorme explosion retentit. Nous étions une dizaine, assis sur une terrasse qui surplombait l'oliveraie, et la lune brillait assez pour qu'on y voie clair. Le ciel s'illumina soudain.

« Ils frappent Taftanaz », s'exclama quelqu'un avant de reprendre le fil de la conversation et de m'inviter à me resservir. Je mangeai en silence alors que mon cœur battait au rythme de la peur.

« Après votre départ, m'écrira plus tard l'un d'eux, ils ont commencé à nous bombarder. Dieu merci, vous n'étiez plus là. »

De retour à Saraqeb, nous écoutâmes, terrifiés, le déluge d'obus qui tombaient autour de nous. Dans la journée, les bombardements ne suivaient pas de rythme précis, contrairement à la nuit, où les obus étaient lâchés à intervalles réguliers, entre une demi-heure et une heure. Cent trente obus avaient été ainsi largués depuis trois jours. Manal, l'épouse de Maysara, m'affirma qu'ils n'avaient pas connu une seule véritable nuit de sommeil depuis le début du soulèvement ; ils dormaient une heure, avant d'être à nouveau réveillés.

Je pris Aala et Rouha par la main et les entraînai rapidement vers l'abri, Aala accrochée à ma taille et Rouha à mon bras. Nous descendîmes cahin-caha, le moindre faux pas et c'était la chute. L'abri était une

Les Portes du néant

pièce spacieuse qui servait autrefois de remise pour les outils. L'une des portes, trouée par des éclats d'obus, avait été couverte de bâches en plastique. C'était ici que venaient se réfugier les femmes et les enfants, rarement les hommes, qui restaient à l'étage pour s'occuper des deux vieilles dames qui vivaient avec eux, me dit Manal. « Elles ont du mal à se déplacer, m'expliqua la sœur aînée d'Ayouche, elles mettraient trop de temps pour descendre et risqueraient d'être touchées par un obus. Elles sont fragiles alors elles restent dans leur chambre à contempler le bout de ciel qu'elles aperçoivent par la fenêtre. Et quand le calme revient, on entend la plainte du muezzin annonçant la mort d'un des membres de la communauté. »

J'étais chez eux depuis trois jours quand la grand-mère m'adressa enfin un « Bonjour » avant de retomber dans un silence dédaigneux. Nous devions plus tard devenir des amies.

Une fois dans l'abri, Aala, Rouha et leur petite sœur Tala se divertirent comme elles le purent, s'amusant à réciter les modèles d'obus et de roquettes qu'elles connaissaient. Aala gardait dans sa main un morceau d'obus, qu'elle conservait comme souvenir.

Quelques familles voisines, qui ne disposaient pas d'un abri, vinrent nous rejoindre. Parmi elles, la famille qui habitait en face du sniper et dont j'avais vu la maison, trouée par les balles. Lorsque je lui avais rendu visite, la mère m'avait raconté que pour se déplacer chez elle ou traverser le patio, il lui fallait parfois se tenir longtemps immobile et guetter le sniper. Elle

La première porte

s'armait de courage, feignant de ne pas le voir et courait chercher un verre d'eau, préparer le dîner des enfants ou aux toilettes :

« C'est comme si je jouais à cache-cache avec ce fils de pute », m'avait-elle dit en riant.

Elle portait un foulard aux motifs fleuris et une robe longue colorée de plantes tropicales. Toutes les femmes portaient des robes longues mais cette mère qui jouait au chat et à la souris avec le sniper me parut étrangement coquette au milieu de sa maison dévastée.

J'étais allée la voir un jour comme les autres, sous un soleil éclatant et un silence troublé par les obus et les tirs du sniper. Son jeune fils nous suivait partout, accroché aux jupes de sa mère, tout en suçant son pouce. Lorsqu'il s'était mis à pleurer, sa mère l'avait consolé d'un « Allons, n'aie pas peur ! Quand ils bombardent, le sniper nous donne du répit et tu peux aller jouer ! » Elle me fit un clin d'œil rassurant et prit l'enfant dans ses bras comme pour le lancer en l'air. La maison était complètement nue, seul un tapis couvrait le sol d'une pièce.

Cette fois, une nouvelle famille se joignit à nous dans l'abri. Aala, qui insistait toujours pour raconter une histoire chaque soir avant de s'endormir, me les montra du doigt :

« Leur mère est de notre côté, mais le père soutient Bachar. Mon père à moi est avec les révolutionnaires. Et ces filles, là, elles soutiennent Bachar, ce qui veut dire qu'elles ne sont pas avec nous. Mais ça fait rien.

Les Portes du néant

Elles doivent se cacher ici avec nous pour ne pas mourir. »

Ma petite Schéhérazade avait les plus beaux yeux noirs que j'aie jamais vus. Aala possédait une grâce incroyable, se coiffant toutes les heures, glissant des fleurs artificielles dans ses cheveux, roses, jaunes ou rouges, toujours assorties à sa robe. Elle observait attentivement le monde autour d'elle mais paraissait toujours plus fragile chaque fois que nous descendions dans l'abri. Elle s'occupait de sa petite sœur Tala, qui souffrait d'un déséquilibre hormonal causé par la peur et l'angoisse. Aala me tenait sous étroite surveillance ; elle ne laissait personne m'approcher alors qu'elle me racontait avec des détails circonstanciés les morts des voisins et des histoires de jeunes qui avaient disparu de la ville les uns après les autres.

Peu de temps avant que les frappes ne s'interrompent, elle saisit le morceau d'obus que tenait Tala en lui disant d'un ton calme : « Ça, ce n'est pas pour les enfants. » Elle avait à peine sept ans. Dès que le bombardement reprit, elle se précipita pour serrer fort sa petite sœur contre elle.

« Les soldats de Bachar, la police secrète, et les milices des *chabbiha*, ils sont tous venus piller, dit une femme assise dans un coin de l'abri, ses enfants regroupés autour d'elle. Ils sont arrivés avec un camion, ont tué les gens, puis sont repartis avec leur camion rempli des meubles qu'ils nous ont volés. Ils tuent nos enfants et volent nos maisons. Mais… À quoi ça leur sert de jeter mes robes par terre dans la cour, de se torcher le cul avec, de pisser dans nos verres ? Ils n'ont même pas épargné ma vieille robe de mariée. Je l'ai retrouvée couverte de merde. »

Près d'elle, une femme massait le dos d'un garçon de dix ans : « Le seul qui me reste à la maison, déclara-t-elle, il souffre d'un handicap mental. » Il ne parlait pas malgré ses beaux yeux d'un bleu foncé pétillant. Je rencontrais beaucoup d'enfants muets en Syrie. Ce garçon avait une peau basanée magnifique, un filet de salive coulait en permanence sur son menton. Elle avait deux autres fils, me dit-elle, les yeux perdus devant elle, et m'expliqua comment on lui avait arraché un bras. Une larme coulait sur sa joue alors même qu'elle me disait qu'elle n'avait plus de larmes pour pleurer. « Mon frère faisait partie des premiers manifestants. Tout le monde ici le connaissait sous le nom de Mohammed Haaf, il était le héros de Saraqeb. »

Je me souvins alors de l'histoire que le commandant m'avait racontée et du graffiti que j'avais vu.

« Au début, poursuivit cette femme, les manifestations étaient pacifiques, mais le régime nous a bombardés et a exécuté publiquement neuf de nos enfants. Mon frère s'est battu jusqu'à son dernier souffle. Nous mourions tous les jours et il me disait : "Nous ne mourrons pas comme des lâches, nous mourrons dignement." Ils ont tué mon autre frère. Et ils ont mis le feu à la maison alors qu'on essayait de s'échapper.

» Deux de mes frères ont été tués, ils m'ont arraché mon fils. Je les ai suppliés de me le laisser, mais ils m'ont ignorée. J'ai un autre fils encore en vie, il est allé se battre avec les rebelles. Mes enfants sont partis. Tous. Il ne me reste plus que ce petit, dit-elle en montrant l'enfant malade qui nous regardait avec une curiosité rieuse. Et vous voyez… Mon fils est parti avec les insurgés en disant qu'il reviendrait lorsque la Syrie serait libre, pas avant. »

Elle me montra des photos de ses fils martyrs, caressant les clichés du bout des doigts. Le premier, dix-neuf ans, avait les yeux verts et les cheveux blonds. Le deuxième était un adolescent imberbe qui avait à peine un soupçon de duvet sur la lèvre supérieure. Elle brandit ensuite la photo de son frère, Mohammed Haaf. Puis, alors qu'elle me tendait la quatrième photo, elle s'interrompit et baissa la tête :

« Ils me l'ont arraché, je ne voulais pas le lâcher. Je les ai suppliés, j'ai couru derrière eux, mais ils me l'ont pris. Il n'était pas un activiste et ils l'ont tué quand même. C'était un enfant. »

Ce matin-là, l'abri résonnait de toutes ces histoires. D'autres devaient suivre le soir quand, à notre retour d'une tournée dans les villages, un rebelle du Jebel al-Zawiya, commandant d'une brigade militaire, passa chez nous. Il avait un regard vif mais, de temps en temps, son esprit paraissait ailleurs, ses paupières s'alourdissaient et une étrange expression de calme, de paix, recouvrait son visage, comme s'il ne parlait pas de mort.

« Ils ont pris mon petit frère, ils l'ont jeté en prison, ils l'ont torturé. Ils lui ont fait croire qu'ils m'avaient

La première porte

assassiné, et dispersé mon corps en morceaux dans la montagne… Ils l'ont torturé avant de le brûler vif…

» Nous sommes du village d'Ayn Larouz. Six enfants du village ont été tués… Mon frère n'avait que seize ans. Ils l'ont brûlé vif… Nous avons eu seize martyrs dans le village. Ma famille est partie se cacher.

» Au début de la révolution et des défections, j'étais en contact avec un officier alaouite. Il était mon ami. J'étais aussi lié à des sous-officiers et à leurs familles. Un mois après le début des défections, nous étions sept cents. Il a aidé quatre soldats à déserter. D'abord, je me suis méfié de lui mais j'ai pris le risque. Il a fait tout son possible pour nous aider. Et soudain, il a disparu.

» On m'a dit qu'il avait été muté au "checkpoint K" mais personne n'a plus eu de ses nouvelles. Le régime avait peur des désertions et procédait souvent à des mutations dans les rangs des officiers. Lui, il a disparu sans laisser de traces. Plus tard, l'armée a pris le contrôle de toute la région. Depuis, ils se sont repliés tactiquement sur Alep, mais ils reviendront sûrement.

» Nous fabriquons nous-mêmes des armes, quand on en manque. Nous avons même essayé de fabriquer des roquettes à partir de pièces détachées et, une fois, la roquette que nous testions dans un champ de blé est montée vers le ciel et elle s'est volatilisée. On a eu tellement peur qu'on a détalé… Je suppose qu'on peut appeler ça une expérience ratée ! »

Il éclata de rire, les yeux plissés, avant de reprendre :

« On a filé, comme Tom et Jerry ! Nous avons eu peur qu'elle tombe sur une de nos maisons, même si nous en étions loin, parce qu'elle pesait seize kilos, ce qui veut dire qu'elle atterrit avec la force de seize tonnes. Mais on l'a retrouvée quelques jours plus tard, dans ce même champ de blé. On apprend par nous-mêmes, comme des apprentis sorciers, il est possible qu'un jour on fasse tout sauter. »

Le jeune homme se tut en nous regardant tour à tour. Nous étions nombreux dans le sous-sol de cette grande maison de famille, une vingtaine au moins, combattants, famille, invités, comme les bombardements redoublaient d'intensité.

Le commandant aurait voulu poursuivre, mais impossible de l'entendre avec le vacarme des explosions. La petite Aala, qui montrait des signes de fatigue, refusait de s'endormir avant de me raconter son histoire. Celle de voisins qui avaient été tués et qu'elle voulait me décrire un par un, cherchant lequel elle préférait.

« Toi aussi tu vas mourir ? » me demanda-t-elle alors que nous quittions enfin l'abri.

J'éclatai de rire en lui répliquant :

« Non... Je ne... »

Mais avant que je puisse finir ma phrase, elle m'interrompit en secouant la tête et en gloussant :

« Ha ha ha ! Tu vois, tous ceux qui sont morts disaient la même chose. »

Le lendemain matin, je décidai de laisser Aala en dehors de nos histoires et demandai à Maysara et à Mohammed de ne pas parler du programme de la journée devant elle. Elle me suivit du regard comme si

La première porte

elle devinait ma trahison. Le jeune homme qui devait nous accompagner attendait dehors et quand j'annonçai à Aala que je partais pour le Jebel al-Zawiya, au nord-ouest de Saraqeb, elle fronça les sourcils, me tourna le dos puis pivota sur ses talons et me jeta un regard furibond.

« Nous allons dans le Jebel al-Zawiya voir les femmes des martyrs, voir comment elles tiennent et ce que nous pouvons faire pour les aider. Je regrette de ne pouvoir t'emmener, mais c'est trop dangereux avec les bombardements.

— Je n'ai pas peur ! »

Sa mère trancha d'un : « Ce n'est pas un endroit pour les filles ! »

Aala me regarda, perplexe. Je lui fis un clin d'œil en murmurant : « Je suis un homme déguisé en femme. »

Elle éclata de rire, me rendit mon clin d'œil et murmura à mon oreille : « On parlera ce soir, je te raconterai ma journée. »

Nous partîmes en deux groupes. Sous un soleil de plomb nous roulions dans la campagne au nord d'Alep, Idlib et Hama. Nous nous arrêtions aux postes de contrôle ainsi qu'aux quartiers généraux. Je découvrais cette facette de l'identité syrienne : la géographie d'un pays fait de terre, de sang, de feu et de surprises sans fin. La poussière recouvrait tout, l'air tremblait comme s'il était en feu, agité par le vrombissement des avions. Un silence suspect régnait dans les villages à l'instar des sites antiques. On n'y croisait jamais personne, même si nous étions loin des bombardements.

Les Portes du néant

La route déserte, la traversée des villages silencieux, les barrages, l'air sec et brûlant… J'étais au bord des larmes quand j'aperçus soudain quelque chose bouger et distinguai, au bout d'un vaste champ, plusieurs arroseurs en activité. La vie continuait donc, malgré tout ! Au loin, derrière la ligne des arroseurs, je remarquai la silhouette d'une fille d'à peine quinze ans. Mon cœur se mit à battre plus vite alors que je scrutais le ciel. Allait-elle être la cible d'un avion ? Elle sautillait gaiement entre les jets d'eau, glissa la tête sous l'un d'eux, retira son foulard, le mouilla pour se rafraîchir le visage.

Nous passâmes devant une rangée de maisons en torchis, le toit en forme de dôme, et un petit camion nous croisa. À son bord, un groupe de femmes et de jeunes filles, debout sous le soleil accablant de midi, couverte d'un voile qui dissimulait tout, sauf leurs yeux, et constituait leur meilleure protection contre lui. Chacune portait une faux à la main. Le camion s'arrêta, elles en descendirent et se dirigèrent vers le champ. Il me semblait improbable que ces régions deviennent le terreau des djihadistes ou des salafistes puisque le mode de vie agricole et pastoral impliquait que les femmes travaillent aux côtés des hommes.

Des villages misérables, exténués par la canicule et la pauvreté, défilèrent. Leurs noms avaient des significations amusantes : Rayyan (luxuriant), Loofah, Maasarani (le vendeur de jus), Qatra (une goutte d'eau), Kafr Amin (le petit endroit abondant), Qatma (un peu de nourriture)… Ils défiaient, comme tant d'autres, la mort qui s'abattait du ciel.

La première porte

Une colline apparut au loin. Le site de l'ancien « Royaume d'Ebla », dans le village de Tell Mardikh, dont la civilisation était florissante depuis le IIIe millénaire avant notre ère. Selon l'un de nos compagnons de voyage, de nombreuses roquettes y étaient tombées. Comment imaginer un lieu comme celui-ci – l'un des rares où l'humanité pouvait faire remonter ses origines jusqu'aux débuts de l'histoire – détruit ? C'était impossible. Ici et ailleurs, les traces des civilisations successives qui peuplaient la Syrie depuis l'âge de pierre se voyaient effacées et des ruines archéologiques araméennes, séleucides, byzantines, romaines disparaissaient ainsi que bien des vestiges d'autres époques. Alep et Damas, deux des villes les plus anciennes de la terre, étaient en danger, elles et leurs habitants soumis à la destruction. Désormais la fin de ce monde ancien, de cette histoire millénaire, paraissait proche.

Tout signe de vie disparut de nouveau à l'exception de quelques nuées d'oiseaux. Il nous fallut passer par plusieurs brigades, car les combattants, à court de munitions, avaient besoin de se procurer de nouveaux stocks. Nous arrivâmes en milieu d'après-midi au centre de commandement d'Ahrar al-Ashayer (la Brigade des Clans libres). Les rebelles négocièrent l'achat de quelques armes tandis que je me tenais un peu à l'écart. Les balles étincelaient sous le soleil, les hommes les faisaient rouler entre leurs doigts puis les glissaient sur la paume de leurs mains, comme s'il s'agissait d'une poignée de lentilles ou de blé. Les munitions, en nombre à peine suffisant pour défendre

Les Portes du néant

quelques maisons, faisaient l'objet d'un âpre marchandage, ils n'avaient pas d'argent à gaspiller.

Nous entrâmes dans un bâtiment où quatre hommes nous attendaient, armés de kalachnikovs. Le local n'était pas équipé d'Internet ni même de téléphone fixe. Les portables ne fonctionnaient pas, les connexions étant coupées dans toute la région, même si les communications étaient encore possibles dans certains endroits grâce à Syriatel, la compagnie que possédait Rami Makhlouf, un cousin de Bachar al-Assad, magnat de l'industrie. Les lignes fixes fonctionnaient par intermittence dans la province; rien n'est prévisible dans une guerre. Pour les communications et autres services, une sorte d'économie de guerre s'était établie, dominée par les courtiers et les intermédiaires entre les hommes d'Assad et l'opposition. Ces intermédiaires se chargeaient d'un tas d'affaires de ce genre en s'enrichissant au passage.

Pendant des mois, des activistes comme ceux-là avaient acheté des appareils Internet par satellite, coûteux mais essentiels, pour les organisations telles que les bureaux des médias qui diffusaient les informations sur le conflit.

La brigade occupait deux pièces seulement. Elle affrontait les blindés et l'aviation munie d'armes très rudimentaires. Néanmoins, contre toute attente, les combattants parvenaient à vaincre des unités militaires mieux équipées, les obligeant même à se retirer. Un jeune homme à la peau sombre, assis près du commandant, s'excusa du désordre qui régnait.

La première porte

Parmi toutes les choses stupéfiantes que j'appris au cours de cette tournée dans les villages de campagne, les mots d'un déserteur de l'armée entendus dans ce quartier général désolé, demeurent gravés dans ma mémoire : « Il faut que vous gardiez en tête que, mon ami Mohammed et moi, nous nous sommes engagés en même temps, et que nous ne faisions jamais rien l'un sans l'autre. Alors, voilà, on a fait un raid dans un quartier de Homs, qui, nous avait-on dit, pullulait de bandes armées et de terroristes. Alors on entre dans un appartement et on casse tout sous les ordres de l'officier qui vocifère et jure. Il décrète qu'on doit violer une fille. La famille s'est réfugiée dans la chambre à côté. Il nous passe en revue le doigt pointé avant de s'arrêter sur mon ami Mohammed. Il lui donne une tape dans le dos et lui ordonne d'entrer dans la chambre. Mohammed, qui était originaire du même village que l'officier, dans la région des forêts, recule, paniqué. L'officier se met à le couvrir d'injures : "Tu n'es qu'une femmelette ! Une mauviette !" Mohammed tombe à genoux, baise les godasses du type : "Pitié, commandant ! *Ya sidi !* Je ne peux pas. S'il vous plaît." L'officier le bourre de coups de pied, de plus en plus violents. Il le saisit par le ceinturon et lui crie : "Je vais te la couper !" Mon ami fond en larmes. C'était horrible ! Si vous l'aviez connu, il ne pleurait jamais, il n'avait peur de rien. Mais là, je vois une larme alors qu'il supplie l'officier en se traînant à ses pieds. Mohammed était mon ami, nous partagions tout, je savais qu'il avait une petite amie. L'officier lui a saisi les couilles en criant :

"Tu veux que je t'apprenne comment faire ?" Alors mon ami s'est redressé et s'est rué sur lui, et c'était un costaud, je vous le jure. Il l'a jeté par terre, l'a roué de coups de pied puis lui a balancé son arme au visage. L'officier a tiré sur Mohammed, il l'a tué. Je l'ai vu de mes propres yeux. Vous voulez savoir où il a visé ? »

Il se tut avant de faire un geste explicite vers ses parties génitales, sans aucune gêne.

« L'officier a donné l'ordre à un autre de nos amis de violer la fille et on l'a entendue crier, elle, sa mère, ses frères et ses sœurs dans l'autre pièce. Le père, un dissident, avait été tué deux jours auparavant. C'est là que j'ai décidé de déserter. Il n'y a pas un jour où je ne pense pas à Mohammed. Il est là, dans mon cœur. Je garde chez mes parents les lettres qu'il a écrites à son amoureuse et si je survis, je les lui enverrai. J'en ai fait le serment, si je réussis à rester en vie. »

Il répéta ces mots. La chaleur accablante se mêlait aux bruits des obus qui tombaient. Je sus que je n'oublierais jamais son témoignage ni son regard qui me hantent encore.

Lors de mon prochain séjour en Syrie, j'apprendrai que le quartier général de ce bataillon avait été bombardé.

Nous partîmes à Daqra, où vivait le clan Ammar al-Muwali, une des familles basées dans la province rurale autour de Maarat al-Numan. C'est là que je rencontrai un des chefs de ce clan et mesurai leur

La première porte

générosité, leur sens de l'honneur et leur courage malgré la pauvreté. Ils s'employaient à protéger les silos à grains contre le pillage afin que les villageois ne meurent pas de faim.

On discuta avec un groupe de *chebab* et le chef du clan, Abdul Razak, de l'importance de bâtir un État qui aurait pour seule religion la liberté.

Abdul Razak, qui avait une cinquantaine d'années, essayait de négocier la libération d'un homme kidnappé. Pendant qu'il répondait à nos questions, son épouse préparait le repas dans la cuisine, leur fils de treize ans servait les convives.

Un avion s'annonçait dehors. Je sortis avec tout le monde pour le regarder. La peur comme une ombre suspendue au-dessus de chacun. Ce fut à cet instant précis où je levai les yeux que je compris ce que signifiaient les mots exil et patrie. Je le regardai droit dans les yeux, sans peur – comme il nous survolait. Il fallut ce moment, cet avion menaçant de larguer ses bombes sur nous, pour que je saisisse vraiment que c'était mon pays que je contemplais alors même que j'avais déjà traversé ses frontières. Je songeai à ce jour où, assise à la terrasse d'un café parisien place de la Bastille, je sirotais mon café sous un soleil clément, à côté d'un couple d'amoureux qui s'embrassaient, quand un oiseau s'était posé sur mon genou et m'avait fait bondir de panique. Ça, c'était l'exil, ce n'était pas chez moi.

De retour dans la maison, le chef du clan m'expliqua :

« Comme vous le voyez, nous luttons contre l'injustice ici. Tout ce que nous demandons, c'est un État de droit. Oui, nous sommes un clan et nous sommes armés, mais nous avons commencé par protester pacifiquement. Et s'ils tuent nos enfants et nos femmes, alors nous nous battrons. Par Dieu tout-puissant, je suis un homme éduqué, je suis allé à l'université, et le plus petit ongle d'un seul de nos enfants vaut tout l'univers à mes yeux. Je ne resterai pas les bras croisés alors qu'on écrase ma dignité et celle de n'importe quel Syrien.

» Par Dieu, je vous considère comme ma sœur, dit-il en se tournant vers moi, si l'on touche à un seul de vos cheveux, c'est comme si l'on touchait à ma propre sœur. Vous êtes avec nous contre l'injustice et le despotisme des Assad. Nous sommes tous des Syriens qui nous élevons contre l'injustice… »

Il discourut longuement et je prêtai une oreille attentive à ses mots. Il se montrait intelligent, éloquent, simple et profond à la fois. Il nous fit rire en racontant avec humour comment il avait perdu sa fortune en la partageant avec les gens du village dès les premières heures de la révolution. Il évoqua avec fierté son frère, commandant militaire qui avait rejoint les rangs de la lutte contre Assad.

Ce soir-là, je rentrai à la maison le cœur lourd et le visage brûlé par le soleil. Ayouche nous attendait en compagnie des femmes et des enfants. Aala grimpa sur mes genoux, me coiffa, essaya de me soutirer des informations sur ma journée et les histoires que j'avais entendues. Je représentais pour elle une future

La première porte

histoire. Elle seule et moi comprenions ce que nous désirions l'une de l'autre. J'étais la source d'histoires qu'elle pourrait raconter le soir à ses hôtes de passage. Elle me dit qu'elle collectionnait toutes les histoires autour d'elle. Nous n'eûmes pas le temps de finir notre jeu secret, les bombardements reprirent. Je relevai Aala, saisis la main de Rouha et, terrifiée, me précipitai avec elles vers l'abri sous un tonnerre d'explosions assourdissant. Alors que les deux vieilles dames restaient confinées dans leur chambre, le regard fixé sur la fenêtre, toute la famille nous rejoignit. Et là, au beau milieu de l'intense pilonnage, j'appelai Aala et prononçai les mots magiques : « Viens ici, je vais te raconter mon histoire. »

Ses yeux s'allumèrent. Rouha, qui du haut de ses onze ans était tellement sérieuse, se colla à moi, me fixant avec curiosité et ravissement. Je commençai :

« Je n'ai pas toujours été telle que vous me voyez maintenant. Avant, dans ma vie antérieure, j'étais une gazelle qui fut gravement blessée et dont le cœur éclata de douleur. »

Déçues, elles me jaugèrent avec réprobation en criant : « Menteuse ! »

J'éclatai de rire avec elles et tentai de les persuader que j'avais bel et bien été une gazelle. Je leur dis que nous devions dormir ici sur le matelas et qu'elles n'avaient pas d'autre choix que d'écouter mon histoire jusqu'au bout, sinon, j'allais m'écrouler de fatigue. Malgré ces heures sombres, la peur que nous ressentions tous, je poursuivis : « Le cœur de la gazelle souffrait tellement, une goutte de sang tomba sur l'herbe... Et je naquis ! »

Les mots se firent lourds dans ma bouche. Je somnolais, la bouche pâteuse, les paupières lourdes... Je sentis qu'on posait une couverture légère sur moi tandis que je sombrais dans le sommeil.

J'avais projeté de commencer un nouveau roman à mon retour en France. En quittant la Syrie au terme de ce premier voyage, quelque chose changea. Un incident mineur vint modifier mes projets et me poussa à écrire ce témoignage. En route pour la Turquie, alors que nous avions quitté la ville de Sarmada, juste avant de franchir la frontière, je rencontrai deux jeunes activistes qui m'encouragèrent à prendre mon stylo et noter à la hâte leurs mots dans un petit carnet.

C'était mon dernier jour en Syrie. Il me restait quelques heures avant les adieux, et nous nous trouvions à un poste de contrôle installé par les Brigades al-Farouk (les Justes). Un combattant dont les yeux brillaient de mille étoiles et aux cheveux couleur miel, prit une profonde inspiration et me raconta comment il avait déserté les « unités spéciales » de l'armée syrienne parce qu'il refusait de tuer : « Pourquoi irais-je me jeter dans la gueule de la mort ? Qui a envie de mourir ? Personne ! En fait, nous étions déjà morts et nous voulions vivre. »

Le ciel était bleu, rien ne troublait ce moment, pas de coups de feu, pas de barrage routier, ni de décombres bordant la route. Nous avions laissé derrière nous la ville de Sarmada avec ses murs peints aux couleurs du drapeau de la révolution.

« Nous voulons construire un État laïc ! » affirma un autre combattant, plus âgé. Et c'est à cet instant que je décidai qu'il fallait que j'écrive sur mon retour en Syrie.

Le plus jeune s'exclama : « J'emmerde les officiers ! Tous des maudits alaouites ! »

Le premier s'empressa de rétorquer d'un air furieux : « Non, pas tous. »

Alors que le *chebab* me racontait les péripéties de sa désertion, son ami s'approcha pour lui chuchoter quelques mots à l'oreille. Il me regarda un peu gêné, laissa tomber son arme et baissa les yeux. Il n'osait plus croiser mon regard.

Le ciel n'avait pas changé, il était toujours bleu et, derrière nous, la montagne semblait nous toiser, silencieuse. Le jeune homme se tourna vers moi en se mordant les lèvres et, d'une voix tremblante, s'excusa : « Pardonnez-moi, madame, je ne savais pas. » C'était pourtant le même jeune intrépide qui quelques instants plus tôt brandissait son arme et haranguait le ciel, furieux.

Son expression s'adoucit. Les combattants armés sous le pont nous observaient avec curiosité. Près d'eux, flottait une bannière blanche sur laquelle était écrit : « Il n'y a de Dieu qu'Allah et Mahomet est son Prophète. » Deux d'entre eux portaient de longues barbes. Le ciel était toujours bleu et le soldat qui s'approcha de moi était redevenu un enfant. Il balbutiait : « Je ne hais personne, mais les gens d'Assad, ces chiens qui veulent qu'on tue des innocents… Je suis désolé… »

Son camarade plus âgé fulminait : « Nous voulons simplement un État laïc. Je suis membre des Brigades al-Farouk et je revendique un État laïc. Je suis étudiant en licence, à l'université. »

Je dus les quitter, nous ne pouvions nous attarder.

« Ne vous en faites pas, les rassurai-je. Il n'y a pas de mal. »

Mais le jeune homme était bien déterminé à me convaincre qu'il n'avait pas voulu me blesser. Pour le rassurer, je finis par lui dire : « Je ne suis pas alaouite, et vous n'êtes pas sunnite. Je suis syrienne et vous êtes syrien. » Comme il me regardait avec étonnement, je poursuivis : « C'est la vérité, nous sommes simplement des Syriens. »

Je ne sais pas au juste ce qui se passa à ce poste de contrôle, ce qui m'incita à écrire sur mon pays natal, si ce n'est la mutation de ce jeune soldat dissident en enfant juste sous mes yeux. Ce soldat qui avait baissé le canon de son fusil pour se faire pardonner une faute qu'il n'avait même pas commise, quand il comprit que la femme qui se tenait devant lui appartenait à la même communauté que les officiers de l'armée contre lesquels il s'était rebellé.

Dans la voiture, alors que nous quittions la Brigade al-Farouk, je ne cessai de m'interroger : qui voulais-je rassurer ? Qui espérait construire un État dans le feu et le sang ? Le jeune soldat dissident qui était redevenu un enfant ou ces assassins, les hommes de main d'Assad ?

La première porte

Ils m'avaient regardé avec stupéfaction quand je leur avais affirmé que nous étions simplement des Syriens. Ils avaient ri. Ils n'avaient pas la moindre idée de ce que je voulais dire.

Où les combattants comme eux puisent-ils leur force ? Qui est le plus éloigné du sens de la vie ? Eux ou nous ? Qui s'approche le plus de l'essence de la vie ? Ceux qui vivent leur vie en présence de la mort et lui rient au nez ?

LA DEUXIÈME PORTE

Février 2013

Quand je pense à la Syrie, la même image me revient, et elle n'a rien d'ordinaire. Je vois un corps démembré, ses morceaux épars, décapité, le bras droit à moitié arraché... Des gouttes de sang tombent, hors du cadre, aussitôt absorbées par la terre. C'est cette tragédie que les Syriens affrontent chaque jour.

Alors que je faisais escale à l'aéroport d'Istanbul pour me rendre à Antakya, l'ancienne cité d'Antioche, à vingt kilomètres de la frontière syrienne, malgré la familiarité de ce voyage, je fus troublée par cette image récurrente de démembrement qui ne me quittait plus et semblait habiter le moindre recoin de ce terminal. Je croisais partout des dizaines de jeunes hommes barbus aux lunettes noires. Certains avaient teint leur barbe en rouge en hommage au Prophète, mais rasé leur moustache. Ils semblaient nerveux, impatients. J'essayais de me rapprocher d'eux afin de découvrir qui ils étaient et d'où ils venaient. Je devinai que l'un d'eux était saoudien, l'autre yéménite. Ils évitaient soigneusement de regarder les femmes. Je m'assis à côté d'eux pour écouter leur conversation, mais ils restaient muets. Comme moi, ils attendaient d'embarquer. L'aéroport grouillait de voyageurs qui faisaient les cent pas, inquiets, concentrés sur leur salut. Le regard perdu des Syriens trahissait leur pressentiment de la tragédie imminente.

Je soulevai mon petit bagage. Je ne voulais pas me charger pour traverser la frontière et n'emportais qu'un sac à dos rempli de quelques vêtements de rechange. Dans l'avion me conduisant à Antioche, deux Yéménites s'assirent devant moi tandis que de l'autre côté du couloir s'installèrent des hommes et des femmes syriens. La majorité des passagers était des Syriens et des étrangers d'autres pays arabes. Je tournai la tête vers le hublot, mon refuge quand je voyageais. Le monde entier se réduisait à cette fenêtre aux angles arrondis. J'aspirais à flotter, nager, dériver dans cet infini néant blanc, oubliant toute géographie, les perspectives troublées au point qu'un gratte-ciel devenait un brin d'herbe, que les couleurs se mêlaient dans un infini aveuglant. Je laissais loin derrière moi ces visages barbus, j'émergeais dans un flot continu de néant, nulle part, sans aucune frontière pour me définir.

La ville frontière de Rihaniyé, que je devais traverser pour mon deuxième passage, se trouve à environ une heure de voiture d'Antioche, mais ce n'est pas du tout un coin perdu. Avant la révolution, c'était un havre de paix, un lieu de villégiature pour les touristes syriens et libanais, qui a longtemps prospéré grâce à la contrebande. Aujourd'hui, il n'y a plus de place pour la paix, les négoces à l'ancienne, la contrebande. Cette cité endormie est devenue une cible pour les obus,

La deuxième porte

remplie désormais d'une foule dense, étouffante. Les habitants sont dépassés par le gigantesque exode des réfugiés syriens fuyant les bombardements, réfugiés qui ne sont même pas comptabilisés car ils ne vivent pas dans les camps. Rihaniyé est à la fois un lieu florissant, affichant des signes de construction et de croissance, et un site de ruine et de destruction. Ici, dans ce petit territoire adjacent à la Syrie, on rencontre toutes les parties engagées dans le conflit. Le régime lui-même y a placé ses hommes, qui conduisent des opérations et essayent d'infiltrer les réseaux de rebelles et de militants. Ce n'est un secret pour personne et la méfiance est de rigueur. Tout le monde sait qu'il faut se montrer très prudent ici.

Les petits commerçants bénéficient de ces limbes entre la vie et l'au-delà, transformant la mort en une affaire rentable. La ville grouille de miséreux, d'indigents, qui mendient dans la rue leur pain quotidien. Elle a connu également un léger afflux de demandeurs d'asile fortunés et, parmi eux aussi, on compte des fidèles de Bachar al-Assad.

Je retrouvai mes compagnons de voyage, Maysara et Mohammed, à Rihaniyé ainsi qu'un journaliste libanais, Fida Itani. Nous devions rejoindre en voiture un village frontalier, nous avancions à la vitesse d'un escargot, tant la circulation et la foule étaient denses. On trouvait là de tout : uniformes de l'Armée Libre Syrienne, drapeaux de la révolution, bibelots, vêtements, appareils ménagers. Des denrées, des conserves s'étalaient des deux côtés de la chaussée. Des hommes âgés, d'autres plus jeunes et des enfants faisaient l'article en s'égosillant. Je ne crois pas qu'il se trouvait un seul Turc parmi eux, les vendeurs étaient tous syriens, de même que les clients qui repartaient les bras chargés de leur butin de guerre.

Les Turcs pestent contre la présence massive des Syriens, mais quand on creuse un peu, c'est une tout autre histoire : les réfugiés sont une source de revenus que les Turcs empochent avec joie. Nombreux sont ceux qui ont bénéficié de cet afflux de capitaux en provenance de Syrie. Les Turcs louent leurs maisons ou leurs magasins, gonflent les prix et doublent leurs ventes. Ici, à Rihaniyé, j'ai vu des boutiques au nom de villes et villages syriens écrits en arabe, à côté des échoppes aux noms turcs, comme si un bout de Syrie avait été déraciné puis replanté ici, tel un membre amputé emporté dans les égouts de la ville et ses canaux d'irrigation boueux. Perdu et déplacé comme tant de choses dans cette guerre.

Un gosse d'à peine dix ans, les bras chargés de produits, se tenait à côté de la voiture. D'autres se précipitèrent pour offrir leurs marchandises. Ils avaient dû quitter l'école, leur maison et leur enfance à jamais. Les plus chanceux vivaient encore avec leur famille, mais la plupart étaient des orphelins qui avaient réussi à passer la frontière et survivaient dans la rue.

Sur le trottoir d'en face se tenaient quelques jeunes combattants de l'ASL. Nous ne savions pas de quel bataillon ils dépendaient, mais on avait l'impression qu'ils venaient d'arriver et attendaient que d'autres se

La deuxième porte

joignent à eux. Ils n'exhibaient pas leurs armes comme ils l'auraient fait en Syrie. Leur pâleur, leurs barbes hirsutes et leurs yeux fatigués trahissaient un impérieux besoin de sommeil et de repos. À l'évidence, ils étaient là uniquement pour régler une affaire urgente. Une voiture s'arrêta près d'eux, un jeune homme en descendit, ou plutôt, ils le firent sortir, il était amputé d'une jambe et d'un bras. Ils se précipitèrent dans une autre voiture, puis l'un d'eux s'écria : « C'est bon, démarre ! Vite ! »

« Je vous dépose à la "porte des moutons" », nous avertit notre chauffeur.

Les villages frontaliers s'étendent sur une zone d'à peine quinze kilomètres carrés côté turc sur laquelle vivent des tribus de nomades bédouins, qui, avant la révolution, faisaient de la contrebande entre la Turquie et Idlib tout en cultivant leurs champs et en élevant leur bétail. Aujourd'hui, ces villageois qui parlent couramment l'arabe, le turc et un dialecte bédouin, sont étroitement impliqués dans le trafic à l'entrée et à la sortie d'Atma, le village le plus proche d'un des camps de réfugiés les plus grands et les plus misérables de Syrie.

Au sud de ces villages, les montagnes séparent les deux pays. Là, avec l'aide de tout un réseau de cousins, les Bédouins s'activent pour faire passer clandestinement les réfugiés. Ils forment eux-mêmes des relais physiques tout au long de la frontière, certains se tenant au sommet des collines, d'autres à leur pied, d'autres encore dans la vallée. Ils connaissent tous les points de passages, les brèches, les trous dans les barbelés grâce auxquels on peut entrer en Syrie. Et ils vous accompagnent jusqu'au point de traversée. Ils ont tissé des liens solides avec les gendarmes turcs, communiquant par téléphone portable ou par des cris s'ils se trouvent à proximité ou des signes convenus d'avance. La peau basanée, fins, rapides, légers, ils possèdent une capacité mystérieuse à se dissimuler parmi les arbres, à se fondre dans le paysage qu'ils connaissent si bien.

La voiture se faufila à travers un labyrinthe de ruelles étroites et boueuses. « La porte des moutons », nom officieux de ce point de passage, était un hameau misérable aux maisons nues derrière lesquelles se trouvaient des enclos de moutons. Malgré le froid, les enfants jouaient et sautillaient à moitié nus. Un jeune homme nous y attendait. J'avais cru que cette traversée serait semblable à la précédente, une course épuisante entre deux murs de barbelés, puis l'attente dans le froid avant qu'on ne vienne me chercher à la nuit tombée. Cependant Maysara m'expliqua que notre précédent point de passage était désormais très surveillé, surtout depuis les derniers bombardements à la frontière.

On voyait au loin des collines basses verdoyantes où des voitures stationnaient des deux côtés de la frontière. On apercevait aussi la file de ceux qui attendaient. On m'informa qu'il nous fallait contourner la montagne pour rejoindre un autre point. J'enfilai mon sac à dos et nous empruntâmes un premier sentier couvert de rigoles d'eau sale qui gênait notre progression. Nous étions trois en plus des guides. À peine

La deuxième porte

avions-nous fait quelques pas, qu'un policier apparut. En nous voyant prêts à nous enfuir, le passeur nous rassura d'un : « Ne vous inquiétez pas », en arabe, avec un fort accent.

Puis un véhicule militaire surgit à droite et roula vers nous. Cette fois, le passeur se mit à crier en nous faisant signe de rebrousser chemin. Nous le suivîmes en courant jusqu'à notre point de départ.

« Nous allons prendre le thé chez moi en attendant de pouvoir passer », nous dit-il.

On se rendit chez lui en avançant par des ruelles boueuses, au milieu des relents putrides de fumier et de pourriture. Les maisons en parpaing des Bédouins ressemblent à leurs anciennes tentes, mêmes couleurs, même austérité, même esprit éphémère. Aucune femme visible, quelques hommes, des enfants mais personne ne s'attardait.

Nous repartîmes, et quelques minutes avant d'atteindre la frontière, un autre groupe qui devait traverser se joignit à nous. J'étais la seule femme au milieu d'une vingtaine d'hommes. Trois trafiquants nous accompagnaient. Parmi les derniers arrivants, je reconnus le Yéménite et le Saoudien qui se trouvaient sur mon vol entre Istanbul et Antioche. Je m'approchai d'eux tout en gardant une distance prudente, pour épier leur conversation. Je me retins de leur demander : « Que faites-vous dans mon pays ? » Ces deux dernières années m'avaient appris l'art du silence. Le silence permet de donner du sens à ce qui nous entoure, d'observer, de réfléchir. Il donne une chance aux choses de s'exprimer par elles-mêmes. S'il n'est pourtant pas sans ambiguïté, il crée souvent un espace pour que le sens émerge.

Le Yéménite et le Saoudien n'avaient que très peu de bagages, bien assez pour la mort vers laquelle ils fonçaient avec tant de hâte. Alors que j'essayais de les rattraper, l'un des passeurs s'exclama d'un air offensé : « Hé, frère, tu m'avais pas dit qu'il y avait une femme avec vous ! Venez par là ! ajouta-t-il à mon adresse, le chemin est plus facile ! »

Tandis que nous nous dirigions vers un petit champ de blé, nos pieds foulant les feuilles des oliviers qui tapissaient la terre ici et là, je notai que le plus âgé des passeurs m'observait avec agacement. J'avais dissimulé mon visage et mes cheveux sous un voile noir et portais des lunettes sombres. Je hâtai le pas pour rattraper le groupe et finis par le dépasser. J'étais épuisée, mais je ne voulais pas qu'on me reproche de le ralentir. Je marchai d'un si bon pas que le passeur dut me demander d'attendre mes compagnons. Je m'arrêtai, le temps qu'ils me rejoignent, puis repris la marche en fixant d'un regard furieux le chef des passeurs. Comme je venais d'en faire la preuve, il ne pouvait plus grommeler qu'une femme retardait le groupe et lui causait des problèmes.

Bien entendu, chaque fois que je suis retournée en Syrie, la plupart des hommes ne pouvaient s'empêcher de mentionner que j'étais une femme et que ce n'était pas un endroit pour les femmes. Les combattants qui

La deuxième porte

m'entouraient cette fois étaient grands, forts, avec des yeux vifs, clairs et de longues barbes. Jamais ils ne consentiraient à regarder ou adresser la parole à une fille. Ce comportement que beaucoup pourraient interpréter comme de la virilité et du courage, ne signifiaient pour moi qu'une indifférence face à la vie et à la mort. Ils cherchaient la voie qui les conduirait à ce paradis qu'on leur avait promis. Ils ne représentaient nullement une source d'inspiration, ils me faisaient plutôt pitié.

Nous fîmes une pause alors que des coups de feu éclataient. Les gardes-frontières tiraient en l'air, nous savions tous que c'était uniquement pour nous effrayer. L'un de nos passeurs venait de terminer ses conciliabules avec la gendarmerie turque, déroulement normal des choses, les gendarmes avaient dû remarquer les activistes à l'allure évidente de fondamentalistes. Ils pouvaient se montrer durs et frapper, mais ils ne tireraient jamais sur eux. Ce qui était rassurant à la fois pour les passeurs et pour les clandestins.

Devant nous, une colline au flanc raide. Nous nous séparâmes en plusieurs groupes pour l'attaquer à l'abri des oliviers. Les combattants étrangers nous quittèrent tandis que je restai avec mes compagnons et un passeur. La montée était rude, et je me mis sur le côté, ne voulant gêner personne. Les genoux pliés, penchée en avant, j'avançai presque à quatre pattes. Voilà ce que nous devenons, songeai-je, des animaux. Si seulement nous possédions le même instinct de survie et de protection de l'espèce.

Fida Itani, notre ami libanais, me conseilla de ralentir pour ne pas m'épuiser. Je lui répondis d'une voix haletante : « Je ne peux pas. Si je m'arrête une seconde, je retombe dans l'abîme. » Ce qui l'amusa.

Alors Maysara s'approcha de moi, empoigna mon sac à dos et je courus vers le sommet. Je ne me retournai même pas sur leurs cris, derrière moi. Je n'entendais plus que les battements de mon cœur, les poumons prêts à éclater. La terre était boueuse, le sol rouge et fertile. Une fois au sommet, le spectacle était différent. La colline culminait comme une sorte de large falaise au-dessus d'une route serpentant entre les arbres. Une voiture nous y attendait mais une patrouille de gendarmes turcs surgit d'entre les oliviers et s'approcha de nous. Ils fouillèrent nos bagages puis discutèrent avec le passeur.

Nous pûmes enfin traverser la frontière. Elle n'était pas clairement délimitée. Pas de clôture sous laquelle ramper ni de barbelés à éviter. L'apparition des gendarmes avait constitué le seul indice que nous quittions un pays pour un autre. Les points de passage clandestins entre la Syrie et la Turquie ressemblaient à cela en général, découvris-je, des occasions de gagner de l'argent. Une aubaine décuplée par le nombre croissant de combattants djihadistes souhaitant entrer en Syrie.

Nous nous séparâmes pour de bon cette fois. Les combattants étrangers rejoignirent un autre groupe un peu plus loin. Notre guide m'expliqua qu'ils partaient au combat, qu'il y avait un Français d'origine tunisienne parmi eux et qu'ils se dirigeaient probablement

La deuxième porte

vers Alep. Insistant sur son anonymat, il m'affirma qu'ils allaient grossir les rangs du Front al-Nosra (le Front de soutien), une nouvelle faction composée de jeunes barbus. L'existence de ce front n'est devenue publique que récemment. Le groupe évoluait clandestinement auparavant ; leur présence n'était pas tolérée dans les villages.

« Tu vas voir, ils sont aujourd'hui plus forts et plus nombreux, m'assura Fida. La prochaine étape sera plus difficile, quand ces groupes auront gagné en influence et prendront une forme plus puissante et plus violente. Attends-toi à voir des vidéos de flagellations et de décapitations. »

De nouveaux coups de feu éclatèrent. Les salafistes disparurent aussitôt entre les arbres. Les files de Syriens formaient des lignes sinueuses telles des craquelures sur un vieux tableau, s'égaillant dans diverses directions. Lorsque les tirs s'intensifièrent, tout le monde s'éparpilla dans tous les sens pareil à un troupeau devant un chasseur.

Les collines étaient derrière nous. Les habitations disparurent tandis que nous empruntions des routes en lacet. Plus aucun signe de vie dans le paysage excepté de rares voitures et au loin, parfois, un village.

Binnish semblait déserte. Pas de manifestations comme lors de mon premier passage. Depuis, la ville bombardée par les MiG d'Assad avait été désertée par ses habitants. Le nouveau Front al-Nosra avait pris le contrôle de la ville et beaucoup de combattants l'avaient rejoint. Ce mouvement gérait les biens de l'État et s'immisçait dans la vie des citoyens. Il avait interdit le port du pantalon, jugé une hérésie, même pour les hommes, et préconisait de le remplacer par le sarouel afghan. L'infrastructure militaire avait elle aussi changé. Il y avait moins de checkpoints.

En passant devant l'aéroport de Taftanaz, Maysara cria : « Ô Seigneur ! Nous n'avons que Toi ! Nos pertes sont immenses... toutes ces vies perdues... C'est ici qu'est tombé Amjad Hussein. »

J'avais connu Amjad alors qu'il dirigeait un bataillon à Saraqeb. Musulman conservateur de vingt-cinq ans, il se montrait courtois et ne vous regardait pas dans les yeux quand il vous parlait. Il était furieux du tournant pris par la révolution, du chaos qui avait suivi. Il rêvait d'un État séculier. Il fut tué lors de la bataille de l'aéroport de Taftanaz. Bon nombre des jeunes gens que j'avais rencontrés durant ma précédente visite étaient morts. Je les évoquais un à un avec mes compagnons tandis que nous traversions des champs de fèves, des plaines verdoyantes tachetées de villages. La route défoncée, criblée de trous d'obus, rendait la conduite difficile et tortueuse.

« Depuis ton dernier voyage, poursuivit Maysara, le régime a repris Idlib et l'a isolée de la campagne environnante. Les brigades se battent entre elles à l'heure où je te parle. Il y a plus de voleurs dans la révolution maintenant que de rebelles. Les familles se dressent les unes contre les autres, les mercenaires contre d'autres mercenaires. Ô Dieu, nous n'avons que Toi ! »

La deuxième porte

La maison me parut déserte en l'absence de ma petite fée. Aala et ses sœurs résidaient désormais à Antioche, de l'autre côté de la frontière, même si Maysara revenait à Saraqeb de temps en temps. Il avait craint pour les siens à cause des obus, de cette mort qui frappait sans distinction. Je me retrouvai dans cette maison devenue la mienne, en compagnie d'Abou Ibrahim, de Noura, d'Ayouche et des deux vieilles dames. Leurs proches allaient et venaient. Certains s'installaient quelque temps parce que les bombardements continus de leurs quartiers avaient détruit leurs demeures. D'autres parce qu'ils avaient vu leur foyer vandalisé ou bien se trouvaient sur la ligne de démarcation, zone tampon entre les côtés ennemis. D'autres encore parce qu'ils étaient dans la mire de snipers ou que leurs maisons servaient à cacher des dissidents. Beaucoup avaient ainsi ouvert leurs maisons à la parentèle, aux amis, aux connaissances. Ayouche hébergeait aussi une famille de déplacés dans le sous-sol de l'immeuble où son propre appartement avait été incendié.

Le lendemain matin, je partis avec elle en voiture pour rencontrer cette famille et voir différents endroits de la ville qui avait souffert des bombardements. Un policier réglait la circulation, signe que le régime essayait tant bien que mal de se réapproprier la ville. J'eus du mal à me repérer, bon nombre de rues avaient été détruites. Le changement le plus notable était le nombre de bâtiments endommagés ou détruits et les rues désertes, sans vie. J'aperçus des chantiers là où l'on tentait de reconstruire des immeubles touchés. Sur

Les Portes du néant

les murs, je lus des vers du poète Mahmoud Darwich. Et pour la première fois, je vis à côté des slogans à la gloire du Front al-Nosra et des Ahrar al-Cham (Les Hommes libres du Levant). Ces deux groupes, bien que séparés de l'ASL, coexistaient plutôt qu'ils ne coopéraient. Une des phrases, en très grandes lettres, disait : « Le Front al-Nosra et Ahrar al-Cham sont nos cœurs battants. »

Les bataillons armés payaient les salaires des policiers qui distribuaient des contraventions, lesquelles venaient remplir leurs caisses. Ahrar al-Cham était si imbriqué dans le tissu social qu'il possédait même une boulangerie, ce qui était une autre façon de s'assurer des fonds et un moyen de contrôler les citoyens qui avaient besoin de s'approvisionner. Il dirigeait un tribunal de la charia constitué à la fois de juges et d'imams, où la loi islamique était en vigueur. La sécurité était assurée par la Brigade Suqour al-Cham (Les Faucons du Levant), celle du Dera al-Jabal (Le Bouclier de la Montagne) et celle des Shuhada Suriya (Les Martyrs Syriens).

Ayouche m'expliqua qu'elle ne pouvait pas me conduire partout en ville en raison des bombardements incessants. Elle s'arrêtait devant chaque maison et m'en racontait l'histoire. Des lieux sans portes, sans toits, sans murs, transformés en monticules de gravats.

« Ici sont morts Abou Mohammed et ses enfants. Et là, l'explosion a démoli la maison de nos cousins. Leur fils est mort. Dans celle-là toute une famille a péri. »

La deuxième porte

Je pris des photos et remontai dans la voiture. La situation s'était dégradée, Saraqeb me parut encore pire que dans mon souvenir, portant partout les stigmates de la destruction.

En arrivant au sous-sol où logeait la famille de déplacés, Ayouche s'arrêta un court instant pour discuter avec ses voisins. Elle fut interrompue par le vrombissement d'un avion qui nous survolait. Nous courûmes nous réfugier à l'intérieur. Le sous-sol était une vaste salle voûtée. Les lits des enfants, des femmes et des hommes de la famille étaient séparés par des draps tendus entre eux. La matriarche, une belle femme tout en rondeurs, aux cheveux roux, était entourée de ses quatre filles. Deux d'entre elles étudiaient à l'université, l'aînée était mariée et mère de trois enfants. D'autres proches rassemblés dans la grande salle, avaient presque tout perdu : il leur restait un tapis, une petite cage avec deux minuscules oiseaux, des verres à thé.

Soudain, le plafond se mit à vibrer et on entendit une explosion. On se figea, terrifiés. L'avion venait de larguer des obus sur la maison voisine à quelques mètres à peine. Un instant auparavant, nous nous étions arrêtées à cet endroit, et nous avions discuté avec les habitantes qui balayaient les éclats de verre après la déflagration de la veille, qui avait emporté l'un de leurs fils.

Une deuxième détonation suivit de près. Nous n'osions plus bouger. Les bombes tombaient près d'un tank, garé derrière la maison voisine. C'était ainsi qu'agissait le régime, ils bombardaient les maisons des civils où étaient basées les brigades afin de les priver du soutien populaire. Alors que la peinture du plafond s'écaillait et tombait sur nos têtes en raison de la puissance de l'explosion, je demandai à la mère de famille de me raconter leur fuite. Tout le monde prêta une oreille attentive à son récit.

« Les avions nous ont bombardés dès le début de la révolution. Notre village, Aminas, est situé à côté d'une usine de briques transformée en baraquements pour l'armée et ses mercenaires, les *chabbiha*. Beaucoup de gens sont morts quand ils ont bombardé la maison de notre voisin Naasan. Un obus est tombé sur son champ d'oliviers, tuant les ouvriers, sa femme et son fils. Il était parti chercher de l'eau et à son retour, il a découvert un carnage dans son jardin.

» Une autre fois, les *chabbiha* ont envahi un autre champ d'oliviers. Quand les hommes du village sont arrivés, toute la famille avait été tuée : la mère, les filles, le frère, un petit garçon, la belle-fille. Ils attaquaient en gang. Un jour, ils ont pris un de nos fils et on l'a retrouvé, les yeux crevés, les doigts coupés, mais vivant. Ils ont pris un homme, l'ont forcé à s'asseoir sur un brasero allumé… Heureusement sa femme avait pu s'enfuir…

» Je ne voulais pas partir mais l'armée est entrée dans Mastuma, le village voisin. Ils ont prévenu tous ceux de l'ASL de partir parce que les *chabbiha* arrivaient. Eux, ils ont assassiné des familles entières. Une mère pleurait son fils parce qu'on l'avait massacré sous ses yeux, ils l'ont tuée elle aussi parce qu'elle

La deuxième porte

pleurait ! J'ai caché mes filles pour qu'elles ne soient pas violées. Un jour, une roquette est tombée sur la maison d'un de mes frères et nous avons cru qu'il était mort avant qu'il ne sorte des débris en criant : "Celui qui m'a donné mon âme sera celui qui la prendra !" Comme j'ai ri ! Nous avons versé 7 500 livres syriennes à un passeur et nous nous sommes enfuis de nuit. Nous n'étions pas seuls, vous pouvez me croire. Il y avait des files de gens sur la route. Pieds nus, certains à moitié dévêtus, avec les frappes incessantes. Les rebelles sont venus nous apporter à manger pour le *suhoor*, le repas de l'aube, car c'était le ramadan. Sur la route, une femme a accouché. Nous étions tous sans abri, mon mari et ses huit frères et sœurs, tous on a dû partir. Nous avons appris que notre maison avait été détruite. Nous n'avions plus rien. »

Une nouvelle déflagration l'interrompit. Des bouts de plâtre tombaient sur nos têtes. La cave était humide, les murs se fendillaient et tremblaient à chaque secousse tandis que les deux oiseaux se débattaient dans la cage.

« Ils sentent le danger », déclara l'une des jeunes filles en couvrant la cage de ses bras puis elle ouvrit la porte et les blottit contre sa poitrine. Elle poursuivit le récit à la place de sa mère, en me demandant d'abord :

« Vous écrirez tout ce que je vous raconte ?

— Oui, promis-je, je le ferai. »

Elle avait vingt ans, elle était belle et mince, avec des yeux verts vifs, des joues roses, des doigts fins et gracieux. Elle portait un simple foulard sur la tête. Elle se leva. Ses sœurs firent cercle autour d'elle. Sans lâcher les oiseaux, elle posa sa main sur ma tête :

« Vous jurez de raconter au monde entier ce que j'ai à vous dire ?

— Je le jure. »

Elle insista :

« Jurez-le sur ce que vous avez de plus cher au monde. »

Je jurai à voix basse, sa main sur ma tête aussi lourde qu'un rocher.

« Écrivez sur Aminas… mon village natal. »

Elle me dit qu'elle aimait peindre et écrire des poèmes. Elle sortit un carnet puis commença à lire son journal tandis que je prenais des notes :

« Ceci est arrivé le 5 janvier 2013. On a appris que six filles et un jeune couple avaient été enlevés puis tués. Le même jour, une autre famille a été assassinée dans leur champ pendant qu'ils faisaient la cueillette des olives, une femme et ses deux fils. Dans notre village, la famille d'Abou Amer a été torturée puis exécutée d'une balle dans la tête. Sa jeune épouse, enceinte de neuf mois, a accouché pendant les meurtres. Les hommes de notre famille ont trouvé son cadavre et celui de son bébé parmi les corps éparpillés dans le champ d'oliviers. » La jeune fille me fixait d'un air sévère, de ses yeux en forme d'amande. Puis elle reprit son récit.

« C'était les *chabbiha*. Ils avaient écrit ASL sur leurs voitures, mais nous savons que c'était eux, les coupables. Avant de partir, ils ont détruit les terres, arraché les arbres, saccagé tout ce qui se trouvait sur leur chemin. Ils ont pris des photos des cadavres puis les ont diffusées sur Internet en prétendant qu'il s'agissait de l'ASL. »

Hésitante, elle me demanda :
« Je continue ?
— Oui, s'il vous plaît. »

Le regard lumineux, elle poursuivit :

« Le 12 janvier, à 14 h 35, nous étions à Qabeen, chez des parents. Après avoir quitté Aminas, nous avons erré plusieurs jours d'un endroit à l'autre, sans dormir. La nuit de notre départ, on avait entendu aux informations de 22 heures qu'ils allaient bombarder notre village et massacrer les révolutionnaires. Un convoi de blindés et de soldats allait passer par notre village, en route vers l'aéroport de Taftanaz assiégé par les rebelles. On est partis le soir même. On était effrayés. Nous avons empilé nos biens dans une voiture à trois roues. Après Sarmine, elle est tombée en panne et nous avons dû la pousser. Perdus au beau milieu de la nuit, nous avons avancé au hasard jusqu'au premier village. Nous avons frappé à la porte d'une maison, ils ont refusé de nous ouvrir et nous ont dit de passer notre chemin. Même réponse dans la deuxième maison. Les habitants de la troisième se sont montrés hospitaliers et ont accepté que nous passions la nuit chez eux. Ma mère a refusé, elle ne se sentait pas à l'aise chez eux et a demandé à mon père si mon frère pouvait nous emmener chez ses amis à Kafr Amin. Il était déjà 1 heure du matin, partout les chiens aboyaient, j'étais terrifiée. Il

Les Portes du néant

faisait nuit noire, les aboiements des chiens nous poursuivaient. Nous sommes arrivés à 2 heures à Kafr Amin et de là nous sommes allés de maison en maison. »

Elle continua à raconter, malgré le vacarme des explosions. Je continuais d'écrire.

« Le 13 février, un mois plus tard, nous ne savions toujours pas où aller. Toutes les nuits nous dormions dans un endroit différent. N'importe où pour échapper aux obus et aux roquettes. Avec tous ces déplacements, j'ai fini par connaître les villages alentour comme la paume de ma main. »

Elle tenait toujours son carnet et les deux oiseaux contre sa poitrine.

« Et alors ? »

Pendant ce temps, sa mère servait le thé en marmonnant : « Au nom de Dieu... Nous n'avons pas de pouvoir ni de force excepté à travers Dieu. »

« Le 15 février, reprit-elle d'une voix gaie, nous sommes arrivés à Saraqeb, à exactement 13 h 10. Que Dieu vous protège, s'exclama-t-elle en s'adressant à Ayouche, et vous garde en vie comme vous nous avez gardés en vie ! » Puis elle reprit : « C'était le jour où je devais me rendre à l'université pour passer un examen mais les routes étaient bloquées et c'était trop dangereux. Il me reste encore deux jours à vous raconter, mais je ne veux pas vous faire perdre votre temps... »

Je la rassurai, fascinée par ses yeux où perlaient les larmes : « Je veux tout savoir. »

Elle ouvrit de nouveau son cahier en poursuivant : « Le 16 février. C'est notre deuxième jour à Saraqeb.

La deuxième porte

Ayouche est passée et elle a noté sur un papier la liste de ce dont nous avions besoin, puis un homme nous a apporté des couvertures. Nous les avons étalées par terre. C'est un endroit étrange, la peinture sur les murs s'écaille. Ce qui me blesse le plus, c'est le regard brisé et humilié de mon père et les mots de gratitude qu'il répète à ceux qui nous donnent à boire et à manger. Auparavant, nous vivions dans l'abondance, maintenant, nous vivons de la charité des gens. Nous sommes devenus des mendiants, c'est humiliant. Il y a un poêle à bois qui fonctionne, il nous réchauffe dans ce sous-sol froid et humide. Nos estomacs gargouillent à cause de la faim, mais nous ne mendions pas de nourriture. Nous avons décidé de nous taire. Une roquette est tombée sur le cimetière voisin. Mes jeunes frères jouaient dehors. On a couru les chercher et on s'est blottis dans un coin. Leurs visages étaient pétrifiés de terreur.

» Le 19 février, j'ai trouvé un moineau et un nid. À l'intérieur, un tout petit oisillon. Nous les avons mis dans la cage au milieu de la salle. L'oiseau s'occupe de son petit et le nourrit par le bec. Une bombe est tombée et ils frissonnent. La mère volette dans la cage puis elle sautille pour voir son petit, mais ils ne se calment qu'avec la fin des bombardements.

» Mes frères aînés sont partis, ils ont disparu. J'aurais dû être à l'université aujourd'hui mais je suis coincée ici avec ma famille. J'ai appelé une amie et je lui ai demandé de m'apporter les cours que j'avais manqués. Nous avons encore notre voiture à trois roues et mon père m'a conduite chez elle, mais on est tombés en panne et on est arrivés trop tard, mon amie était déjà partie. J'ai pleuré de dépit sur les marches, car je voulais absolument pouvoir passer certaines épreuves. Nous sommes retournés à l'abri et nous avons passé la soirée assis, en silence. »

Elle s'interrompit, la voix enrouée. Elle me prit la main en disant :

« Ça suffit. Si nous mourons, le monde entier connaîtra notre histoire, n'est-ce pas ? »

Je lui répondis sans hésiter et sans essayer de la consoler :

« Oui, je vous le jure. »

Ensuite je remontai à l'appartement d'Ayouche au deuxième étage, incendié récemment par une roquette. Elle voulait y récupérer quelques affaires. Je ne distinguai que des formes calcinées mais Ayouche me dit avec assurance : « Ça c'est l'accoudoir du canapé. Ça c'est le cadre du placard. » Lorsqu'une troisième explosion retentit, elle s'exclama : « Assez pour aujourd'hui. On rentre. »

On repassa par la cave. Si j'étais en train d'écrire un roman, songeai-je, cette jeune fille aurait été l'une de mes héroïnes. J'aurais décrit ses cheveux couleur de feu, les petits oiseaux battant des ailes contre sa poitrine, et son regard. J'aurais expliqué comment, chaque fois qu'un de ses petits frères ou sœurs se jetait à son cou pour détourner son attention de cette visiteuse si curieuse qui les dérangeait plus que les explosions, elle le serrait dans ses bras et le cachait sous sa veste avec les oiseaux.

La deuxième porte

Mais ce n'était pas un roman, c'était la vraie vie, et elle serrait contre elle ses frères et sœurs, sans les quitter des yeux, veillant sur eux comme sur ses petits moineaux blessés.

Le bureau des médias se trouvait au beau milieu du souk de Saraqeb, cible des bombardements de l'aviation d'Assad. En voyant la foule qui y circulait, on ne l'aurait jamais deviné, mais les bâtiments décrépis, les trous énormes dans les rues, les traces d'obus ne trompaient pas. Ici des obus tombaient, des gens mouraient, même si une heure plus tard, les passants reprenaient leurs activités quotidiennes, se procurant l'essentiel, pour survivre. Je trouvai terrifiante cette relation avec la mort, la façon dont elle faisait partie intégrante de leur vie.

Je dis aux hommes qui travaillaient là qu'ils devaient déménager, que l'emplacement était risqué et que le plus important, c'était de rester en vie. Des journalistes étrangers passaient. Les activistes, qui étaient tout à la fois combattants, photographes et secouristes s'y croisaient sans cesse. L'afflux de journalistes en provenance d'autres pays arabes n'avait pas encore commencé et ne le ferait qu'après la libération de la province d'Idlib. Pour l'instant il n'y avait que des journalistes syriens.

Au cours de mon premier séjour en août 2012, quand nous circulions autour de la ville, les villages n'avaient pas été complètement libérés, il fallait donc les contourner par de petites routes pour éviter les postes de contrôle de l'armée régulière. Saraqeb elle-même n'était pas entièrement libérée. Aujourd'hui, en février 2013, nous pouvions nous déplacer librement, pourtant le ciel était toujours maintenu en otage. Les combattants disaient qu'ils auraient pu remporter la victoire s'ils avaient disposé de missiles antiaériens.

Le rédacteur en chef du journal *Al-Zaytoun* (l'olivier) qui paraissait depuis la libération de Saraqeb, m'expliqua que : « La révolution, ce n'est ni la guerre ni le combat. Notre objectif est de traiter de l'aspect humain, mais nous ne possédons pas les ressources nécessaires. Les bombardements continus ne nous permettent pas de sortir. Nous avons mis en place des activités civiles associées à la révolution, mais nous nous confrontons à de sérieuses difficultés. Le plus gros défi, ce n'est pas le soutien financier et les bombardements ; non, le plus dangereux, c'est la façon dont les takfiris, les extrémistes islamistes, se font une place, contrôlent la vie des gens, interfèrent dans leurs commerces. » Par activités civiles, il voulait parler des tentatives répétées de monter des ateliers de graffitis et de sport, des journaux culturels, des magazines pour les enfants, des écoles, des cours gratuits. L'éditeur était de toute évidence épuisé comme tous les jeunes autour de lui qui travaillaient sans relâche. Ils téléchargeaient des photos, confirmaient le nombre de victimes et de martyrs, se mettaient en relation avec les organisations humanitaires par téléphone, les informaient sur la situation des habitants. Ils tenaient un compte méthodique des attaques du régime, combien de missiles, de quelle

La deuxième porte

sorte, quelle forme et quelle taille. Plus tard, certains prépareront un dossier sur les armes chimiques lancées sur Saraqeb et les enverront à plusieurs agences gouvernementales à travers le monde. Malheureusement, leur espoir et leur optimisme diminuaient parce que leurs actions n'avaient aucun effet, le monde entier paraissait satisfait de les laisser se battre seuls.

Abou Wahid, le commandant quadragénaire d'un bataillon de l'Armée Syrienne Libre, passa me prendre au volant de son pick-up. Nous devions nous rendre dans les villages abritant des déplacés avec Manhal, le beau-frère qui m'avait accompagnée lors de ma première traversée, et mon guide, Mohammed. Le bruit lointain des explosions laissait espérer que la mort se tiendrait à distance aujourd'hui.

Alors que nous quittions le souk, je remarquais qu'il n'y avait pas de femmes dans la rue. J'en avais aperçu une seule, vêtue d'un niqab, accompagnée de son époux. C'était la première fois que je voyais cette tenue à Saraqeb. En général, les femmes se contentaient d'un simple foulard qui recouvrait leur chevelure.

On s'arrêta dans le quartier général du bataillon. Mes compagnons discutèrent avec un des militants. Il apparut que nous devions aller voir une mitrailleuse sur pivot, une sorte de canon, et qu'Abou Wahid avait pris son pick-up pour le transporter quelque part.

La route, bordée de petits cyprès, était sûre. Des enfants y vendaient des légumes et de l'essence. Ils avaient plusieurs bidons et récipients qui affichaient : « gazole noir » ou « gazole rouge » griffonnés dessus.

Les Portes du néant

Les prix variaient selon le produit mais les deux étaient bon marché, de mauvaise qualité et produisaient des fumées toxiques. On finit par s'arrêter près d'un groupe de garçons qui vendaient de l'essence sur l'autoroute Alep-Damas. Dix garçons s'alignèrent au garde-à-vous comme pour une parade militaire, derrière des containers de gazole non raffiné connu sous le nom de mazout et des bidons de pétrole. La plupart n'allaient plus à l'école à cause des bombardements. Ce qui était surprenant c'est qu'il y avait encore des professeurs qui recevaient leur salaire du gouvernement syrien.

Un vent glacial soufflait malgré le soleil éclatant. Mes compagnons marchandèrent le prix du pétrole. Manhal demanda le prix d'un bidon et le garçon lui répondit « 2 055 livres ». Un an auparavant, le prix était de 270 livres.

« Le soleil de février », déclara Abou Wahid en levant les yeux vers le ciel. Puis il se tourna vers moi : « Nous revendiquons la justice pour notre peuple. Mais nous ne voulons pas d'intervention extérieure dans nos affaires. Si nous avions pu affronter Bachar seuls, cela aurait été mieux. Les ingérences étrangères sont toutes à son avantage. Comme vous le voyez, nous n'avons pas encore retiré cette épine. Moi-même, j'avais une bonne situation, j'étais un entrepreneur en bâtiment, j'avais fait des études de droit. J'aurais voulu étudier à l'Institut d'art dramatique. Ça n'a pas marché, je continue quand même à m'intéresser au théâtre et aux séries télévisées. On peut dire que je suis un

La deuxième porte

passionné des arts. » Il partit d'un grand rire tonitruant.

Nous traversâmes le village Khan al-Sabal qui possédait une grande carrière. Le régime y avait installé un important checkpoint, dont les rebelles venaient de s'emparer. Les habitants étaient de retour chez eux, enfin débarrassés des troupes d'Assad. On se gara devant le poste de contrôle tenu par l'Armée Syrienne Libre. Pas de voitures derrière nous, à part un camion dans lequel étaient assis trois combattants armés de mitraillettes.

En arrivant au village de Jerada, je ne pus retenir une exclamation de surprise en découvrant les immenses mausolées romains millénaires et les hautes colonnes aux chapiteaux ornés. C'était l'un des nombreux sites antiques éparpillés dans la région du Jebel al-Zawiya. Tandis que j'admirais le site, je songeais à quel point les brigades djihadistes sont insensibles à la signification de ces ruines puisqu'à leurs yeux, la civilisation commence avec l'islam et que le pillage fait partie de leur idéologie.

Le village de Jerada se trouve dans la province de Maarat al-Numan, dont le nom évoque les coquelicots, les *shaqa'iq nu'man* que l'on pouvait voir entre les ruines, avec au loin, le village de Rawiha. Des maisons en pierres s'élevaient parmi les sépultures romaines comme de minuscules palais. Ces pierres faisaient l'objet de pillages, m'informèrent mes compagnons.

Après avoir passé un autre checkpoint, nous croisâmes une femme avec trois enfants. J'appris que les

Les Portes du néant

habitants ici vivaient de l'élevage de moutons et des olives. La terre était rouge et couverte de gros cailloux. On passa de l'autre côté d'Ariha, non loin de l'endroit où le régime avait détruit la fabrique de briques d'Aminas. À Serja, la terre rouge fit place à un désert de pierres. Puis les postes de contrôle dépendant de diverses brigades se succédèrent. Les signes de puissance et de domination étaient de plus en plus ostentatoires. C'était le cas à Deir Simbel, village associé à Jamal Maarouf, chef de la Brigade des Martyrs syriens. Ici nous vîmes un blindé et plusieurs checkpoints dont certains se trouvaient entre les mains des soldats du Front al-Nosra et des Ahrar al-Cham.

En tant qu'officier de l'Armée Syrienne Libre, Abou Wahid croyait encore dur comme fer que les moudjahidines étrangers repartiraient dans leurs pays respectifs après la chute du régime. Je ne partageais pas son point de vue. « Seul le temps nous le dira », fut sa seule réponse. « Mais ils n'ont pas de pays, leur foi est leur seule patrie », lui fis-je remarquer.

Grâce à lui, nous pûmes passer sans encombre les postes de contrôle, car les soldats le connaissaient. Il était impossible de se déplacer de manière sûre sans être accompagné par un membre d'un bataillon réputé. Devant nous, un camion transportant des tentes pour les déplacés. Des deux côtés de la route, entre les amandiers et les oliviers qui continuaient à pousser, des maisons entièrement démolies.

Nous arrivâmes à Rabia, village où les caveaux de six ou sept mausolées romains avaient été transformés en

La deuxième porte

abris dans lesquels s'étaient réfugiées une trentaine de familles. Je demandai à rencontrer les femmes, je voulais voir dans quelles conditions elles vivaient. Le site antique était entouré d'oliviers mais beaucoup avaient été abattus pour servir de combustible ou avaient brûlé sous les obus. Pour accéder à l'abri, il fallait s'engager dans une ouverture sombre et profonde puis emprunter des marches usées, couvertes de poussière.

Une fille de seize ans était assise à l'entrée, coiffée d'un hijab. Elle était amputée des deux jambes, l'une coupée à la cuisse, l'autre au genou. Son regard était serein cependant. Elle me dit qu'elle apprenait à dessiner à ses frères et sœurs, mais qu'elle manquait de matériel. Elle m'expliqua, indifférente à nos réactions, qu'elle aurait besoin de plusieurs opérations car ses plaies s'étaient infectées et elle pouvait succomber à une infection du sang. Après nous avoir regardés descendre vers le caveau où vivaient les siens, la tête penchée, elle continua à tracer des lignes dans la terre humide.

Sa mère, Oum Moustapha, était la seconde épouse d'un homme qui vivait en face avec sa première épouse et leurs cinq enfants. La famille était originaire de Kafruma.

Pas de lumière naturelle dans cette grotte éclairée jour et nuit par une mèche trempée dans l'huile et placée dans un flacon de médicament en verre. Cette lampe de fortune dégageait une odeur désagréable de combustion tout en se révélant peu efficace. Les enfants, âgés de trois à quinze ans, m'entourèrent en

Les Portes du néant

me regardant avec curiosité, et prirent les bougies que nous avions apportées. Je leur demandai comment ils passaient le temps pendant ces vacances sans fin. La mère me dit que son mari interceptait l'aide financière qu'elle percevait pour la donner à son autre femme. Oum Moustapha, enceinte de son neuvième enfant, tenait un bébé dans ses bras. Ils vivaient dans cette cave au sol en terre battue où la pluie s'infiltrait en hiver. Ils ne faisaient qu'un seul repas par jour. Les enfants, pieds nus, le ventre gonflé étaient vêtus de haillons. Le visage pâle, couvert de croûtes et de morve, la peau gercée, les orteils ensanglantés et purulents.

La benjamine, devenue sourde à cause d'un obus qui avait explosé près d'elle, s'occupait de sa sœur handicapée. Quand cette dernière nous rejoignit, la petite lui prit la main et je fus frappée de voir leurs visages briller d'une beauté à couper le souffle. Toute cette beauté au milieu d'une misère hideuse.

En partant, je racontai à Abou Wahid que le mari volait les allocations de sa femme. Il éclata de rire. Je ne trouvai pas cela drôle.

Les autres familles n'étaient pas mieux loties. Des humains errant dans les entrailles de la terre, pareils à des bêtes creusant leurs propres tombes alors qu'elles sentent approcher la fin. Pourtant, à l'extérieur, la situation semblait plus ou moins normale. Devant un des caveaux, les enfants avaient aménagé un trou qu'ils utilisaient comme but pour la balle jaune qu'ils se passaient entre les pieds. C'était le seul signe que des humains vivaient sous terre, dans leurs haillons, affamés, imprégnés d'une odeur de misère humide. Je pouvais à peine me tenir debout dans ce caveau. J'entrevis un nouveau cercle de l'enfer. Pas seulement un purgatoire où erraient des sans-abri, mais un endroit maudit créé par le diable en personne.

Nous reprîmes la route en silence. Plus loin, d'autres caveaux romains, criblés de cratères, où vivaient des dizaines de familles. Des maisons détruites, rasées. Une volonté de destruction totale, telle une machine à remonter le temps, venait de nous renvoyer à l'âge de pierre.

Le ciel bleu était devenu incandescent alors que nous traversions Haas pendant un bombardement aérien. Les bataillons du Front al-Nosra s'étaient retirés. Plus loin, le village d'Al-Hamidiya semblait réduit à un ensemble d'immenses cyprès.

« Tant de chefs de bataillon et de militants civils ont été tués ou emprisonnés, les meilleurs sont tombés ! » s'exclama Abou Wahid. Il leur rendit un hommage touchant en les nommant les uns après les autres. Je fus surprise par la précision de sa mémoire, tandis qu'il énonçait leur nom, leur âge et les menus détails de leurs actions. Il me décrivit leur mort tandis que nous passions sous des cyprès si hauts que les nuages paraissaient pris dans leurs feuillages. Je hochai la tête, l'œil rivé sur la route, l'oreille attentive aux bruits du ciel qui laissait pleuvoir des obus.

Le paysage changea à Taqla. D'origine araméenne, le nom renvoyait à sainte Thècle. Ici, des collines et des vallées couvertes d'oliviers. Abou Wahid s'arrêta à son quartier général, celui de la Brigade des Martyrs de la Liberté. Impatiente, curieuse de le voir, je m'approchai du canon qu'ils avaient fabriqué à partir des restes d'un tank du régime et à l'aide des plus rudimentaires outils. Il était posé parmi les oliviers, monté sur d'énormes roues récupérées sur un champ de bataille. Je tournai autour de cette mitrailleuse dont l'orifice noir se dressait au milieu des oliviers, je le caressai. C'était par là que la mort arrivait.

« Ce n'est rien face à l'arsenal que le régime obtient de l'Iran ! s'exclama Abou Wahid. Nous nous battrons jusqu'au bout, nous n'avons pas le choix : soit on se bat, soit on meurt. Nos combattants sont de simples villageois qui cherchent à protéger leur communauté. Des gens ordinaires. Ce n'est pas toujours le cas dans d'autres brigades qui reçoivent des financements pour les armes. Notre mission est de nous battre pour notre pays, notre lutte contre Assad est une lutte pour notre pays. Nous ne savons pas qui sont les autres groupes ou comment ils se retrouvent ici sur nos terres ! »

Au début de la révolution, la seule vue d'un tank me faisait trembler de peur ; et voilà que j'étais désormais capable de glisser mes doigts dans la gueule d'une mitrailleuse. On aurait pu écrire un roman entier sur le cycle de la vie à partir de l'histoire de ce canon, depuis ses composants initiaux au produit fini. Il ne leur avait rien coûté ; ils n'avaient pas d'argent.

« La portée de cette mitrailleuse est de quatorze kilomètres, poursuivit Abou Wahid. Nous avons eu recours à Google pour déterminer la distance. Nous avons créé un atelier spécial pour l'artillerie mais nous ne disposons pas d'assez de matériel pour ce genre d'armes. J'ai mis toute ma fortune dans la révolution. Avant, j'obtenais des contrats à 50 millions de livres syriennes. J'ai tout quitté. Ils nous ont bombardés, ont tué nos enfants, réduit nos familles à l'exode et nous les tuerons. Nous ne faisons que nous défendre. On arrive parfois à capter leurs conversations, je les entends discuter dans leurs avions : ils veulent nous tuer, tous.

— Je déteste l'idée qu'une machine de mort devienne la chose la plus importante dans la vie des gens. Ce n'est pas juste ! » m'exclamai-je.

Comme personne ne me répondait, je me dis en mon for intérieur : « N'oublie pas que ce qui existe peut ne pas être juste. »

Cette conversation se poursuivit dans la maison d'Abou Wahid. Sa femme, sa mère et ses enfants partagèrent notre repas. L'eau et le courant étaient coupés, ils nous offrirent toutefois un véritable festin. Partout où nous allions, nos hôtes se mettaient en quatre pour être à la hauteur de leur réputation d'hospitalité. Ils n'hésitaient pas à nous offrir tout ce qu'ils possédaient, j'en étais certaine.

Assis autour du délicieux repas, Abou Wahid reprit : « Lorsque le régime tombera, nous jetterons nos armes. Je ne dors jamais chez moi. Je suis un combattant et on a besoin de moi au front. Mais nous aspirons à vivre comme des êtres humains quand tout sera fini. Nous voulons élever nos enfants, leur fournir une bonne instruction. A-t-on jamais vu un gouvernement, un État, bombarder son peuple ? C'est quelque chose que je ne comprendrai jamais ! »

Sa colère monta progressivement, l'empêchant de manger. « Regardez ces fissures dans le plafond ! Un obus est tombé à quelques mètres de ma maison, il nous a ratés de peu. Notre destin est entre les mains de Dieu. Et puis où irions-nous ? Nous devons même acheter l'eau que nous buvons ! Chaque mois, je débourse 4 000 livres pour que mes enfants aient de l'eau à boire. J'ai laissé mon puits dans ma ferme, afin que les gens puissent l'utiliser… Nous partageons la vie et la mort ensemble.

» Vous devez savoir une chose, c'est que chaque région possède maintenant sa propre administration et que chaque village s'occupe des siens. Tout a été renversé, comme si chaque petite communauté était devenue un État.

— C'est le chaos qui suit la tyrannie, dis-je.

— Nous sommes entrés dans une période étrange. Prenez par exemple ce que l'islam dit des butins de guerre. Les islamistes ont édicté des fatwas pour légitimer le pillage, ils ont donné le feu vert à leurs bataillons. Ainsi, les habitants de Kafruma ont commencé à se battre entre eux à cause du pillage, pas de la révolution. Une mitrailleuse vaut des millions, alors si vous mettez la main dessus vous avez gagné le gros lot ! Ce qui veut dire que des batailles se livrent juste pour les butins de guerre… Autre chose, notre village comptait cinq mille habitants et maintenant vingt-cinq mille déplacés y vivent. On ne peut plus parler d'une Syrie comme on le faisait avant. Tout a changé. »

C'était le matin, les bombardements à Saraqeb étaient moins intenses, j'eus donc le temps de m'asseoir avec les deux vieilles dames et de parler d'Aala et de sa famille. La vieille tante se tenait à côté de sa sœur, la matriarche de cette famille nombreuse. Elles paraissaient presque immortelles. On s'observait mutuellement avec une sorte de complicité tacite, la même que je partageais avec Aala. On aurait dit que toute la maisonnée avait une passion pour les histoires. Elles ne voulaient pas que je me rende à Maarat al-Numan, mais je leur promis qu'à mon retour nous bavarderions, à condition que la tante me raconte sa jeunesse dans les années 1940, avant les coups d'État militaires, quand les Syriens construisaient un État moderne. Je songeai que nous connaissions une période de transition historique semblable, que le pays était de nouveau au seuil d'une grande transformation, qui passait d'abord par la dégradation et la régression. Nous retournions au point zéro afin de reconstruire à partir de rien.

Avant de partir, nous devions passer au bureau des médias afin d'y prendre plusieurs publications conçues par les activistes civils, un journal pour les enfants et deux magazines, *Al-Cham* (Le Levant) et *Al-Zaytoun*, qui projetaient les plans du futur État que les militants espéraient édifier dans les zones libérées malgré les bombardements. Achever cette révolution n'allait pas être une tâche facile.

Les Portes du néant

Mohammed, Manhal et moi devions distribuer ces journaux dans les villages où nous passions. Fida Itani, le journaliste libanais qui avait traversé la frontière avec moi, nous accompagnait, ainsi que deux jeunes activistes de Maarat al-Numan qui devaient nous servir de guides durant cette journée. Ils venaient de Basmat Amal (Le Sourire de l'espoir), une ONG qui avait monté un centre de soins médicaux et dirigeait plusieurs projets humanitaires. Ils faisaient partie de ces révolutionnaires qui s'étaient consacrés au travail civil.

Pour arriver à Maarat al-Numan, nous devions parcourir dix kilomètres sur la ligne de front où des échanges de tirs entre le régime et les bataillons se succédaient. Les avions d'Assad bombardaient sans arrêt et des snipers étaient planqués à chaque kilomètre. Le ciel était clair et ensoleillé, ce qui signifiait que l'aviation allait bombarder les villages. Mais les habitants connaissaient leurs horaires préférés. Même les enfants arrivaient à repérer les divers modèles de roquettes et d'obus ainsi que le mode opérationnel des snipers.

Mohammed me raconta qu'un homme avait été abattu sur cette route deux jours auparavant, sous leurs yeux, mais nous n'avions pas d'autre choix que d'emprunter ce chemin. Les arbres étaient en fleurs, la terre couverte d'un tapis rouge et jaune. Devant nous se dressait le checkpoint des Bayarik al-Shamal (les Bannières de la Brigade du Nord). Mohammed et Manhal se renseignèrent, demandant si nous pourrions passer. Le garde armé leur répondit : « À votre place et si vous tenez à la vie, je ne le ferais pas. » Il était assis sur un rocher, sa mitraillette posée sur les genoux, et nous regardait d'un air résigné.

Manhal se lança à toute vitesse alors que nous avions tous la tête baissée. J'entendis des tirs, mais ne bougeai pas d'un centimètre, même quand mes compagnons éclatèrent de rire en criant : « On a réussi ! On s'en est sortis ! » Je finis par me redresser et pendant un court instant je crus être plongée dans un cauchemar. Sans doute les images des bombardements vous sembleront répétitives mais ce que je vis à Maarat al-Numan était réellement choquant. Devant nous roulait un pick-up blanc salement cabossé, dans lequel se tenait une mère, habillée tout en noir, et ses quatre filles, la plus âgée devait avoir dix ans, toutes voilées.

Partout, des bâtiments ployaient jusqu'au sol. Il ne s'agissait pas des paysages de destruction habituels. Ici, devant mes yeux le fer et le ciment semblaient s'être liquéfiés avant de plier. Le toit d'un immeuble éventré de quatre étages gisait sur le trottoir. Dessous, une masse informe de corps. Les immeubles penchaient les uns vers les autres, écrasés par la torpeur, des décombres jonchaient toute la ville. Maarat al-Numan avait été décimée, m'expliqua-t-on. Parce qu'elle se trouvait sur la ligne de front, elle était la cible de bombardements incessants.

Au même moment, une autre explosion retentit. Juste devant nous. La voiture bifurqua dans une ruelle crevassée. Les rideaux de fer des magasins tremblèrent, des éclats de métal volèrent dans les airs. Le bruit, la clameur étaient terrifiants, sans fin.

Les Portes du néant

Une femme et sa fille marchaient plus loin, ce qui me parut étrange car je voyais rarement des femmes seules à l'extérieur. Le souk n'était plus que ruines. Des garçons couraient çà et là, une femme s'enfuit dans une ruelle. Nous approchions de la Grande Mosquée, un des monuments les plus anciens de la ville, du moins jusqu'à présent. Rasée, elle aussi. Le minaret avait été touché, à ses pieds s'accumulaient les gravats et les bris de verre. J'appris que le régime ciblait les minarets en particulier.

La construction de la Grande Mosquée remontait à l'ère préchrétienne. Ce temple païen devint ensuite une église puis une cathédrale. La mosquée avait conservé quelques ornements et des signes sur les chapiteaux propres aux religions chrétienne et prémonothéiste. La bibliothèque islamique était dévastée : des exemplaires rares du Coran ainsi que d'autres ouvrages précieux avaient été projetés en tous sens, avant de brûler.

Nous sortîmes de la voiture et pénétrâmes dans la cour de la mosquée. Alors que nous nous dirigions vers la salle de prière, détruite par un obus, le vrombissement d'un avion nous obligea à nous mettre à couvert.

« Après l'explosion, ici, on a découvert un ancien souk, m'expliqua un de nos guides. On dit qu'il date de l'époque préchrétienne. On peut encore voir des portes et les vestiges des boutiques. »

Une horrible scène de dévastation nous attendait : des câbles électriques arrachés se mêlaient aux barres métalliques, et aux éclats de bois. Les débris formaient un bloc informe à plusieurs strates, agencées

La deuxième porte

à la manière du feuilleté des croissants. Je pris d'innombrables photos, donnant un titre à chacune. En voyant mes efforts pour rendre compte de l'étendue des dégâts, les hommes me dirent qu'il y avait pire. Ils me montreraient plus tard les ravages effectués sur la ligne de front.

Dans la rue, en face de la mosquée, juste devant l'entrée du souk, un vieil homme s'avança et cria en me montrant le minaret : « Regardez ! Regardez ! C'est ça, les réformes de Bachar… Nous n'avons rien fait… Nous réclamions seulement nos droits… C'est tout ce que nous voulions, Dieu m'en est témoin… Et maintenant, regardez… ! » Il se mit à pleurer. Un des jeunes le prit par le bras et fit quelques pas avec lui. Il avait perdu trois de ses enfants dans le bombardement du souk. Il était là, planté dans la rue, et il pleurait.

Sur un des murs, quelqu'un avait écrit : « Nous résisterons au blocus ! »

Avant de quitter la ville, nous pûmes visiter son musée, qui abritait autrefois une des plus importantes collections de mosaïques du Moyen-Orient. Il se trouvait dans l'enceinte du Khan Mourad Pacha, un ancien caravansérail ottoman datant du XVIe siècle, destiné aux voyageurs et aux pèlerins sur la route entre Istanbul et Damas. Transformé en musée en 1978, il comportait quatre ailes, chacune destinée à une période archéologique ou historique différente. Il comprenait aussi une salle de lecture et une bibliothèque de livres rares et, entreposées dans ses sous-sols, plus de deux mille mètres carrés de mosaïques anciennes. On ignore ce qu'elles sont devenues. Quant à celles qui étaient exposées, un exemple rare de l'héritage artistique syrien qui remonte jusqu'à la période de l'empire d'Akkad, il n'en restait que quelques fragments lors de ma visite.

À l'entrée du musée, je vis une statue du poète et fils de la ville, Abou al-Ala al-Maari, décapitée. Il s'agissait clairement d'un acte de vandalisme perpétré par l'un des groupes de militants takfiris, ces extrémistes islamistes qui accusent les autres d'être des apostats. Je demandai à mes compagnons de ralentir, le temps de prendre une photo. On raconta ensuite qu'un obus était tombé sur la statue, mais les marques sur la pierre le démentaient.

L'un des jeunes guides précisa : « Ils ont volé la tête pour la vendre. » Un autre, que les hommes du Front al-Nosra l'avait décapitée parce que le poète était un impie. Un troisième rétorqua, furieux : « Au moins, eux, ils ne décapitent pas les hommes, comme Bachar ! » Fida Itani avertit : « La prochaine étape sera très violente. Les groupes djihadistes couperont les têtes et mutileront les cadavres pour terroriser les gens à des fins de propagande. »

Au cours de mes déplacements dans la région d'Idlib, je pus constater que les informations qui parvenaient à l'étranger étaient confuses. En réalité, des groupes armés djihadistes contrôlaient certaines zones, et occupaient les postes administratifs autrefois dévolus aux simples citoyens. Mais le véritable problème, c'était les groupes de takfiris venus de l'étranger. Partout où je me rendais malgré les mises en garde,

La deuxième porte

on s'empressait de me tenir à l'écart des takfiris. Ces groupes avaient déjà entamé une forme d'occupation dans les régions libérées du régime. Ils n'agissaient pas de manière improvisée ou chaotique. C'était une opération organisée et concertée pour se partager les dépouilles du Nord libéré entre brigades djihadistes. Pour autant, les bataillons de l'Armée Syrienne Libre ne se contentaient pas de les regarder faire, beaucoup s'évertuaient à maintenir la ligne de la révolution même si l'on pouvait discerner des failles.

L'entrée du musée était bloquée par des barils de diesel. Un panneau à côté portait l'inscription : « Brigade des Martyrs de Maarat. » Le musée leur avait tenu lieu de quartier général. Dans la cour aux colonnades, des bidons d'huile et de diesel étaient stockés à côté des mosaïques. Un lapin se tenait immobile près des arches. Pour parfaire la folie de cette inquiétante scène, le cadavre ensanglanté d'un jeune homme écrasé sous le minaret. Le lapin était occupé à mâchonner l'herbe entre les pavés et personne ne s'approcha de lui.

Le commandant du groupe, Salaheddine, nous fit visiter ; un homme sympathique, malgré son air sévère et distant. Il me dit qu'ils avaient rassemblé et mis à l'abri dans une réserve tous les restes de la vaisselle ancienne.

Les deux activistes qui voyageaient avec nous gardèrent le silence, comme si cette conversation les mettait mal à l'aise. Au début de la résistance armée, certains jeunes avaient sympathisé avec le Front al-Nosra. J'avais évité d'évoquer le sujet avec eux, sans nier pour autant mon hostilité envers ce front.

Les colonnes et les chapiteaux antiques gisaient par terre, parmi des pièces sculptées de calcaire qui dataient du IIe siècle de notre ère. Les peintures sur les murs étaient trouées de balles et d'éclats d'obus. Les merveilleux sarcophages romains sculptés demeuraient intacts, sans doute trop lourds pour être déplacés, tandis que la salle de lecture était dévastée. Les livres avaient été brûlés par l'armée d'Assad, dès son arrivée en ville. Une épaisse couche de poussière recouvrait les rares volumes épargnés. Je déchiffrais les noms d'Al-Zamakhshari, Abdul Rahman al-Ahmad, d'Al-Razi, ainsi que des encyclopédies anciennes et des annales archéologiques. Tous ces livres, détruits, saccagés.

« Nous sommes occupés par la guerre, nous ne pouvons pas tout préserver », me dit le commandant.

Le bruit d'une explosion. Assez proche.

De nombreuses statues avaient disparu dans la cour du musée, volées. Ainsi que tous les objets exposés dans les vitrines. Les portes des tombeaux en basalte étaient toujours en place, et une salle était consacrée à une fresque complète en mosaïque représentant la vigne bénie, découverte dans le village de Mazakia et datant de 2 000 ans av. J.-C.

Je dus aller m'asseoir sous le citronnier de la cour. J'avais la tête qui tournait, j'avais besoin d'un moment pour assimiler cette perte colossale, ce sabotage grossier de l'histoire. Sur le mur en face de moi, je pus lire :

La deuxième porte

« Il n'y a pas de Dieu qu'Allah – Brigade des Martyrs de Maarat ».

Un obus tomba.

« Ils frappent au hasard », nota le commandant.

Il nous conduisit vers l'endroit où l'on attachait les chevaux dans l'ancien caravansérail. Tout avait été pillé. Il ne restait plus que des débris de chapiteaux romains et un fragment de fresque sur le mur. Le commandant nous montra un blindé dans la cour. Une odeur d'essence s'en dégageait.

« C'est notre butin de guerre après l'attaque de Wadi Deif. » Puis, il s'adressa à moi d'un ton grave : « Écoute, ma sœur. Nous étions sur le front, nous, l'Armée Syrienne Libre et à notre retour, on nous a dit que le Front al-Nosra avait décapité la statue d'Al-Maari parce que les statues sont *haram*, interdites. Je sais que tu vas me poser des questions à ce sujet. »

En chemin vers la prison, nous entendîmes des voix de femmes et d'enfants qui provenaient de décombres d'un édifice. Là, au milieu du béton réduit en poussière, du fer tordu, du naufrage général, là parmi les gravats, dans l'unique pièce d'une maison presque entièrement détruite, vivait encore une famille. Si j'avais lu cette scène dans un livre, je n'y aurais pas cru.

Des hommes ramassaient les débris des fenêtres. « Un obus est tombé ici hier, dirent-ils, aujourd'hui, ils tombent de l'autre côté. »

« On va par là maintenant », annonça le commandant.

Je levai les yeux. Un enfant sortait des vêtements d'une armoire adossée contre un mur dans une pièce au deuxième étage. Les vêtements colorés paraissaient propres, comme par miracle. Ils débordaient de l'armoire comme suspendus sur une corde à linge. L'enfant tentait d'attraper la manche d'une chemise quand sa mère cria de l'intérieur de la maison. L'armoire s'écroula, et avec elle le mur. L'enfant courut. Je hurlai en fermant les yeux. Mon cri, une longue plainte, pour empêcher ma tête d'exploser. Quand j'ouvris les yeux, j'appréhendai de voir le corps broyé de l'enfant, mais il était bien vivant et me fixait, interloqué. Si le bruit de la chute ne m'avait pas fait fermer les yeux, je suis sûre que je l'aurais vu s'envoler au-dessus des décombres avec ses deux ailes. Je ne voyais pas comment expliquer autrement sa survie.

Salaheddine nous fit visiter la prison et la mairie. Tous les registres, toutes les archives avaient péri dans les flammes. Des bureaux déserts, désaffectés, aux plafonds écroulés. Il nous raconta ce qui s'était passé ici : ils avaient libéré la mairie puis avaient pénétré dans la prison, mais l'armée d'Assad et le personnel avaient fui. Ils avaient capturé quelques soldats. Deux avaient rejoint leur bataillon, douze avaient été condamnés à mort par le tribunal de la charia, deux furent acquittés et purent retrouver leur famille.

« Il y en avait deux qui venaient de Raqqa, un de la côte, un d'Al-Bab et un autre de Deir ez-Zor. Mais nous avons tué douze soldats », répéta-t-il pour justifier leur respect de la loi.

La deuxième porte

« Cela arrive en temps de guerre, dis-je.

— Ça n'a rien à voir avec la guerre !

— C'est une guerre entre vos gens et Bachar al-Assad.

— Ce n'est pas la vôtre ?

— Si, bien sûr, mais je me bats à ma façon, avec mon stylo. Je suis écrivaine et journaliste.

— Vous voulez une arme ? me demanda-t-il avec un sourire.

— Non. Les gars ont essayé de m'apprendre à en tenir une, parce que je pensais en avoir besoin pour me défendre, mais après réflexion, j'y ai renoncé. C'est déjà assez dangereux de circuler par ici, mais je n'ai pas à avoir peur avec eux, ils m'accompagnent partout, et font de leur mieux pour me protéger. »

On pénétra dans un long bâtiment sale et humide. Le commandant se montra franc, il avait travaillé ici avant et n'aurait jamais imaginé prendre les armes. Mais il n'avait pas eu d'autre choix. Malgré le chaos, il essayait pourtant de faire régner la loi. Il me regardait sans passion, préoccupé et soucieux. C'était à l'évidence un homme courageux.

« La prison était vide quand nous l'avons libérée », dit-il en nous conduisant dans un couloir sombre, flanqué de cellules des deux côtés : « Ils ont emmené les prisonniers avec eux. »

Des inscriptions s'étalaient sur les murs des cellules : « Ô Temps que tu es traître ! » Ou : « Abou Rodi, la rose, tu es ma vie, mon destin, mon choix ! » Quelques vers dans un cachot particulièrement horrible : « Un monde dans lequel tu vis peut-il me faire du tort ? Les loups peuvent-ils me dévorer alors que tu es un lion ? » Des vêtements jonchaient le sol, les possessions des prisonniers, pantalons, chemises, sous-vêtements. Et cette odeur de brûlé partout. Le suif couvrait le plafond. « Ils ont bombardé la prison et la mairie après qu'on les a libérées », confirma le commandant.

Je m'arrêtai devant une cellule moins dégradée en apparence, il y avait des vêtements déchirés par terre, pendant une seconde, je les imaginais propres. Les objets qui avaient appartenu au prisonnier semblaient rangés même si, à l'évidence, on avait procédé à une fouille. Une chaussure, une natte effilochée par terre, des cuillères, un pantalon noir, des feuillets à moitié brûlés. Quand je voulus les saisir, ils tombèrent en cendres.

Le mot « Allah » était gravé sur tous les murs. Le sol maculé de taches de sang séché comme de la cire froide, couvertes d'empreintes de pas. J'évitai de marcher dessus. L'odeur était suffocante, une puanteur de corps en décomposition. Nous avancions difficilement dans l'obscurité, à peine éclairés par une faible ampoule au bout du couloir. En sortant, aveuglée par le soleil, je trébuchai et tombai par terre, le nez sur une flaque de sang séché. J'eus le sentiment d'avaler un cadavre. Je me relevai aussi vite que je le pus avant que mes compagnons ne me voient dans cet état et courus les rattraper. « Mes hommes vous accompagneront jusqu'à la ligne de front dans une autre partie de la ville, me dit le commandant. Soyez prudente. »

La deuxième porte

On traversa la ville. Une balustrade de fer se balançait dans le vide au quatrième étage d'un immeuble éventré comme dans une scène de film de science-fiction. Elle fit un tour complet sur elle-même avant de s'écrouler dans un terrible boucan. L'édifice était découpé tel un fruit mûr : une chambre à coucher au deuxième étage, des casseroles et des poêles étaient disposées sur les étagères de la cuisine, au troisième étage, à côté d'une salle de bains où une culotte rouge, comme celle d'une jeune mariée, ternie par la poussière, séchait encore. Au premier étage, un grand lit près duquel se trouvaient un berceau en bois, des jouets, un pyjama accroché à une patère, un couvre-lit brodé de fils d'or noircis par l'explosion. La vie des gens dans ses détails les plus intimes, exposée au monde entier. L'autre moitié de l'immeuble n'était plus que gravats.

L'un de mes compagnons me dit : « Ce quartier a subi de nombreuses frappes. La partie est de la ville était entièrement déserte, il n'y avait plus aucune trace de vie après la fameuse bataille de libération à l'automne dernier. Les bombardements n'ont pas arrêté une seconde depuis. Nous avons nettoyé la zone, fait partir les gens, alors que les obus pleuvaient sur nous. »

Maarat al-Numan comptait cent vingt mille habitants avant. Tout le monde avait fui pour se réfugier ailleurs. Puis certains étaient revenus. Ils préféraient la mort chez eux à l'exil et à la faim.

Un autre raid aérien s'annonça et nous courûmes nous mettre à l'abri dans une ruelle. Une femme traînait un sac rempli de bûches, avec à sa suite trois enfants les bras chargés de bois, et trois autres femmes habillées de noir. Il n'y avait plus ni courant, ni eau, les gens devaient se résoudre à tirer l'eau des puits.

Nous arrivâmes à la mosquée Hamza Ibn Abdul Muttalib. Elle était entièrement détruite, le dôme écrasé par terre. Tout paraissait si surréaliste et si étrange sur ce plateau élevé au fond duquel les plaines s'étendaient à perte de vue.

« La ligne du front passe par ici, il faut être très vigilants », dit un de mes compagnons tandis que nous grimpions sur les décombres, comme pour l'ascension de la Grande Mosquée. Avec ses élégantes gravures, le dôme était encore d'une grande beauté, à l'instar d'un plat décoratif. Les hommes refusèrent de monter plus haut, avec la reprise des bombardements. Une roquette tomba sans exploser, qu'ils se promirent d'utiliser.

« Cela arrive parfois, m'expliqua l'un d'eux. Ils nous lancent une roquette qui n'explose pas, alors on fait un retour à l'envoyeur... » Puis il me désigna à 700 mètres environ la ligne de front qui consistait en un groupe de cyprès.

Accroupis au milieu des débris du dôme, nous rebroussions chemin quand, soudain, je remarquai un petit garçon. Que faisait-il ici ? Devais-je l'appeler ? L'enfant de six ans vendait du gazole et transportait trois pneus usés dans son chariot pour mieux caler son baril. On passa à côté de lui sans un mot puis on reprit la voiture jusqu'au centre-ville. Le quartier général de la Brigade des Martyrs se trouvait à droite.

La deuxième porte

J'étais encore dans une sorte de stupeur alors que la voiture progressait au milieu des décombres pour rejoindre le siège de l'association Basmat Amal.

« Ils ont bombardé Saraqeb, s'écria, en colère, Mohammed, qui venait de recevoir l'information sur son émetteur-récepteur. Je vais essayer de les contacter par Internet... On va peut-être devoir rentrer. » Mohammed était le jeune le plus dévoué que j'avais rencontré quand il fallait démontrer sa loyauté à sa ville. L'idée de quitter Saraqeb lui était impossible. Une fois, j'avais insisté pour qu'il parte se faire opérer, après une vilaine blessure à l'œil. Il s'était montré intraitable, même s'il avait conscience que les choses n'étaient plus comme avant, que la révolution avait dévié de sa ligne. Il n'abandonnerait jamais son peuple à son sort. Il aurait bien voulu partir à l'étranger se faire soigner, mais l'idée de s'éloigner lui répugnait. C'est ainsi qu'il avait perdu complètement la vue d'un œil.

La voiture à peine arrêtée, il se précipita dans le bâtiment de l'ONG. Tous ceux qui y travaillaient étaient du coin, hommes, femmes et enfants. Un médecin distribuait des médicaments dans une grande salle voûtée, aidé par une assistante, entouré d'un groupe de jeunes gens qui nous accueillirent en nous offrant généreusement des rafraîchissements.

Un garçon se présenta avec les sacs de pain qu'ils stockaient dans le centre avant de partir les distribuer à tous ceux qui ne pouvaient quitter leur maison. Le pain avait été obtenu de haute lutte, mais c'était un des moyens parmi tant d'autres qu'ils avaient d'aider ceux qui vivaient sous la menace des frappes.

« Nous connaissons une véritable pénurie de pain, m'expliqua le médecin. Les gens ont faim et il n'y a plus de pain. Plus d'essence, non plus. Les coupures d'eau et d'électricité sont fréquentes. Vous n'imaginez pas à quel point la vie est dure pour nous qui avons survécu tant bien que mal jusqu'à maintenant. Ces derniers quinze jours, les personnes déplacées qui avaient quitté la ville sont revenues, entre dix mille et quinze mille sur les cent vingt mille qui avaient fui. Beaucoup sont blessés, parmi eux des enfants. Ici, nous disposons d'un hôpital de campagne avec trois blocs opératoires et des produits anesthésiants. » Les salles d'opération dont il parlait étaient de simples unités, équipées de manière rudimentaire pour extraire les balles et recoudre les plaies.

Beaucoup d'hommes dormaient sur place. Ils formaient des groupes de secours pour s'occuper des blessés, et enregistrer le nombre des victimes et les dégâts. La plupart des maisons étaient à moitié détruites, me dirent-ils, un millier environ entièrement démolies.

Quelques jeunes étaient revenus du poste de secours établi à Al-Hamidiya sur la ligne de front. « L'aviation d'Assad nous a bombardés vingt-huit fois en un seul jour, me dit l'un d'eux en me versant une seconde tasse de thé, mais l'intensité des frappes a diminué quand nous avons réussi à toucher deux de leurs avions. » Les hommes rirent. Ils s'étaient rassemblés autour de nous

La deuxième porte

en chuchotant entre eux et en m'observant de près. Ils paraissaient confiants et détendus, impatients de parler et de partager leurs histoires. Je leur posai des questions sur la situation des femmes et leur demandai si je pouvais en rencontrer certaines. Je leur expliquai mon projet de créer des centres pour les femmes. Ils m'assurèrent qu'ils étaient prêts à aider les veuves des martyrs. Nous restâmes une heure avec eux, et j'aurais bien prolongé un peu, mais Mohammed faisait les cent pas, impatient de rentrer à Saraqeb.

« Ils lancent des Scud ! s'exclama un jeune homme qui venait de nous rejoindre. Rien d'étonnant. Nous gagnons au sol et ces lâches nous bombardent à distance. »

Un autre jeune, âgé d'une vingtaine d'années, m'expliqua : « Maarat constitue la ligne de front, le point de confrontation avec l'armée du régime. Nous n'abandonnerons jamais notre terre, nous y mourrons si c'est nécessaire. Si nous possédions des missiles antiaériens, Assad serait tombé il y a bien longtemps. »

J'avais entendu cette phrase des dizaines de fois, prononcée par des citoyens ordinaires, des combattants, des militants, des femmes, même des enfants. Ils disaient tous la même chose, sans exception. Ils savaient qu'ils avaient réussi à libérer leur terre, mais que l'aviation s'échinerait à détruire les territoires libérés.

Le sifflement des balles et l'explosion des obus se poursuivaient. Des enfants nous emmenèrent dans la pièce voisine, la salle des ordinateurs. En face de la porte, des sacs de pain étaient empilés sur une table. Nous étions maintenant une bonne vingtaine à former un cercle pour discuter.

Un jeune homme entra et se tourna vers moi en déclarant : « Le Front al-Nosra est le plus fort ! » Certains protestèrent, mais le laissèrent poursuivre : « Au début, c'était surtout des étrangers, mais depuis, de nombreux Syriens les ont rejoints. Et ils apportent des armes.

— Ah oui ? Et les Tchétchènes qui sont arrivés récemment ? Ils viennent avec quoi, exactement ? » lui rétorqua un autre.

Un troisième intervint : « Ce sont nos frères dans l'islam, ils viennent se battre contre les infidèles. »

J'essayai de ramener la conversation sur la situation des femmes, des enfants, sur l'éducation. Qu'allons-nous faire si la situation perdurait des années ?

Un type m'interrompit : « Je suis avec Ahrar al-Cham. Ils ne sont pas des voleurs comme les autres. »

Quelqu'un répliqua : « Bien sûr ! Ils ont déjà assez volé ! »

Mohammed se planta près de la porte et annonça d'une voix forte : « Nous devons rentrer tout de suite à Saraqeb », en me regardant avec insistance. Je me levai et le suivis. Alors que nous quittions Maarat al-Numan, le bruit des explosions s'intensifia.

« Même le ciel nous trahit ! » m'exclamai-je à haute voix.

Sur le chemin du retour, je ne cessais de penser à la maison, à Noura, à Ayouche, aux deux vieilles dames,

La deuxième porte

à la douce chaleur qui m'attendait auprès d'elles. Elles s'inquiétaient sûrement pour moi.

« Les nouvelles ne sont pas bonnes, selon ma radio, me dit Mohammed. Nous allons à l'endroit des frappes, il y a des gens sous les décombres. »

Il conduisait à une vitesse folle tout en marmonnant. Le silence régnait dans l'habitacle car nous savions à quel point il était inquiet. À notre entrée dans Saraqeb, nous vîmes des oliviers arrachés par les obus qui s'étaient écrasés sur le mur d'une maison. Un tracteur déchiqueté coupait la route et nous obligea à emprunter un autre chemin. La scène était effrayante. Nous descendîmes de voiture pour courir vers l'endroit où les obus étaient tombés.

« Ils creusent les tombes ! cria un gars. Il faut les enterrer avant le coucher du soleil. »

Un bâtiment de trois étages s'était effondré. Une fillette avait été sauvée, mais elle avait perdu sa mère et son frère. On recherchait encore une autre petite fille. Des dizaines de jeunes grimpaient sur les gravats. On fit venir un bulldozer pour enlever le toit qui s'était écroulé.

Le père de l'enfant était assis sur le trottoir, couvert de la tête aux pieds par une épaisse couche de poussière. On aurait dit une statue malgré le bout incandescent de sa cigarette. Il se trouvait dehors lorsque l'obus était tombé. Il avait extrait les corps de sa femme et de son fils mais sa petite fille de quatre ans demeurait introuvable.

Je participai aux recherches, oubliant que j'étais la seule femme parmi tous ces hommes. Des voisines m'avaient prévenue deux jours plus tôt, elles m'avaient conseillé de ne pas me mêler aux hommes pendant les bombardements ou les recherches des victimes sans quoi cela attirerait l'attention sur moi.

Je poussai un hurlement en croyant avoir touché une main douce et délicate sous les débris. Mon cri me trahit. On remarqua ma présence. Un garçon de vingt ans à peine qui portait au front un bandeau noir sur lequel était écrit « Il n'y a de Dieu qu'Allah ! » s'exclama en me voyant : « Éloignez cette femme ! Sa place n'est pas avec les hommes. Dieu nous pardonne ! » Je lui aurais obéi si je n'avais pas su qu'il n'était pas syrien. Je le défiai du regard. C'était l'un des combattants étrangers de Daech. Pourquoi devrais-je partir et lui rester ? Je ne reculai pas d'un pouce comme il s'avançait vers moi. Au même instant, la voiture de mes amis s'arrêta devant nous, l'un d'eux me fit signe d'y grimper.

« Ils ne l'ont pas trouvée », leur dis-je en ouvrant la portière. Mohammed venait de surgir des décombres en brandissant un jouet, un canard en plastique. La voix enrouée par l'émotion, il me dit quelque chose, mais je ne pus l'entendre et dus lui faire répéter. Il serra dans sa main le jouet qui couina. « Mon cœur brûle. On la cherche sous ces gravats et c'est son canard que je trouve. C'est le sien. » Il s'éloigna un instant pour s'isoler.

La deuxième porte

Les bombardements sur Saraqeb étaient sans fin, la ville constituait un endroit stratégique pour le régime qui cherchait à maintenir le chaos. À cause des coupures de courant, les habitants enterraient leurs morts le matin pour éviter la décomposition des cadavres qu'on ne pouvait maintenir au froid. Le Cimetière des martyrs avait été autrefois un jardin et il le redeviendrait dans le futur, alors que sur chaque tombe on plantait un petit rosier.

Tous ceux qu'on y enterrait étaient originaires de Saraqeb. Parmi eux, Amjad Hussein, un militant que j'avais rencontré lors de mon précédent voyage et qui avait été tué dans la bataille de l'aéroport de Taftanaz. J'essayai de conserver bien vivante l'image de son jeune visage dans ma mémoire. Tous deux, nous avions discuté des heures durant. Il symbolisait l'effort révolutionnaire des Syriens pour la liberté et la dignité. Pour une raison mystérieuse, la première fois où je le vis, je sentis qu'il était prêt à mourir. Sa témérité m'avait inquiétée. Il était incroyablement courageux et son cœur était pur. Désormais, je me tenais devant sa tombe.

« Bonjour Amjad », dis-je en marchant lentement. J'entendais encore clairement sa voix ainsi que celle de *chebab*, morts au combat, comme lui.

À ma gauche, deux hommes creusaient de nouvelles tombes. À côté, une plante dont on avait enveloppé les racines dans un chiffon humide. Le ciel demeurait sans pitié, refusant de laisser les morts reposer en paix. Une explosion plus loin. Les fossoyeurs poursuivaient leur tâche. La révolution avait changé la façon dont les Syriens enterraient leurs morts. Les cours des maisons se transformèrent en cimetières. Près des arbres, les sépultures étaient indiquées par de simples marques funéraires. Parfois, une simple fosse commune, une longue tranchée, accueillait des douzaines de martyrs. Certains retournaient la terre derrière leur maison pour y enterrer leurs enfants. En ville, lorsqu'une maison était bombardée, on ensevelissait les morts dans l'espace vide le plus proche.

Les cimetières faisaient désormais partie de la vie quotidienne au même titre que les boutiques et les rues qui serpentaient entre les maisons. Les massacres se suivaient, le sol criblé de cratères se remplissait des corps des Syriens.

« Ce cimetière est bien ordonné », remarquai-je à voix haute sans m'adresser à quiconque en particulier. Un des fossoyeurs qui creusait un trou me répondit : « Ils sont tous si jeunes ! » Nous déambulions entre les tombes pendant que Fida Itani prenait des photos. Plus tard, sur ces clichés, je découvrirais le soleil plongeant derrière nous et nos ombres alors que nous marchions ici et là entre les stèles. La ville avait disparu, réduite à des silhouettes noircies. Nous étions si fatigués que nous titubions, au bord de la chute. Le corps est l'indicateur le plus honnête de la fatigue.

La lumière, l'air et la terre s'en fichaient ; nous étions des morts en sursis. La mort était si directe ici, si proche, si intime, aussi palpable que l'air que nous respirions. Une femme avec laquelle je travaillais sur

La deuxième porte

des projets de gestion à Saraqeb m'avait fait une confidence sur son mari avant qu'il ne meure. Ils avaient deux enfants et leur relation avait beaucoup changé : « Toute cette mort… m'avait-elle dit, elle attire beaucoup d'amour. »

Du fond de la fosse, j'entendis un homme déclarer alors qu'il pelletait la terre : « Dans ce cimetière, on peut reprendre notre souffle. Nous allons l'élargir et abattre le mur afin que nos garçons puissent reposer en paix sous terre. » Je le considérai, perplexe, tandis que mes compagnons parcouraient les lieux comme s'ils étaient chez eux.

Un autre renchérit : « Cette terre est pétrie de la chair de nos enfants… » Il n'avait pas encore fini sa phrase que les frappes reprirent. Nous partîmes en courant. Un obus s'abattit sur une maison voisine. Le ciel se couvrit d'un nuage de poussière, et ce fut la nuit.

Comme on extrayait les corps des décombres et que d'autres se décomposaient, des combattants continuaient à mourir et rejoindraient bientôt la cohorte de cadavres. Par où commencer pour chercher un sens à cette spirale de mort ?

Il était clair que la cible de l'attaque était l'école où s'était installée la Brigade Ahrar al-Cham. Nous nous étions déplacés un peu plus loin. Je saisis une conversation entre deux combattants qui me permit de cerner mieux les enjeux de la bataille de Wadi Deif, la vallée de Deif, située à l'est de Maarat al-Numan :

« La bataille aurait pu s'achever depuis longtemps, disait le plus jeune qui fouillait les décombres, mais les groupes qui reçoivent des financements veulent la prolonger pour prendre l'avantage. » Le plus âgé protesta en évoquant les disputes sur la base aérienne d'Abou al-Duhur entre le leader de l'ASL, Maher al-Naimi et le Bataillon des Martyrs de la Syrie. Le jeune cracha par terre : « Est-ce pour en arriver là que nous nous sommes soulevés ? Pour exploiter les pauvres ? Pour que les gens meurent juste pour une question d'argent ! Et qui paye le prix fort ? Toujours les mêmes ! » Puis, d'un pas furieux, il grimpa sur la montagne de gravats.

Le calme était revenu, excepté les cris dans les maisons voisines.

On remonta en voiture pour s'éloigner du centre-ville visé par les frappes. On s'arrêta chez des amis, à la sortie de Saraqeb. On les trouva assis, éclairés à la lumière de bougies, mais à peine étions-nous arrivés qu'ils se lancèrent dans les préparatifs du dîner. J'avais espéré pouvoir rencontrer certaines femmes ce jour-là, en particulier la veuve d'un combattant qui voulait monter un atelier de tricot, mais c'était impensable. La journée avait été longue et nos hôtes refusaient de nous laisser partir sans que l'on partage leur dîner. Noura téléphona, à ma grande stupéfaction : comment savait-elle où j'étais ? Elle me dit qu'elle s'inquiétait pour moi.

« Il n'y a aucune raison de s'inquiéter plus pour moi que pour n'importe qui d'autre », répondis-je.

Elle rétorqua : « Non, Samar, tu vaux tellement plus ! Et tu es sous notre protection ! » Ces paroles me firent m'étrangler d'émotion, j'avais déjà assez de mal à avaler la nourriture qu'on avait placée devant moi. Malgré toute la générosité que ces mots contenaient, ils me firent l'effet d'un couteau qui s'enfonçait dans ma gorge.

J'aurais jugé inutile de rapporter ces événements qui souvent se reflètent, se répètent à l'identique, s'il n'y avait eu mes conversations avec Noura chaque matin.

Originaire de Damas, Noura était le cœur de ma petite famille de Saraqeb, même si je n'aurais pu définir précisément la source de soleil et de chaleur qui les entourait tous et me faisait revenir chaque fois. Au début, j'avais été tentée de quitter la France pour m'installer dans le nord de la Syrie, chercher une maison à Saraqeb ou à Kafranbel, mais la situation empirait de jour en jour et je commençais à sentir que mes déplacements représentaient un poids pour mes hôtes – les rebelles et toutes les familles que je connaissais – tant ils étaient préoccupés par ma sécurité et ma protection. Ils m'accueillaient toujours avec la même hospitalité débordante de chaleur mais, insensiblement, elle prenait le goût de l'obligation.

Le matin, Noura et moi prenions le café ensemble sur les marches menant à l'abri, pour profiter de quelques instants de paix en échangeant des propos futiles, comme mes plats préférés par exemple. Abou Ibrahim, son mari, le frère aîné de Maysara, était un ingénieur qui avait étudié en Bulgarie et s'était consacré à l'aménagement du territoire et à l'agriculture.

Elle était tombée amoureuse de lui à la faveur d'une visite chez sa sœur à Damas. Comme ses cadets, il avait participé aux manifestations pacifiques et avait été emprisonné quelque temps, au début de la révolution. À l'instar de Noura, il n'était jamais las de soutenir la révolution et d'aider les familles dans le besoin.

Elle était « Noura la parfaite » comme diraient les Damascènes ; elle faisait tout à la perfection avec beaucoup de classe. Même sous les bombardements, elle préparait un plateau avec des verres d'eau, des petites pâtisseries et des tasses de café bordées d'or. Lorsque je partais avec les combattants, elle se tenait sur le seuil de la porte, levait la tête vers le ciel en disant : « Dieu, protège-la, protège son cœur et son esprit ! Dieu, ramène-les sains et saufs ! » puis me faisait de grands gestes d'adieu. J'attendais toujours sa prière.

Noura ne s'était jamais habituée aux bombardements. Dès qu'elle entendait le bruit d'un obus, elle se mettait à trembler, prise de panique. J'essayais dans ces moments de montrer le plus grand calme, et le calme finit par devenir une partie intégrante de moi-même.

Noura ne m'avait pas accompagnée à la porte ce jour-là à cause du déluge d'obus. Après une autre journée chargée, nous partîmes en direction de Kafranbel, à quarante-cinq minutes par la route, pour rencontrer Razane, une militante qui avait décidé de revenir et de travailler dans les zones libérées. C'était une petite femme de trente ans qui avait été détenue à deux reprises dans les prisons d'Assad. Ces derniers temps,

La deuxième porte

elle travaillait avec les secours, et s'employait à collecter des informations sur les événements. Elle excellait à réunir les gens et je voulais lui parler de nos projets d'écoles.

Il faisait nuit quand on arriva au centre des médias, où nous attendaient Razane et ses amis. Les affiches et banderoles produites ici avaient été vues dans le monde entier, le centre ouvrait ses portes à tous ceux qui voulaient communiquer avec l'extérieur. Cependant les lignes téléphoniques avaient été coupées et il n'y avait pas d'accès Internet, à part l'équipement mobile qu'ils avaient eu tant de mal à se procurer et qui était tout juste capable de transmettre au monde ce qui se passait là.

Le centre lui-même était situé dans une maison nue, désolée, où les combattants se regroupaient autour d'un vieux poêle à mazout situé au milieu d'une grande pièce. Des chaises étaient disposées contre les murs, un ordinateur devant chacune. Quelques toiles du fameux peintre Ahmad Jalal, un artiste local, étaient laissées en tas sur une chaise. Les deux autres pièces étaient vides, excepté les nattes en plastique au sol et les coussins pour s'asseoir. C'est à cela que ressemblaient la plupart des bureaux des médias dans les petites villes de la région d'Idlib : nus et austères, dans le mobilier comme dans la façon dont on traitait les affaires quotidiennes.

Mes guides, Mohammed et Manhal, Abou Wahid, Fida, un chef militant appelé Raed Fares, Razane, Hammoud et Khaled al-Issa – que je viendrais à connaître davantage plus tard – et moi étions rassemblés en tailleur autour du poêle où chauffait l'eau pour le thé. Ahmad Jalal vint nous rejoindre. Avec nous, trois militants qui travaillaient sur des ordinateurs posés sur leurs genoux, indifférents à ce qui se passait autour d'eux. Ils partirent au bout d'une heure.

J'essayais de me concentrer. Il était facile d'imaginer que j'étais dans un film sur la révolution industrielle ou dans un roman historique car, à première vue, la scène ressemblait aux clichés romantiques entourant les révolutions populaires qu'on trouvait parfois dans les livres d'histoire. Je désespérais que le monde ne puisse voir la réalité de la situation. On préférait nous considérer comme des sauvages, sans le moindre entendement. Ils ramenaient tout à l'extrémisme islamiste. La conséquence, c'est que tous les gouvernements et les peuples laissaient se poursuivre ce conflit d'une dangereuse sauvagerie.

Je réalisai que je vivais entre deux mondes : celui où je revenais, et celui où je partais. Je donnais des conférences dans de nombreux pays pour expliquer la réalité de la situation en Syrie et tenter de comprendre comment les gens l'appréhendaient. Et je sombrais dans un profond et futile sentiment de vide dont rien ne pouvait me tirer si ce n'était la perspective de retourner en Syrie. Alors, je revenais et chaque fois j'étais saisie d'un sentiment de colère et de découragement face à l'immense injustice dont notre cause et nous-mêmes étions victimes.

La deuxième porte

Tous étaient impatients d'échanger avec nous. Raed Fares décrivit le chaos qui s'était installé après le retrait de l'armée, expliquant comment les bataillons et les arrivages d'armes qui ne cessaient d'affluer avaient aidé le Front al-Nosra à s'organiser et à se renforcer. Qui l'approvisionnait en argent et en armes ? Nous ne le savions pas. La situation à Saraqeb était différente, dit Raed en regardant Manhal. Le mouvement Ahrar al-Cham recevait de l'argent et des armes et commençait à interférer dans la vie privée des citoyens. Le Front al-Nosra ne s'immisçait pas encore aussi grossièrement dans les affaires privées comme je le constaterais lors de ma troisième traversée.

Raed, un homme à la forte stature, ancien étudiant en médecine, avait abandonné l'université pour partir travailler au Liban. En 2005, il avait décidé de revenir en Syrie pour ouvrir une agence immobilière. Aujourd'hui, il se dévouait corps et âme à la révolution. Il s'était imposé comme leader dès les premiers jours du soulèvement, inspirant les dessins satiriques, les vidéos qui étaient devenus des icônes de la révolution à travers le monde. Je l'interrogeai sur l'idée d'un État islamique et il admit que certains voulaient édifier un califat en réponse à l'extrême violence du régime. Le Front al-Nosra, animé par la piété, rassurait les gens. Il fallait les comprendre. Quand la mort était leur seule option, au moins avec eux, ils étaient sûrs d'accéder à la vie éternelle. La population était passée du soufisme au salafisme. Pour moi et beaucoup d'autres, le premier représentait l'islam modéré, et le second, le militantisme et l'extrémisme religieux. Les salafistes comptaient sur leurs enfants, sur la jeune génération pour perpétrer leur action.

« Mais ça aussi, c'est dangereux ! » m'exclamai-je. Ils m'approuvèrent d'un murmure. Ce changement de mentalité dans la population conduirait sans aucun doute à l'impossibilité de toute vie séculière. Le mouvement populaire se radicaliserait, la religion contrôlerait tout, les lois, le gouvernement, et ce serait la fin de l'État séculier.

« Nous avons fait la révolution et ils se l'approprient ! affirma Ahmad.

— Ce changement de mentalité prouve une ignorance totale de la religion et de l'islam, répondit Raed en se tournant vers moi. L'ignorance est le fondement de l'extrémisme. »

Manhal n'était pas d'accord. Il pensait qu'il y avait d'autres raisons à ce succès grandissant. Selon lui, elles touchaient aux fondements mêmes de la société syrienne, où l'appartenance familiale ou tribale jouait aussi un rôle. Il donna l'exemple de ce qui s'était passé à Binnish, où une discorde entre deux familles avait permis au Front al-Nosra de prendre le contrôle de la ville. Lorsque Taftanaz avait été détruite, les familles de Binnish et la ville de Hich s'étaient contentées d'observer de loin. À ses yeux, le mal était beaucoup plus profond.

« Nous n'avons pas l'habitude d'œuvrer ensemble pour le bien d'une société civile ou la culture de la citoyenneté, cette culture n'existe pas, dis-je. Ce qui explique les disputes régionales, les rivalités entre les blocs et les groupes. C'est une conséquence directe du totalitarisme. À ce rythme, nous pouvons craindre la désintégration totale de la société. »

Raed n'était certes pas optimiste, il refusait pourtant de céder au désespoir :

« Nous devons poursuivre ce que nous avons commencé.

— Le caractère civil de la révolution a été trop négligé », reprit Manhal.

Raed acquiesça tristement de la tête puis se ressaisit : « C'est vrai, nous avons fait des erreurs, mais comment aurions-nous pu l'éviter ? On devait aider les gens, les réfugiés, quand nos maisons s'écroulaient sur nos têtes… C'était une tâche énorme. »

Pendant que nous discutions, Razane et quelques autres avaient préparé le dîner. Comme de coutume, il n'y avait pas de limites à la générosité et à l'hospitalité des gens de la région d'Idlib. Nous nous regroupâmes autour du plateau, trempant notre pain dans différents plats, buvant nos thés chauds. Raed exprimait son point de vue et même s'il se montrait un peu irritable, il avait toute notre attention :

« Nous nous débattons pour assurer les secours les plus élémentaires. On ne se fait plus confiance, chacun se méfie de ses voisins, même de ceux qui viennent l'aider. La faim a eu son impact. Il faut plus de transparence afin que les gens comprennent de quoi il retourne dans cette révolution. Nous voulons une radio pour nous adresser aux habitants de

Les Portes du néant

Kafranbel, qu'ils comprennent que nous formons une nation. Nous avons demandé le soutien du Conseil national et de la Coalition pour ça aussi ! Surtout depuis que le Front al-Nosra interfère dans la distribution du pain et du mazout, comme ils le font à Alep et à Deir ez-Zor. Sinon, les conséquences seront catastrophiques. » La Coalition nationale de Syrie, basée en dehors du pays, qui représentait l'opposition politique à Assad, avait déjà été reconnue par certains pays.

Je commençais à étouffer un peu dans ce lieu exigu alors que mes compagnons se passaient les plats, tout en riant et en discutant avec véhémence de ce qui devait être fait au milieu de toutes ces destructions, de la mort qui tombait du ciel. Cependant, lorsqu'Abou al-Majd apparut, l'atmosphère se détendit.

Toujours de bonne humeur, ce quinquagénaire au visage fin n'était ni un militant ni un journaliste, mais un déserteur, un ancien lieutenant-colonel de l'armée d'Assad, désormais à la tête de la Brigade Fursan al-Haqq (les Chevaliers de la Justice), ralliée à l'ASL. Il emportait son ordinateur partout où il allait, un indéfectible sourire aux lèvres. J'avais du mal à imaginer cet homme débonnaire sous les traits d'un commandant de l'armée. Je comprendrais les jours et les mois suivants ce que signifiait être un chef militaire doté d'un tel esprit satirique.

Il s'avança vers nous en boitant. J'apprendrai plus tard qu'il avait été blessé lors de son dernier combat et revenait de Turquie où il avait été soigné. « Salaam, tout le monde ! fit-il. Je suis venu utiliser Internet pour savoir ce qui se passe dans le monde.

— Tu n'es pas allé manifester ? s'empressa de lui demander Raed.

— Je suis un militaire, rétorqua Abou al-Majd en éclatant de rire. Qu'est-ce que je ferais dans une manifestation pacifique ! C'est bien ce que vous écrivez sur Facebook, non ? »

Abou al-Majd venait de découvrir Facebook et le mentionnait pour plaisanter même si les jeunes militants l'utilisaient. Il nous sourit : « Vous avez des invités ? »

Raed fit les présentations. Un homme s'approcha et lui chuchota quelques mots à l'oreille. Abou al-Majd me regarda. « Nous sommes tous les enfants du même pays. Que Dieu vous accorde une longue vie ! Bienvenue, ma sœur. »

Je découvris qu'il n'était lié à aucune faction islamiste, ni aux capitaux qui affluaient des riches hommes d'affaires du Golfe. Sa brigade était sans le sou, nous dit-il.

« Nous comptons mille neuf cent dix combattants, mais seulement deux cent dix travaillent et combattent. Les autres restent chez eux. Nous n'avons ni armes ni soutien extérieur ou intérieur. Quelques familles de Kafranbel nous aident. Cela nous permet juste de tenir. Le loup ne meurt pas et les moutons non plus ! »

Il était de toute évidence heureux d'être en vie.

Il me considéra attentivement avant de proposer : « Vous voulez aller voir une bataille ? Il y en a une

Les Portes du néant

qui fait rage sur la ligne de front à l'heure où je vous parle. »

Je répondis du tac au tac : « Bien sûr ! »

Mes compagnons s'y opposèrent avec vigueur. Abou al-Majd poursuivit en riant : « Vous pensez que je ne peux pas la protéger, avec mon âme et celle de mes soldats ?

— Oui, tu la protégeras, lui répondit un autre, jusqu'à ce que vous vous fassiez déchiqueter par un obus tous les deux. Et alors seul Dieu pourra vous protéger. »

Sa répartie lui valut une salve de rires.

« On n'est pas à l'abri d'un obus ici aussi ! » protesta Abou al-Majd.

Je lui demandai de me raconter son histoire pour pouvoir en témoigner. Il ferma son ordinateur.

« Vous allez écrire sur moi ? me demanda-t-il d'un ton calme.

— Oui, j'aimerais connaître votre histoire », le pressai-je.

Son sourire se troubla puis il hocha la tête. Alors que les autres vaquaient à leurs tâches, il étendit ses jambes, et s'adossa au mur.

« J'étais lieutenant-colonel dans l'armée de l'air, posté à l'aéroport de Deir ez-Zor. J'ai déserté aux premiers mois de la révolution. Début juin 2011, nous avons commencé à élaborer un plan pour nous emparer de l'aéroport. Les gens d'Assad l'ont appris et j'ai été arrêté. Ils n'ont pas réussi à prouver que je faisais partie des comploteurs, j'ai quand même passé un an à la prison de Mazzé. Certains des officiers qui étaient avec moi ont été condamnés à sept ans de prison.

» J'ai été torturé, mais je n'ai pas parlé. Ils ont utilisé la technique du fantôme. On vous suspend menotté par les poignets pendant quatre jours. Ils m'ont électrocuté… » Il se mit à rire. Ses traits fins évoquaient davantage un artiste, un écrivain, qu'un soldat aguerri. « Si j'avais avoué, ils ne m'auraient jamais relâché. Après ma libération, je me suis rendu directement au quartier général et ils m'ont réinstallé dans mes fonctions. Je savais ce que les *mukhabarat* voulaient, que je travaille avec eux, que je retrouve un avion disparu entre la Jordanie et la Syrie. Je leur ai fait croire que je parlerais au pilote qui avait fait défection, et que je réussirais à le convaincre de revenir avec l'engin.

» À la place, avec un groupe d'officiers, nous avons formé un état-major et nous avons entrepris de libérer Deir ez-Zor. Nous avons traversé l'Euphrate à bord de trois bateaux transportant des armes et des munitions. En juillet, je suis arrivé à Kafranbel pour libérer les postes de contrôle pris par l'armée. Vous croyez que ce sont ces extrémistes étrangers qui ont libéré nos villages ? Non. Nous les avons libérés et ils sont arrivés après. Nous les avons libérés avec notre sang et le sang de nos enfants. Quand Hich nous a demandé de l'aide, nous y sommes allés aussi, c'est là que le régime s'est mis à bombarder la ville. »

Un *chebab* entra pour prévenir Abou al-Majd qu'il devait aller voir des combattants qui partaient au front.

Il lui dit : « Parle à cette dame des déserteurs du bataillon. » L'autre le regarda, interloqué. « Notre sœur est alaouite.

— Pourquoi le mentionner ? m'exclamai-je, furieuse.

— Pour qu'ils comprennent que nous formons un seul peuple », répliqua-t-il avec ferveur.

Il avait malgré tout réussi à m'énerver.

Près de nous, un jeune se moqua : « Nous ne sommes pas un seul peuple, et sa présence ne change rien ! »

Le combattant qui venait d'arriver prit la parole : « J'avais des déserteurs de toutes les confessions : druzes, chrétiens, alaouites. Certains se battent encore parmi nous, mais il y a eu des problèmes. Je veux dire, certains ont peur d'eux. »

Abou al-Majd l'interrompit : « Le Front al-Nosra veut un califat islamique, et c'est impossible en Syrie. Notre révolution est celle de tous les Syriens. » Il se leva tout en poursuivant à mon adresse : « Nous sommes seuls, le monde nous a abandonnés et le Hezbollah combat aux côtés d'Assad, contre nous. Personne ne peut savoir ce qui va se passer. »

Le *chebab* ouvrit la porte. Un vent froid s'engouffra dans la pièce.

« Où allez-vous ? demandai-je.

— Nous allons libérer un checkpoint qui compte onze soldats et un blindé. »

Abou al-Majd me fit ses adieux sans me serrer la main, au lieu de quoi il posa la sienne sur son cœur : « Nous nous verrons bientôt, en vie, si Dieu le veut. »

La deuxième porte

Je me levai pendant que les autres le saluaient : « Dieu vous garde ! »

Après son départ, Raed commenta : « Abou al-Majd est l'un de nos meilleurs officiers. Contrairement à d'autres, il a rompu avec son passé lié au régime. En tout, ici à Kafranbel, nous disposons de quatre brigades, trente bataillons et dix officiers supérieurs. Les bataillons ne sont pas faits de militaires, il y a aussi des civils. Les militaires sont plus disciplinés, mais pas nécessairement les plus honnêtes. Certains essayent de reproduire les méthodes de l'armée d'Assad – corruption et oppression du peuple – mais on ne les laisse pas faire. Du moins, jusqu'à aujourd'hui. C'est pareil dans notre bataillon de la sécurité. Certains de ses membres appartenaient à l'appareil de sûreté de l'État avant de déserter mais ils avaient gardé leurs méthodes de contrôle et de terreur. Désormais nous avons un Conseil militaire. Vous voyez, nous essayons de nous organiser, mais les gens ne sont pas satisfaits parce qu'ils ne peuvent plus faire confiance à personne, ils commencent à perdre leur foi en nous. »

Ahmad, le peintre de Kafranbel, se leva alors. Il avait rendez-vous avec sa fiancée. Un chœur de protestation et de moqueries s'éleva. Razane et moi attendîmes qu'il se calme pour exposer nos projets d'écoles. J'espérai encore, ce soir-là, que nous mènerions la révolution à son terme avec les outils dont nous disposions, malgré tous les obstacles.

Mon dernier jour en Syrie par un mois de février ensoleillé. À travers la vitre de la voiture à l'arrêt, je contemplai la grande plaine, puis le plateau couvert de champs d'oliviers, anxieuse comme toujours au moment de partir. Ces instants ravivaient le sentiment intense de l'exil. Cette fois, je devais traverser la frontière à un autre point de passage non officiel. Mohammed et un jeune prénommé Abdallah m'accompagnaient. Je l'avais rencontré quelques mois auparavant, à l'hôpital de Rihaniyé, et j'allais le connaître un peu plus, lors de ma troisième traversée.

Une patrouille turque assurait le guet. Les soldats faisaient les cent pas en regardant d'un air indifférent la file de Syriens qui s'allongeait près de la frontière. Certains, accroupis sous les arbres, observaient l'autre côté de la barrière. D'autres se plantaient devant les soldats, tandis que d'autres encore allaient et venaient au mouvement de la patrouille. Des voitures de toutes sortes, de toutes marques, s'alignaient le long de la route. Des familles entières attendaient avec leurs maigres possessions. On entendait des tirs sporadiques dans les champs d'oliviers des deux côtés de la frontière.

Abdallah, estropié à vie après avoir été blessé au combat, riait tout le temps. Il se faisait du souci pour sa fiancée, il n'avait pas l'intention qu'elle devienne veuve avant l'heure : « Je vis avec la mort. Ma jambe a été touchée, mais je suis toujours un combattant. Je ne veux pas cesser de combattre Bachar al-Assad, mais je ne veux pas faire de ma fiancée une victime. »

La deuxième porte

Des enfants déambulaient entre les voitures, vantant leurs produits. Âgés de cinq à quinze ans, ils vendaient de tout, briquets, pain, lunettes de soleil, boissons fraîches, boissons pétillantes, café, thé… Les gens arrivaient le matin et attendaient la nuit pour passer. Ceux qui n'avaient pas assez d'argent pour payer les passeurs se faufilaient en douce à la nuit tombée, ce qui ne plaisait pas aux passeurs, qui s'empressaient de dénoncer les fugitifs indigents pour préserver leur gagne-pain.

Une fois, ils avaient fait renvoyer un vieillard et son fils. Le vieillard avait dû passer plusieurs nuits à la frontière, il était tombé gravement malade à cause du froid. Après avoir essayé en vain de fuir le bombardement qui avait détruit sa maison, il avait fini par être transporté dans un hôpital turc et réussi à passer de l'autre côté.

Les deux derniers jours avaient été harassants. Je n'étais pas exténuée à cause de mes visites chez des femmes du Jebel al-Zawiya, ni à cause des frappes, mais plutôt des événements des dernières vingt-quatre heures que j'avais passées à Ayn Larouz avec Abou Wahid pour y rencontrer un groupe de combattants. Notre hôte, Maan, était commandant de bataillon, et son cousin Mostafa, avocat et militant. Ils étaient restés au village pour s'occuper des secours ainsi que des médias. Nous les avions retrouvés dans une maison de deux petites pièces séparées par une cour, une réservée aux hommes, l'autre aux femmes. Autour de nous les obus pleuvaient, mais nous n'étions pas trop inquiets car le village voisin, Bayloun, semblait en être la cible.

Je voulais profiter de cette réunion pour parvenir à une décision sur un point concernant les projets d'ateliers destinés aux femmes. Lors de ce deuxième voyage en Syrie, j'avais commencé à établir des plans pour travailler avec les femmes de l'Idlib rural – une zone difficile à pénétrer. Pas en raison de circonstances propres à cette région, mais à cause de la situation générale dans la campagne syrienne, qui avait beaucoup régressé au cours des dernières décennies, sur le plan économique, social mais aussi culturel. Les femmes payaient le prix fort de cette guerre et paraissaient plus en danger encore depuis l'infiltration des groupes extrémistes – étrangers à la société syrienne – qui voulaient imposer des règles de vie différentes.

Avec Mostafa en particulier, nous réfléchissions à la possibilité de mettre en place des centres pour les civils, surtout les femmes et les enfants, qui les aideraient à résister à la radicalisation de la société en leur fournissant une éducation et une autonomie financière. Chaque nouveau centre pour les femmes devait potentiellement devenir une organisation indépendante.

« Ce sera impossible si les bombardements du régime sur les zones libérées se poursuivent, déclara Mostafa, sceptique. Nous avons délogé Assad au sol, mais il revient par les airs. »

Maan, qui dirigeait un bataillon, était venu avec dix camarades dont deux étaient originaires de Soueida, une ville druze au sud-ouest, à la frontière avec la Jordanie. Ils s'enorgueillissaient de compter dans leurs rangs des combattants druzes et alaouites. L'un des

La deuxième porte

soldats druzes affirma qu'il n'avait jamais voulu tuer, qu'il avait déserté l'armée où il exerçait en tant qu'officier et que désormais il ne pouvait qu'être du côté de la vérité. Cette mixité était rare. Peu de bataillons acceptaient des combattants issus des minorités religieuses.

La femme de Mostafa servit le déjeuner. Les coutumes ne permettant pas aux hommes et aux femmes de s'asseoir et de manger ensemble, je rejoignis les femmes de l'autre côté de la cour. Je découvris qu'elle avait commencé à étudier le droit à l'université et avait renoncé au début des hostilités. Je programmai avec elle mes rencontres avec les femmes du village.

Dehors, les arbres étaient en fleurs sous un ciel limpide. Je profitai de ce répit et sortis quelques instants dans le patio, les deux pièces formant comme deux maisons. Aucune fumée ne s'élevait à l'horizon et le bruit des explosions semblait lointain. À l'intérieur, les combattants discutaient des divisions entre les bataillons. De l'autre côté du patio, une femme berçait un enfant dans son petit lit, le couvrant d'une épaisse couverture. Au-dessus, une montagne rocheuse, ponctuée d'oliviers. En contrebas, quelques maisons en pierre disséminées entre les champs d'oliviers, toujours debout. À l'intérieur, le ton montait.

Mostafa vint m'apporter un verre de thé : « Notre pays est si beau ! Ne vous inquiétez pas, nous le reconstruirons », avant de m'abandonner à mes pensées.

J'avais été incapable de répondre. Il m'arrivait quelquefois d'être frappée de mutisme, de passer des jours sans parler. À ce moment précis, j'étais incapable de proférer la moindre parole.

J'écoutai les hommes dans la maison, leurs voix me parvenaient assourdies. La conversation s'éternisa. Elle portait sur le Front al-Nosra et son réseau médiatique, Al-Manara al-Bayda (le Phare Blanc), qui lui permettait de diffuser ses actions kamikazes et ses tueries.

J'entendis Maan déclarer : « Ne croyez pas que ce puissant réseau financier et ce débarquement de djihadistes soient arrivés de façon spontanée ! Ce genre de choses n'arrive pas par hasard. Il n'y a rien de hasardeux ou d'accidentel dans notre appauvrissement, notre manque d'armes. Ne désespérons pas pour autant ! »

Ils se mirent à chuchoter. Je devinai qu'ils parlaient de moi car tout de suite après, Maan me cria : « Vous avez besoin de quelque chose, madame Samar ? »

Je réussis à répondre : « Non, merci. »

Quand je rejoignis les hommes, la discussion portait sur l'approvisionnement de carburant et d'électricité dans les villages où l'eau et le courant avaient été coupés. Un des combattants critiquait le fait que les écoles avaient été fermées et réquisitionnées, certaines pour héberger des déplacés mais beaucoup pour servir de bases militaires. Abou Wahid les pressa de trouver une autre solution. Pendant que nous discutions, des combattants débarquèrent, d'autres partirent, car la pièce était trop petite pour contenir tout le monde. Ils s'en prirent au Conseil national, à la Coalition et à l'opposition officielle, prétendant que les votes étaient achetés au bénéfice de ceux qui tiraient les cordons de la bourse.

Je m'assis dans un coin pour les écouter. Âgés de dix-sept à cinquante ans, certains de ces hommes avaient fait des études universitaires, tandis que d'autres savaient à peine lire et écrire. Ils avaient tous abandonné leur vie pour se consacrer au combat et au service des civils. Ils faisaient de leur mieux pour sauver les zones libérées d'un futur chaos. Un soldat de Jarjanaz expliqua que la situation chez lui n'était pas meilleure que dans le Jebel al-Zawiya, où se trouvaient les ruines romaines, mais que des lignes de fracture avaient commencé à apparaître entre les régions, elles se creuseraient dans l'avenir si les choses suivaient le même cours.

« Le soutien financier illégal entraîne aussi la corruption », dis-je.

Ils acquiescèrent, ajoutant toutefois que les financements étaient toujours conditionnés à la loyauté. Et que beaucoup détournaient les yeux.

« C'est dans la nature des révolutions, fis-je.

— Le plus grave, c'est le manque de confiance entre les combattants et les civils », renchérit Maan.

Je sortis de nouveau pour fumer une cigarette. La conversation à l'intérieur s'envenima. En bas, trois hommes armés passèrent. Dans le ciel deux avions étaient à l'approche, mais tout paraissait normal.

Un vieil homme se manifesta à mes côtés. « Hier, ils ont bombardé ma maison avec un MiG, me dit-il. De qui es-tu la fille, mon enfant ?

— Je ne suis pas d'ici, oncle », répondis-je. Puis je répétai : « Je ne suis pas d'ici. »

Il descendit, s'approcha des trois hommes armés et leur demanda si les avions allaient bombarder.

« Non, j'ai capté leur fréquence radio, ils se dirigent vers Alep. »

Puis, le bruit d'une explosion retentit du côté de Bayloun. Le même soir, nous apprendrions qu'elle avait fait treize victimes.

Le vieil homme se moqua des hommes armés : « Alors comme ça, ils ne nous bombarderont pas, hein ? Ah… Ah ! » Il frappa le sol du pied en balbutiant : « Notre maison a disparu, la mère de mes enfants a disparu, mes enfants sont partis, tout est parti, Ô Dieu ! » Il leva les bras au ciel en criant : « Ô Dieu ! »

J'éprouvais toujours un étrange sentiment quand des obus tombaient. Une sensation de vide me cloua au sol alors que le vieil homme battait en retraite.

Cet inconnu me revint en mémoire alors que Mohammed et moi nous approchions à pied de la frontière, après avoir laissé Abdallah dans la voiture. D'autres personnes âgées comme lui faisaient la queue devant moi en attendant une occasion de traverser. Tout en marchant, j'essayais de me souvenir à quoi ressemblaient les ballons qui étaient largués avant les roquettes. Ces derniers brûlaient à de très hautes températures et dégageaient un fort éclat de lumière et de radiations pour repousser les tirs défensifs. Mais je n'en

La deuxième porte

savais guère plus à ce sujet, pas plus que sur les différents types de roquettes ou d'obus.

Des enfants tirèrent sur mon *abaya* noire, ma longue robe, pour attirer mon attention et que je leur achète quelque chose. L'un d'eux fit pareil avec la femme derrière moi. Je détournai les yeux, céder ne ferait qu'encourager la ruée d'une dizaine d'autres gosses. Ces enfants avaient poussé comme l'herbe dans les rues des villages désertés. Ils vendaient de l'essence et du mazout sur le bord des routes, fouillaient les décombres des maisons à la recherche d'une bricole à revendre, traînaient à côté des bataillons militaires en attendant de rejoindre le combat, dormaient dans les champs d'oliviers. Ils grouillaient partout. Des enfants abandonnés, comme s'ils n'avaient jamais été les enfants de quiconque. Ils étaient les enfants du hasard, vivant dans l'espoir qu'une occasion se présenterait qui les arracherait à cette terre et les projetterait dans un monde plus clément.

J'avançai, accompagnée de Mohammed, et me figeai devant les soldats turcs qui stationnaient de l'autre côté de la frontière en laissant se faufiler des gens de toutes nationalités. Et dire que les Turcs avaient prétendu récemment qu'ils avaient augmenté le contrôle des réfugiés de Syrie suite aux bombardements près de la frontière. Le passeur bédouin qui devait me conduire de l'autre côté m'attendait au pied de la colline surplombant les soldats turcs.

« Pourquoi on ne se cache pas parmi les oliviers ? Le voyage sera long ? » demandai-je, soudain inquiète, à Mohammed.

Il me rassura, les soldats tiraient toujours vers le ciel. « Je sais, mais c'est étrange qu'ils permettent à tous ces combattants d'entrer en Syrie », dis-je.

Au loin, j'aperçus, dissimulé sous les oliviers, le passeur qui me fit signe de la tête d'avancer. J'étais effrayée. Je retournais vers l'exil, tremblant comme une feuille. Mohammed ne pouvait aller plus loin. Le ciel était limpide, le soleil étincelant, mais le froid mordant rafraîchissait.

Mon sac à dos était lourd. Je n'avais emporté que des vêtements de rechange, mais Noura y avait fourré les nombreux cadeaux qu'elle avait confectionnés : un châle en laine pour moi, un petit porte-monnaie en perles multicolores pour ma fille et d'autres présents que m'avaient faits les femmes de la famille. J'avais dû me débarrasser des vêtements pour ne garder que les cadeaux.

Je m'éloignai de Mohammed, triste, inquiète. Je redoutais qu'il meure en mon absence, comme chaque fois que je lui disais adieu. Il demeura immobile tandis que je rejoignais le passeur qui me prévint que nous devions nous dépêcher. Maigre comme un clou, il avait une dent en or et un débit de paroles très rapide. Je courais derrière lui. Un soldat turc cria. Je m'immobilisai. Le passeur s'arrêta à son tour puis baissa la tête, me faisant signe d'avancer. Il me fit contourner la base de la colline où de nombreuses personnes tentaient de passer clandestinement. Des jeunes démunis. Des hommes surtout. Parmi eux, une femme habillée de noir de la tête aux pieds. Le passeur me pressa de

La deuxième porte

le suivre et je tentai de grimper à son allure. Je trébuchai, tombai. Je lui demandai de porter mon sac à dos. Il me regarda, agacé, sans bouger. J'insistai : « Prenez mon sac s'il vous plaît, je vous paierai. » Il tourna la tête vers la frontière. Je suivis son regard. Mohammed et Abdallah nous observaient, debout, immobiles. De loin, on aurait dit deux peupliers. S'ils avaient su que le passeur était aussi grossier, ils l'auraient battu comme plâtre. Il rebroussa chemin à contrecœur, prit mon sac en rouspétant et en maudissant le sort. Je me sentais à bout de forces. Puis je remarquai la foule de fugitifs qui grimpaient maintenant sur la colline et me retrouvai seule soudain. Je me mis à courir. Je sentis une terrible douleur à la cheville. Une entorse. J'avançais en boitillant. Arrivée au sommet, je levai le bras en signe d'adieu avant de redescendre de l'autre côté.

J'étais en Turquie. Je laissais la Syrie derrière moi. Je me retournai une dernière fois et promis à voix haute : « Je reviendrai bientôt. »

LA TROISIÈME PORTE

Juillet – août 2013

J'étais sur le chemin du retour.

Alors que j'attendais mon vol pour Antioche, j'avais été frappée par les bandes de combattants qui, présumai-je, se rendaient aussi en Syrie. Je remarquai pour la première fois qu'ils ressemblaient aux *chabbiha*, les milices progouvernementales. L'angoisse que je ressentais s'effaça quand, à ma grande surprise, j'aperçus Maysara, le combattant rebelle, flanqué de ses filles, Aala et Rouha, à la porte d'arrivée. Elles appartenaient à cette part de mon histoire – pas le genre de contes peuplés d'esprits et de djinns, mais une histoire où l'on peut se réfugier à l'intérieur d'une boule de cristal enchantée. Elles avaient minci et grandi en un an. Aala me couvrit de baisers comme à chacune de nos retrouvailles, refusant de quitter mes bras. Elle avait huit ans maintenant, les cheveux tout bouclés et les ongles vernis de diverses couleurs.

Il fallait environ une heure pour gagner Rihaniyé, où se trouvait leur nouvelle maison. Alaa profita du trajet pour me raconter en détail leur traversée jusqu'en Turquie. Ils étaient partis le matin avec seulement quelques vêtements. Un des passeurs avait porté le petit frère quand ils avaient dû franchir un champ de maïs bourbeux près de la frontière. Elle avait eu tellement peur qu'elle avait crié et s'était jetée dans les bras de son père. Son cri avait trahi leur présence, si bien qu'ils durent se cacher des gendarmes dans le canal d'irrigation qui marquait la frontière entre les deux pays et se retrouvèrent trempés et couverts de boue. « Nous étions des statues d'argile », rit Aala.

Elle riait et prenait mon visage entre ses mains. Nous partagions le même destin. Nous nous connaissions depuis un an maintenant, nous avions vieilli ensemble pendant ce temps. Et depuis ces jours d'août 2012, quand nous devions nous protéger des bombes sous l'escalier de leur maison ou serrés les uns contre les autres, au sous-sol, je savais que nous deviendrions de grandes amies. J'avais des cadeaux pour elle dans mon sac et, d'un clin d'œil, lui fit comprendre qu'un présent spécial l'attendait. Elle rit encore puis reprit son récit :

« Alors on a couru. C'était une torture. Courir avec la boue, les balles et le passeur qui nous criait de nous dépêcher. »

Aala et sa famille pataugèrent dans le canal jusqu'au soir avant de reprendre leur marche silencieuse dans le noir opaque. Impossible d'utiliser des torches de crainte d'attirer l'attention. Les combattants eux entraient en plein jour. La famille d'Aala aurait pu emprunter d'autres points de passage, mais ce jour-là la sécurité était resserrée, c'était trop risqué. Au final,

La troisième porte

ils durent laisser passer devant eux les trafiquants de haschisch, dont deux femmes qui cachaient la marchandise sous leurs vêtements. Ils patientèrent jusqu'à minuit derrière les barbelés, les gendarmes avaient arrêté les deux femmes et surveillaient les alentours. J'imaginais, en écoutant Aala, ces longs moments de silence forcé. La poussière des lits de roseaux leur avait-elle chatouillé la gorge ? Aala me dit qu'elle retenait son souffle au point qu'elle avait cru suffoquer et avait dû poser sa main sur la bouche pour se retenir de crier.

Rouha, qui avait maintenant douze ans, compléta son récit : « Après des heures d'attente, des hommes d'Atma sont venus aider mon père. Ils nous ont portés pour traverser le canal d'irrigation. Ce n'était pas facile. J'avais peur, je les voyais s'enfoncer dans la boue. Ils étaient cinq passeurs à nous aider. L'eau était profonde et dangereuse et on devait se retenir de crier. Ils marchaient au bord du fossé pour éviter qu'on se noie dans ses profondeurs. Tout ça en pleine nuit. On avait des petits sacs à dos et ma mère paraissait si loin derrière nous. Elle était fatiguée et avait beaucoup de mal à avancer. Et puis ils ont trébuché et on est tombés. On était trempés. Mais la route était bonne, ajouta Rouha en souriant. Oui, même excellente. Un blindé avait roulé plusieurs fois dessus et l'avait aplatie. Nous étions tellement heureux : ce tank avait préparé la route pour nous, et c'est comme ça que nous avons réussi à quitter la Syrie et à passer de l'autre côté. »

Les Portes du néant

Rouha s'était inquiétée de la réaction de son père, furieux contre Aala quand elle avait crié et failli les trahir. Plus tard, ses jeunes frères, Mahmoud et Tala, prétendirent qu'ils n'avaient pas eu peur.

Aala me chuchota : « Je te jure que j'ai *encore* peur, moi. »

Son teint avait jauni et ses yeux avaient perdu leur éclat, remplacé par une nouvelle tristesse. Rouha paraissait beaucoup plus vieille que son âge. Leur mère, Manal, avait maigri et parlait d'une voix fluette qu'on entendait à peine. On lisait dans ses yeux le chagrin d'avoir dû quitter sa maison et Saraqeb.

La situation de la famille était meilleure que celle de beaucoup d'autres : ils n'étaient pas obligés de vivre dans un camp ou dans la rue comme la majorité des réfugiés syriens. Ils avaient les moyens de louer une maison à Rihaniyé et d'envoyer les enfants à l'école. Mais ils avaient d'autres défis à affronter, entre autres, apprendre une nouvelle langue, et ils étaient beaucoup plus pauvres qu'avant. Maysara devait travailler plus dur que jamais pour gagner de quoi se débrouiller. Eux aussi étaient devenus des exilés.

Après avoir passé du temps avec eux à Rihaniyé, l'heure était venue pour moi de rejoindre la frontière où m'attendaient Abdallah et son frère Ali, qui venait de perdre un œil à cause d'une balle. Ils étaient venus de Saraqeb et j'avais hâte de revoir mes vieux compagnons, comme si je retrouvais ma famille. Chaque fois que je les quittais, j'avais le sentiment que je ne les

La troisième porte

reverrais plus, puis je revenais, et là, c'était comme si j'allais passer le reste de ma vie avec eux.

Nous franchirions la frontière ensemble, Abdallah, Maysara, Ali, un jeune homme que je ne connaissais pas et moi. Cette fois, ils firent une exception et décidèrent de passer par Atma, à l'instar de la plupart des Syriens qui avaient perdu leurs papiers dans les bombardements. Nous n'avions jamais emprunté cette route parce que mes amis ne disposaient pas jusque-là d'un bon réseau pour nous assurer un passage sans embûches. La zone frontalière autour d'Atma ressemblait à un décor de théâtre qu'on aurait démonté. Nous devions d'abord franchir un poste de contrôle mis en place par les Turcs pour empêcher les réfugiés d'entrer clandestinement. Il s'agissait de deux petits bureaux dans lesquels s'entassaient les employés. Il y régnait une chaleur suffocante. Mes compagnons avaient décidé de me faire passer pour une de leurs sœurs, il était plus sûr pour moi de voyager incognito.

Nous étions en plein mois de juillet. Pas un nuage dans le ciel. La chaleur était épouvantable, aggravée un peu plus par l'abaya et le foulard que je devais porter. Ainsi accoutrée, avec mes lunettes de soleil, j'avais du mal à me reconnaître, mais ce déguisement était crucial pour notre sécurité. Je supportai mieux le soleil écrasant sachant que je n'aurais pas à grimper une colline ni à courir sous un tir nourri, ni à ramper sous des barbelés.

Je vis de l'autre côté de la barrière de longues files de femmes et d'enfants. Certains allaient vers Atma,

Les Portes du néant

d'autres vers la Turquie. Je remarquai une femme qui avait à peine vingt ans, enceinte, un bébé sur le bras, un enfant à la main. Le petit portait d'épaisses lunettes de soleil, il était chauve, la peau brûlée et boursouflée, couverte de cicatrices. Son visage faisait l'effet d'un masque en plastique déchiré. Des cicatrices couraient sur son cou jusqu'à ses clavicules. Il ne devait pas avoir plus de huit ans, il ressemblait à une momie et se traînait derrière sa mère qui ne lui lâchait pas la main.

Des femmes la dépassèrent. Puis un garçon amputé de la main et du pied droits, qui sautillait comme un lapin. Il faisait la course avec deux autres jeunes cahotant comme lui pour se mettre à l'ombre sur une petite plateforme, où les gens se réfugiaient afin de se protéger de l'air étouffant. Sous cette canicule, il était difficile d'avoir une vue d'ensemble au milieu de la foule de Syriens en partance pour les quatre coins de la terre, fuyant les bombardements, des intermédiaires qui profitaient du business, des petits marchands d'armes, et du lot des combattants djihadistes arabes et étrangers.

Il était même difficile de voir où poser le pied dans cette masse compacte. Le seul fait d'avoir avancé d'un endroit bondé à un autre, pareils à des automates, suffisait à vous remplir de joie. Même les vastes plaines des deux côtés de la route paraissaient envahies d'arbres aux feuilles jaunies. J'observai tout cela avec l'étonnement de celui qui vient de naître.

Après avoir enregistré nos noms au second checkpoint auprès d'un fonctionnaire turc, nous pûmes enfin

La troisième porte

passer de l'autre côté de la frontière, où une voiture nous attendait. Je montai à l'avant, les hommes s'entassèrent sur la banquette arrière. Ils voulaient absolument me gâter. Ou bien ils s'accrochaient peut-être à la même idée que moi et croyaient encore que tout ce que nous avions, c'était nous-mêmes, que nous devions prendre soin les uns des autres, de nous et de nos pauvres idéaux de liberté et de dignité. Je suppose qu'à leurs yeux, j'étais un concept et je les considérais sans doute de la sorte. Ils incarnaient mon idéal d'une Syrie juste, libre et démocratique. Pourtant, face aux profondes transformations survenues depuis la révolution, continuer à croire en ce genre d'idéaux, c'était comme essayer d'attraper le vent. Néanmoins, à cet instant précis, alors qu'ils se serraient pour me faire de la place, l'émotion me noua la gorge. Je me souvins de ma phrase préférée : « La vie est trop courte pour la tristesse » en faisant un signe de la main à l'adresse de deux jeunes amputés.

Abdallah, Maysara, Mohammed, Ali et tous les autres, montraient une prédilection pour l'ironie. Ils se moquaient de tout, y compris d'eux-mêmes et je pris le pli. Leurs sarcasmes durs, mordants marquaient leur mépris de la mort. Une relation difficile et courageuse devenue leur unique moyen pour continuer à résister. Ils faisaient un pied de nez à la mort.

En chemin, ils pestèrent contre les hommes de l'EI aux turbans noirs et contre le comportement des bataillons de l'islam radical. Ils se moquèrent aussi de l'élégance exagérée des responsables des organisations humanitaires et de la prolifération des ateliers de formation près de la frontière. On ne comptait plus les experts, volontaires et journalistes qui traînaient dans le coin.

« Mais que dire des gens, réduits à la faim, qui meurent, tués, bombardés ? » demanda Ali.

On pénétra dans le camp d'Atma, peuplé en grande partie de gens venus de Hama. Autour de nous, des essaims de réfugiés trimballant leurs affaires sous un soleil de plomb. Les rigoles des égouts couraient entre les tentes, il s'en dégageait une odeur nauséabonde, les mouches et les insectes tournoyaient au-dessus. Des étals avaient été dressés à la hâte des deux côtés de la route pour former un marché rudimentaire. On y vendait des denrées alimentaires, on y réparait des chaussures, on y remplissait les bonbonnes de gaz et les lampes à kérosène. Il s'agissait de simples tentes qu'on faisait tenir à l'aide de cailloux. Le soir, il n'y avait pas de courant, malgré l'imposant générateur qui s'avérait insuffisant. Le camp disposait d'une grande citerne d'eau mais il n'y avait pas de distribution. Cependant, l'intérieur des tentes était impeccable. Certains avaient même fait pousser des plantes tout autour, mais c'était les oliviers qui les protégeaient des intempéries.

On déambula à travers le camp. Une misère noire régnait partout. Des gens émaciés, en guenilles. Des enfants qui jouaient pieds nus sous le soleil. Toutes les femmes étaient voilées, certaines portaient même le niqab. Je parlai brièvement à l'une d'elles pour lui demander s'il était vrai qu'on mariait des jeunes filles à des vieillards. Elle confirma, cela arrivait tout le temps. Ayant tout perdu dans la guerre, de nombreuses familles recouraient au mariage de leurs filles, d'à peine quatorze ou quinze ans, pour conjurer la faim et la pauvreté.

Je lui demandai s'il serait possible de rencontrer l'une de ces jeunes filles dont une militante m'avait donné le nom. Mariée, elle avait divorcé au bout d'un mois, on l'avait remariée de nouveau à un Jordanien de quarante ans son aîné avec lequel elle n'était restée que trois mois. Comme j'essayais de convaincre mon interlocutrice, son époux sortit de la tente pour me chasser.

Nous devions attendre les hommes qui nous accompagneraient à Saraqeb. Ils étaient retardés par les bombardements qui allaient faire quatre victimes dans la ville. Pendant que nous patientions, assis sous un énorme olivier, un hélicoptère nous survola. Il lâcha des barils d'explosifs à quatre reprises. Ces récipients bourrés de TNT et de morceaux de métal se révélaient particulièrement meurtriers et semaient la terreur. L'image du jeune homme à la main et au pied amputés, sautillant, me hantait encore. Je l'avais observé pendant qu'il lorgnait sur les filles d'un air désespéré et la pensée de sa virilité gâchée me brisa le cœur.

La voix tonitruante d'Abdallah me tira de ma stupeur : « Je vous jure, toutes les maisons autour de nous ont reçu leur bombe, et nous on attend encore ! » En

Les Portes du néant

riant, on alluma une cigarette : « Le MiG peut lui aussi avoir sa cigarette pendant qu'il attend notre tour de mourir. Et ces barils, ils vont avoir besoin de quelque chose de plus fort ! » Il grimaça : « On ne reconnaît même plus nos amis quand on les enterre, ils n'ont plus de visages… Quand quelqu'un survit aux bombardements des MiG, c'est pour mourir deux jours plus tard sous un obus. Je me demande quelle mort est préférable ? »

Son visage se crispa : « Une fois, un MiG nous a bombardés à Al-Senaa. Trente hommes sont morts. J'étais avec eux et je n'ai pas été touché. Je m'en tire chaque fois. On verra bien où cette attente nous mènera ! » conclut-il dans un éclat de rire.

Derrière nous, une base militaire de l'EI – un bâtiment bien gardé d'un étage, au milieu des oliviers. Il était interdit de s'en approcher. On ignorait ce qu'il y avait à l'intérieur, mais le ballet de 4×4 et de camions qui s'y arrêtaient et repartaient, tous couverts d'une bâche kaki, était incessant. Leur présence dans la région était devenue bien visible depuis leur apparition dans le Nord des mois auparavant. Sur la route qui menait à Saraqeb, nous ne fûmes arrêtés qu'une fois à l'un de leurs checkpoints tenu par des combattants à la peau foncée venus de Mauritanie et d'Irak, portant robes et turbans noirs. Ils nous fouillèrent puis nous laissèrent passer à contrecœur quand mes compagnons indiquèrent le nom de la faction à laquelle ils appartenaient. J'éprouvai une immense colère. Comment ces étrangers pouvaient-ils occuper notre pays ! Nous

La troisième porte

obliger à décliner notre identité alors qu'ils étaient chez nous !

On passa par le camp de Qah, sur la route entre Atma et Akrabat. Les camps de réfugiés avaient poussé tout le long de la frontière. J'appris que les passeurs utilisaient de plus en plus de chevaux, que la traversée jusqu'à Bab al-Hawa était assurée par le groupe Ahrar al-Cham. Ce qui me frappa le plus, c'était le nombre d'enfants éparpillés au soleil, en particulier dans le souk, où ils étaient chez eux. Ici, les Brigades al-Farouk menaient le jeu. Ils s'étaient alignés avec l'Armée Syrienne Libre et n'avaient jamais affaire à Ahrar al-Cham.

À Maarat Masrin, des magasins s'étalaient sur presque cinq cents mètres. De gros tas de détritus jonchaient le sol entre les véhicules militaires, les Jeep flambant neuves et les énormes Land Rover, la plupart appartenant aux militants de l'EI. La révolution avait donné naissance à un énorme marché noir, très lucratif, et de nombreux entrepreneurs étaient fin prêts à en tirer profit. Ils avaient à l'évidence tout intérêt à ce que la guerre se poursuive.

Sur la route, on vendait des barils et des jerricans de paraffine et de mazout, comme dans le camp d'Atma, sauf qu'ici les récipients étaient plus grands et que c'était des enfants qui les vendaient, pas des adultes. On dut s'arrêter une nouvelle fois à un poste de contrôle tenu par l'EI. On devait veiller à ce qu'aucune odeur de cigarette ne soit détectable car nous étions en plein ramadan. S'ils venaient à découvrir que nous avions rompu le jeûne, nous risquions gros. Ils étaient capables de tout, nous fouetter comme nous tuer. Mes compagnons prétendirent que j'étais une de leurs sœurs et que je devais accompagner mon frère pour lui donner son traitement médical. Je gardais les yeux baissés, mais chaque fois que nous passions un de leurs checkpoints, je sentais une bouffée de colère monter dans ma poitrine qui provoquait un accès de toux.

Aux abords de Saraqeb, une ambulance s'arrêta à notre hauteur. Elle transportait des blessés graves. Le conducteur nous dit que la ville était bombardée et nous conseilla de l'éviter avant de repartir à toute vitesse.

La discussion s'engagea. À ma droite s'étendait à perte de vue un champ de tournesols, leurs disques jaunes ployant sous leur poids. Le soleil se couchait et un nuage de poussière s'élevait devant nous. On entendait au loin les sirènes des ambulances et les cris des victimes. Soudain, un tracteur surgit au milieu du champ de blé de l'autre côté de la route. Le fermier au volant paraissait indifférent. Nous l'observâmes tandis qu'il ramassait la paille.

« Nous allons sur le site du bombardement, me dit l'un de mes compagnons. Vous venez avec nous ou on vous dépose à la maison ?

— Je vous accompagne », répondis-je sans hésitation.

Une fois à Saraqeb, je pus constater l'étendue des dégâts depuis mon dernier séjour. Des quartiers entiers étaient désertés, les maisons détruites, ailleurs on croisait de rares hommes et enfants. Et au milieu du marché, malgré l'intensité des frappes, quelques échoppes avaient ouvert, signe que la vie continuait.

Le lendemain matin, je sortis dans le patio sans écouter les mises en garde de Noura. Je les trouvais bien trop prudents, et puis j'aimais cette cour, d'où je pouvais vite me mettre à l'abri en cas d'alerte.

« Tu vas recevoir des éclats d'obus si tu restes dehors ! » cria-t-elle depuis l'intérieur.

On frappa à la porte. Une réfugiée que Noura et sa famille aidaient. Elle se dirigea directement vers la cour. Noura s'inquiétait quand un étranger arrivait à l'improviste et découvrait ma présence ou posait des questions à mon sujet. Elle voulait me protéger des commérages par souci de sécurité. Elle accourut avec sa tasse de café et s'interposa entre la femme et moi. Dans la chambre des deux vieilles dames, à l'étage, son mari Abou Ibrahim écoutait les informations sur son talkie-walkie, qui pouvait émettre et recevoir sur une portée de quatre-vingts kilomètres. Les familles les utilisaient pour déterminer la localisation des avions avec l'aide des combattants, ainsi que pour communiquer les uns avec les autres. Cependant, il était difficile de se les procurer et rares étaient ceux qui en possédaient un. Abou Ibrahim nous informa que la ville de Sarmine était bombardée. Il était clair que les avions ne frappaient pas au hasard, qu'il y avait une volonté de détruire les provinces du Nord, par tous les moyens, y compris l'aide des brigades extrémistes. La société entière semblait connaître une transformation, on l'effaçait pour la reconstruire.

J'étais prête à sortir, car j'avais encore plusieurs rendez-vous avec des femmes à propos des ateliers et des microentreprises qu'elles avaient montés, avant de me rendre à Kafranbel. Maysara refusa de me laisser partir avec sa sœur sans la protection d'un homme armé : « Il y a plus de mercenaires ici que de rebelles, vous êtes une cible trop facile. » Il était tout à fait conscient que venant de l'étranger et appartenant à une secte différente, je représentais une cible de choix pour eux. Ce n'était pas la révolution ni les rebelles qui rendaient dangereux pour une femme comme moi de sortir en ville.

La terre et le ciel se mirent à trembler, un nuage de fumée s'éleva à l'autre bout du quartier. Une roquette était tombée. Je demeurai figée, incapable de bouger jusqu'à ce que Noura me crie de rentrer. Je m'exécutai telle une somnambule. À peine une seconde après, nous comprîmes qu'il s'agissait d'un tir d'artillerie.

Dehors, le soleil était haut et le silence revenu, les enfants continuaient à observer le ciel. Dans le petit jardin que Noura avait aménagé, une fougère était recouverte d'une fine couche de poussière et de verre cassé. Je nettoyai la plante délicate avec un peu d'eau qui exhala l'odeur de terre et de fumée. Nos cœurs avaient dû se transformer en pierre pour supporter de vivre dans toute cette tuerie.

Abou Ibrahim apparut.

« Ce n'était pas le bruit d'un obus cette fois ? lui demandai-je.

— Dieu est le seul protecteur. Dieu est le seul protecteur. »

Puis il me dit que je pouvais y aller, le ciel était dégagé.

Noura et son invitée reprirent leurs tâches quotidiennes, la préparation du repas et la discussion tourna autour des variétés de viandes et de légumes disponibles sur le marché, de la distribution du pain qui se ferait aujourd'hui ou demain, de l'heure de la livraison du mazout pour alimenter le générateur, des astuces pour économiser l'eau et faire la lessive. Elles se demandaient combien de temps la famille allait pouvoir tenir après la fin des récoltes parce qu'il était impossible de stocker des produits frais sans électricité. Elles s'inquiétaient aussi de ce qu'allaient devenir les deux vieilles dames, qui demandaient l'attention constante d'Ayouche, leur soignante dévouée.

Mohammed m'attendait sur le pas de la porte et nous partîmes voir mes amies. Nous devions les retrouver dans la maison de Mountaha, mon principal relais auprès des femmes. Elle travaillait dur, sans économiser sa peine. Son père s'occupait d'une œuvre de charité avant la révolution. Elle ne s'était pas mariée et s'était impliquée dans les œuvres sociales, consacrant sa vie à aider les autres.

En chemin vers la maison qu'elle partageait avec sa sœur Diaa dans le centre-ville, nous dépassâmes plusieurs groupes qui fuyaient vers la campagne pour éviter les bombardements. La mort y paraissait moins inéluctable. Le centre-ville constituait une cible de choix et nous découvrîmes que deux roquettes avaient atterri à proximité de leur maison, détruisant le plafond d'une chambre.

Une quinzaine de femmes s'y trouvaient déjà cependant, la moitié était des veuves de martyr. Parmi elles, une dentiste et une pharmacienne. Elles étaient très jeunes – moins de trente ans –, pourtant elles avaient chacune entre quatre ou cinq enfants. L'une de celles que nous avions prévu d'aller voir plus tard, avait perdu son mari dans un bombardement alors qu'il secourait les blessés, et se retrouvait seule avec sept enfants. Les veuves surtout demeuraient confinées dans leurs maisons. Nos projets se concentraient essentiellement sur des fabrications artisanales maison, type objets ou cuisine, dans le respect des coutumes locales mais aussi à cause des menaces liées au conflit, du chaos, des risques de kidnapping.

Nous avions monté, avec Mountaha, un microprojet pour chacune d'elles, qu'il s'agisse de tricot, de couture, de vente au détail. Elles avaient même ouvert une petite boutique que nous appelions l'Épicerie, qui vendait des plats et des bonbons. Sept femmes y travaillaient avec leurs filles et grâce à ce petit commerce, elles étaient autonomes. J'étais impatiente de les voir, d'apprendre où elles en étaient et comment on pouvait les aider à se développer.

La troisième porte

Mohammed m'appela, il jugeait que la maison de Mountaha était trop dangereuse en plein centre-ville, et qu'il fallait absolument remettre notre réunion à plus tard. Mais je savais que si nous l'écourtions, il serait difficile de revenir, car les frappes étaient incessantes. « Je te rappelle dès que j'ai terminé », lui répondis-je et je raccrochai. Mohammed était un collaborateur précieux, mais au fond de lui-même, il était plein de rage, ce qui le rendait anxieux en permanence.

Je discutai tour à tour avec chacune des femmes. Beaucoup me dirent que leur principale source de revenus provenait de l'association Al-Ihsan (la Charité), qui dépendait des brigades Ahrar al-Cham et qui allouait des salaires aux veuves des martyrs. En plus de sa boulangerie, Ahrar al-Cham possédait des œuvres caritatives, des hôpitaux, des écoles. Leurs représentants étaient très intégrés dans la communauté, car la plupart étaient syriens et originaires de villages voisins.

Ce n'était pas seulement un bataillon militaire, mais un mouvement missionnaire religieux qui pénétrait le tissu social ici, dans les zones rurales de la province d'Idlib. Comme je l'apprendrais lors de ma dernière visite avec Ayouche, sous l'influence d'Ahrar al-Cham, avec le concours de plusieurs brigades armées islamistes, le tribunal de la charia était devenu de facto la seule autorité judiciaire. On disait qu'ils avaient commencé à imposer le voile aux femmes, qu'ils cherchaient à instaurer un califat islamique et faisaient venir des oulémas étrangers comme conseillers et ministres.

Les Portes du néant

Une des femmes se plaignit que ses enfants ne recevaient pas une éducation convenable et n'avaient pour tout professeur qu'un *moudjahid* saoudien, qui apprenait aux enfants à réciter le Coran.

Toutes sans exception affirmèrent qu'elles n'auraient pas pu survivre sans Al-Ihsan, elles se soumettaient donc à leurs diktats pour continuer à percevoir ce revenu. Le mari de l'une d'elles, un combattant appartenant au mouvement Ahrar al-Cham, gagnait deux cents dollars par mois. Avant de céder la ville de Raqqa à l'EI, le mouvement avait pillé une banque pour remplir ses caisses, ces temps-ci la loyauté s'achetait.

Les combattants de l'EI, largement impopulaires auprès des Syriens, n'avaient pas réussi à s'intégrer dans les communautés locales, du moins pas dans la campagne environnant Idlib.

J'interrogeai les femmes au sujet de la mosquée locale. Elles m'apprirent que le prédicateur était un Jordanien venu avec Abou Qodama du Front al-Nosra. L'EI et ces derniers avaient étendu leur influence à travers la région frontalière. Ils prendraient, plus tard, le contrôle de Saraqeb, déclenchant l'hostilité des brigades d'Ahrar al-Cham et de l'Armée Syrienne Libre. Résultat, ils abandonneraient la ville à Ahrar al-Cham pour quelque temps.

Les relations entre l'EI et le Front al-Nosra avaient été cordiales au début, une tactique d'approche éprouvée dont l'EI usait avec tous les bataillons islamiques armés. Puis les difficultés surgirent et, en peu de temps, l'EI se lança dans une bataille contre le Front al-Nosra. Les principales divergences entre les deux groupes résidaient dans le fait que l'EI tendait vers l'extrémisme et le militantisme dans l'application des lois de la charia, et son lot de tueries, de massacres, déclarant ceux qui ne partageaient pas leurs croyances comme mécréants. Désireux d'établir un État islamique vaste et sans frontières, ils disposaient de plus de moyens que le Front al-Nosra en termes d'effectifs, d'armes, de financement et de relais médiatiques. En comparaison, le Front al-Nosra se montrait moins extrême quant à l'application de la charia. Leurs différends idéologiques étaient cependant mineurs : tous deux étant convaincus qu'il fallait inclure la loi islamique dans tout système gouvernemental. Et, comme cela apparaissait de plus en plus clairement, ils partageaient des positions bien tranchées sur le statut des femmes.

En quelques heures, je réussis à boucler mon travail avec les femmes dans la maison de Mountaha et profitai d'un petit répit avant de repartir. Je comptais faire d'autres visites mais en raison des explosions, de plus en plus proches, Mohammed, mon ange gardien, était venu me chercher. Près de la maison, devant un petit kiosque, se tenait un enfant, défiguré. Des douzaines d'enfants, aux yeux grands ouverts, le rejoignirent pour épier l'étrangère : moi. La boutique, tenue par une femme presque aveugle, était vide à part quelques barres de chocolat, des sachets de chips et des ballons. Je baissai les yeux et découvris sur une chaise, à ma gauche, une fillette de sept ans qui n'avait ni bras ni jambes. Je la contemplai bêtement pendant quelques instants sans pouvoir bouger. Puis, je fus prise de vertiges et crus un moment que j'allais m'écrouler... Mais les secousses venaient du ciel. Les enfants coururent se réfugier dans la boutique et Mohammed me cria de monter dans la voiture.

J'eus l'impression qu'une fissure se creusait dans ma tête, que des fourmis en sortaient puis descendaient le long de ma colonne vertébrale. Les gens côtoyaient la mort, ce n'était pas une métaphore mais la réalité. Ils n'avaient pas le loisir de réfléchir aux grandes questions, ils n'avaient pas la curiosité de comprendre la situation militaire ni le contexte politique, ils n'avaient ni le temps ni l'espace pour penser. Ils luttaient pour leur survie. La seule chose qui importait, c'était de savoir comment pourraient-ils se procurer de la farine pour faire du pain ? Le café étant devenu denrée rare, trouveraient-ils encore du thé ou du sucre ? Y aurait-il de l'eau pour se laver le visage le matin ? Un repas suffirait-il à satisfaire toutes ces bouches ? Est-ce que l'un d'eux parviendrait à mourir de sa belle mort ?

C'était le ramadan et ils espéraient rompre le jeûne bien avant que quiconque dans la famille n'ait la tête tranchée ou qu'un père ne soit obligé de ramasser les restes de ses enfants sous les décombres après la chute d'un obus ou d'un baril d'explosifs. Fait notable, après deux années et demie de bombardements quotidiens, ils avaient développé une nouvelle relation avec le ciel.

La troisième porte

Ils le tenaient sous surveillance constante. Personne ne sortait sans examiner d'abord le ciel ou sans monter sur la terrasse pour l'observer, à l'affût du moindre signe de danger.

Je ne savais pas pourquoi je cherchais une sorte de sens dans ces récurrences. Je commençais à sentir l'absurdité de cet océan de sang. Devais-je m'y noyer avant de pouvoir m'échapper dans le néant ? Devais-je revenir encore et encore afin d'atteindre la mort dans mon combat contre elle ?

À notre retour, Noura nous attendait. Elle m'embrassa avec effusion, soulagée : « Dieu merci, tu es saine et sauve ! » Abou Ibrahim était assis à côté de son radio émetteur. « L'avion est parti, déclara-t-il, il se dirige sur Taftanaz. » Nous avons poussé un long soupir. Des idées futiles m'assaillirent : « D'autres mourront tandis que nous sommes épargnés. »

Mohammed partit inspecter le lieu qui avait été bombardé. Des membres de la famille élargie sortirent et entourèrent les deux grands-mères. Un fastueux repas avait été prévu pour rompre le jeûne à la fin de la journée. Qui se mettrait en cuisine ? Qui irait fouiller les terres calcinées ? J'aidai Noura à ranger son ouvrage d'aiguilles, des robes. Elle était excellente couturière et je lui suggérai d'apprendre aux filles à coudre et de monter un petit atelier quand une voix stridente se fit entendre dans le talkie-walkie.

« Habitants de Saraqeb ! Rebelles de Saraqeb ! Un avion chargé de barils se dirige vers Saraqeb et Taftanaz ! »

Les Portes du néant

Pétrifiés, nous entendîmes le grésillement des interférences. La seule mention de barils d'explosifs figeait tout le monde en statue de pierre. Avec ce genre de bombes, il n'y avait quasiment aucune chance d'en sortir indemne. Noura se mit à crier, et je me couvris le front des mains alors que le grésillement continuait. Des pommes de terre cuisaient dans le four, je courus éteindre le gaz afin d'éviter que nous ne sautions tous. Les deux vieilles dames nous regardaient, horrifiées.

On entendit le combattant hurler dans la radio : « Je vois l'avion. Il vole à une altitude de six mille mètres. Il est trop haut, nous n'arriverons pas à le toucher ! »

Suivirent les rafales de mitraillettes qui tentaient de l'éloigner, le bourdonnement dans la radio grossit. Il était difficile de savoir s'il s'agissait d'un bombardier MiG ou d'un hélicoptère avant la chute de la roquette. Soudain, une puissante explosion retentit, suivie de ce cri : « *Allah akbar !* Dieu est grand ! Le baril a explosé dans le ciel ! *Allah akbar !* »

Ce ratage méritait une petite célébration mais nous retournâmes à nos activités. Les hommes sortirent dans la rue, les femmes s'attelèrent aux préparatifs du repas et je rejoignis Ayouche dans le patio pour scruter le ciel.

Voici un autre jour qui restera gravé à jamais dans ma mémoire, le 20 juillet 2013. Comment pourrais-je oublier le moment où j'ai pénétré, vraiment, dans le néant ?

Nous étions à Saraqeb, au centre des médias. Le lieu était divisé en deux sections, l'une réservée aux équipements électriques et dispositifs de chargement, la seconde à Internet et autres moyens de communication. Je m'installai en général dans la seconde pièce, peu utilisée par les combattants. On y recevait aussi les journalistes et tous les professionnels qui avaient besoin d'utiliser Internet. Les activistes avaient installé des centres similaires dans plusieurs villes afin d'informer le monde extérieur de la situation sur le terrain.

J'envoyais des mails et prenais des notes sur les projets des femmes. Devant moi, une pile de feuilles répertoriant les détails de leur situation personnelle, quand, brutalement, tout me sembla compliqué, presque impossible. Je me sentis vidée, découragée. Je me rendis à la salle de bains pour me rafraîchir le visage, j'avais l'impression de flotter. Les bombardements d'Assad avaient été incessants, nous forçant à fuir comme des bêtes épouvantées, sans parler de la catastrophe endémique des groupes djihadistes qui interféraient dans la vie privée des gens.

Beaucoup d'hommes allaient et venaient dans la pièce, ce jour-là, et la présence d'une femme devait leur sembler étrange. Je leur expliquai que je voulais rester jusqu'à l'heure de mon rendez-vous avec une des veuves. Ils étaient jeunes, aucun n'avait plus de trente ans. Il y avait un des rédacteurs du journal pour enfants *Zaytoun et Zaytouna*, distribué dans le nord de la Syrie ; le photographe en charge du site web dédié aux informations de Saraqeb ; un vidéaste qui envoyait les films aux médias. Parfois des combattants débarquaient, certains appartenant à la Brigade des Martyrs de Saraqeb, dont le siège se trouvait à quelque deux cents mètres de notre bureau. Comme c'était le mois de ramadan, nous ne mangions pas avant l'appel du muezzin au coucher du soleil.

Le bruit assourdissant d'une déflagration retentit soudain, brisant toutes les vitres. Nous sortîmes en courant. Une bombe à fragmentation venait de percuter le mur de la pièce voisine. La fenêtre n'était plus qu'un trou béant. Le ciel et la terre s'étaient embrasés. Les hommes hurlaient qu'il fallait sortir sur-le-champ, mais un *chebab* nous avertit que l'avion tournoyait encore au-dessus de nous, larguant ses bombes à fragmentation et ses barils explosifs. Je n'arrivai pas à saisir ce qui s'était passé. Impossible de descendre à l'abri, les bombes à fragmentation laissaient par terre des minibombes à retardement. Martin Söder, un journaliste polonais, ainsi qu'un de ses confrères anglais et deux collègues syriens se trouvaient avec nous. Martin décida de partir prendre des photos. Je rassemblai à la hâte mes papiers, les fourrai dans mon sac et criai : « Je viens avec vous ! »

Je sautai dans la voiture avec Mohammed, Manhal et Martin. Le chauffeur contourna quelques ruelles pour éviter de tomber sur une de ces bombes. Des maisons avaient été touchées par les trois barils d'explosifs qui avaient été successivement largués. On travaillait déjà à déblayer les décombres. Il ne restait rien

La troisième porte

des immeubles, que des gravats et des cadavres recouverts de poussière. Tout avait la même couleur blanchâtre. Je pris des photos.

« Allez à l'hôpital, on a besoin de vous ! » cria un homme.

Alors que nous démarrions, une autre bombe à fragmentation tomba dans la rue d'en face, déclenchant un incendie. Puis la radio de Mohammed annonça que l'hôpital était bombardé et qu'une roquette était tombée sur la maison voisine. Nous fonçâmes vers l'hôpital. Dans la rue, quelques rares personnes, celles qui n'avaient plus d'autre choix que de fuir. On entendait encore vrombir les avions au-dessus de nous.

« J'ai l'impression qu'on est faits comme des rats et que Bachar al-Assad s'amuse à nous tuer pour le plaisir », m'exclamai-je. Ils ne répondirent pas mais c'était l'image la plus précise qui m'était venue à l'esprit, sous le feu du régime. L'hôpital se trouvait à l'entrée de la ville. Sa proximité avec l'autoroute en faisait une cible de choix.

À l'hôpital, nous trouvâmes un groupe d'hommes aux visages couverts de poussière, l'un d'eux affalé sur une chaise maculée de sang. Des gens entraient et sortaient, se bousculant, dans un état de stupeur et de panique. Un médecin, ami de mes compagnons, nous fit entrer dans une pièce. La trentaine, il était originaire de Saraqeb et fulminait :

« Les médecins se sont enfuis et il y a des gens qui attendent d'être examinés. Qu'est-ce que je peux faire ? Nous n'avons pas assez de médicaments. Les gens crèvent. Les habitants sont furieux. Qu'est-ce que je peux faire ? »

Un homme martela la porte en criant au médecin de venir. Un jeune avait été blessé et ils l'avaient mis dans une chambre. Tout manquait, médicaments, équipements, électricité, eau. Le blessé hurlait. J'allai dans une pièce voisine : deux lits où gisaient les corps de femmes, recouverts d'un drap. Je m'approchai.

« Elles ont été tuées aujourd'hui par les barils d'explosifs », me dit un infirmier.

« Je peux les voir ? »

Il parut surpris mais acquiesça.

Je m'avançai et soulevai le drap, découvrant le visage de la première. Elle devait avoir quarante ans. On aurait pu croire qu'elle dormait sans tout ce sang sur son visage. Je la recouvris, tournai la tête vers la fenêtre, puis m'assis au bord du second lit. Le ciel résonnait du tonnerre de l'aviation.

Un jeune homme apparut en hurlant : « Mais que faites-vous ici ? »

Je réalisai alors que j'étais assise entre deux cadavres, que je touchai l'un d'eux. Je me levai calmement. Je n'étais plus moi-même. Je tenais encore debout parce que je m'étais retirée dans une sorte de bulle, détachée de tout. Je retrouvai mes compagnons dans une pièce avec d'autres blessés, d'autres morts.

Le jeune médecin répétait, fébrile : « Qu'est-ce que je peux leur donner ? Je n'ai rien. Ils sont là et ils vont mourir. Ô Dieu ! Ô Dieu ! »

La troisième porte

Devant l'entrée de l'hôpital, un homme qui portait le cadavre de son fils gémissait : « Gloire à Dieu ! *Alhamdu lilah*. Gloire à Dieu. » Partout des gens accouraient en criant. L'immeuble voisin était en feu.

Je m'approchai d'un camion blanc garé près de l'entrée. À l'arrière, trois cadavres, une mère et ses deux enfants, enveloppés dans des draps en loques. Les pauvres mouraient toujours en premier. Les pieds crevassés et fendillés de la femme dépassaient. On devinait les cheveux châtains du garçon dans la mare de sang. J'appris plus tard qu'un baril d'explosifs était tombé sur eux après avoir explosé en plein vol. Ils avaient été tués par les éclats. Le camion était couvert de sang.

Un homme, assis sur le trottoir, fixait le véhicule, le regard perdu dans le vide. C'était une scène récurrente : des hommes assis au bord du carnage, à côté des cadavres de leurs proches. Fixant le vide. Je m'approchai : « Dieu les garde ! » dis-je.

L'homme se tourna vers moi.

« Dieu soit avec vous », me répondit-il, avant de retomber dans son silence. Je m'éloignai alors que trois hommes venaient chercher les corps. Ils soulevaient la petite fille, j'aperçus ses tresses et son visage. Elle n'avait pas plus de quatre ans. Elle portait des sandales en plastique, elle n'avait plus d'orteils à un pied. Je rattrapai les hommes pour recouvrir son pied mutilé, mes doigts maculés de sang.

« C'est le sixième baril qu'ils larguent », dit un jeune homme par-dessus le bruit alors qu'un nuage de poussière s'élevait en face de nous. L'avion en lâcha un septième en plein centre-ville, tournoya puis en largua un autre. La poussière nous empêchait de voir quoi que ce soit.

« C'est l'enfer ! » hurlai-je. Je me mis à tourner en rond, au milieu de la poussière, un sifflement strident me déchira les tympans.

« On te ramène à la maison, me cria Mohammed, furieux. C'est trop dangereux ici.

— Mais la maison peut tout aussi bien être bombardée ! » répliquai-je.

Tandis que nous nous dirigions vers la voiture, le médecin nous cria : « Ah le bon vieux temps des MiG et des bombardements chimiques ! Ils étaient miséricordieux comparés à ces barils qui pulvérisent tout. Impossible de leur échapper !

— Ils veulent ouvrir une voie pour permettre aux gens d'atteindre la fabrique de briques », expliqua le combattant qui nous accompagnait. Il était demeuré silencieux jusque-là, avec les autres à l'arrière. « Le bombardement se poursuit depuis une semaine. Il faut que vous partiez, madame ! »

J'étais incapable de lui répondre et je ne voulais pas faire d'histoires, mais quand la voiture s'arrêta devant la maison d'Abou Ibrahim, je ne pus retenir ma colère.

« Quand reviendrez-vous ? leur demandai-je.

— On va voir ce que nous pouvons faire pour les blessés. Nous sommes trop nerveux quand vous êtes là. Restez ici. Nous vous contacterons par le talkie-walkie d'Abou Ibrahim. »

La troisième porte

Je me rendais compte de plus en plus qu'il m'était impossible ne serait-ce que d'envisager de vivre auprès d'eux comme j'avais rêvé de le faire. Exilée en France, je n'avais pas encore appris la langue française, parce que j'étais décidée à revenir en Syrie, à m'installer dans le nord, Paris ne représentait pour moi qu'une escale.

Ce soir-là, je restai à la maison auprès de Noura, d'Ayouche et des vieilles dames, qui n'avaient pas bougé d'un pouce. Personne n'était descendu à l'abri, cela n'avait plus de sens. Noura, paniquée, priait, debout. Ayouche et moi nous regardions. J'allai préparer du café dans la cuisine lorsque Maysara surgit en criant : « Vite ! Vite ! On quitte Saraqeb ! »

Ils avaient décidé de nous envoyer nous réfugier dans la mosquée qu'avait fait construire Abou Ibrahim à Al-Mashrafiyah, un village à une heure de route au nord-ouest. J'étais hors de moi, car la raison de ma présence ici était de témoigner et comment faire si l'on me confinait à l'arrière, dans une mosquée. Ces scènes de guerre ne cessaient de se répéter, chacune semblable à la précédente, une confrontation avec la mort, avec notre propre impuissance. Dans ce genre de situations, la seule façon de résister, c'était de rester là à regarder la mort, et écouter les informations après. Que pouvaient faire des civils non armés face aux obus, aux roquettes, aux barils d'explosifs ? Ils n'avaient aucun moyen de se défendre. Les armes des combattants étaient futiles et les civils mouraient les premiers.

Sur la route de notre exil provisoire, nous croisâmes des familles entières qui désertaient Saraqeb. On entendit à la radio qu'un combattant avait réussi à désamorcer une bombe à fragmentation tombée sur une maison. Mais plusieurs maisons à droite de la nôtre avaient été écrasées par les barils.

Devant nous, sur cette route exposée aux tirs et criblée de cratères que nous devions éviter, se trouvaient les ruines d'un concessionnaire automobile.

Une voix cria dans le talkie-walkie : « Où sont les médecins ? Nous avons besoin de chirurgiens ! Il y a beaucoup d'urgences ici ! » Une autre voix prévint : « Habitants de Saraqeb ! Attention ! Un avion approche ! Un avion approche ! »

Par la vitre, j'aperçus les gens en train de courir tête baissée, paniqués, chargés de leurs maigres possessions. Un homme armé nous arrêta et nous demanda où nous allions avant de nous laisser passer.

« Hier, des hommes armés ont kidnappé une femme pour la première fois, me dit Abou Ibrahim. Ils n'enlèvent pas les femmes d'habitude. Elle venait d'un village voisin. Son mari a été retrouvé mort, assassiné sur la route. Ils ont pris sa voiture et sa femme. Il faut faire attention. Ce sont des bandits et des mercenaires. »

De l'autre côté de la route, une grue essayait de soulever le toit d'un immeuble où cinq personnes avaient péri. On recherchait encore une fillette. Deux des membres de la famille contemplaient le désastre. L'un se tenait devant la grue, épiant tous ses mouvements, l'autre était assis sur le trottoir : c'était le père des trois enfants, morts en même temps que leur mère.

De l'autre côté de la rue, des enfants ramassaient des bouts de fer pour les revendre. La longueur des barres tombées des barils ne dépassait pas les trente-cinq centimètres. Un gosse de treize ans escalada les décombres à la recherche de ces barres mais les hommes lui crièrent de descendre. Ses cheveux étaient gris de poussière et ses vêtements en lambeaux. Il avait dû se glisser souvent sous les décombres pour ramasser les morceaux de métal afin d'acheter du pain.

L'homme assis sur le trottoir s'alluma une cigarette et observa la grue en balayant la poussière sur ses paupières. Sa fille se trouvait sous les décombres, les hommes lui dirent qu'elle était morte – Dieu lui donne la force de supporter sa douleur.

Nous arrivâmes à la mosquée d'Al-Mashrafiyah où nous devions nous abriter. Ici les villageois étaient des Bédouins. La cour était vaste et divisée en plusieurs zones séparées par des draps. Nous allions y passer quelque temps, plusieurs jours peut-être. De nombreuses familles s'y étaient réfugiées. Elles avaient laissé des couvertures, des ustensiles de cuisine, des bâches de plastique. Nous avions apporté des boissons gazeuses, du pain, du fromage et de l'eau. Il n'y avait ni électricité ni eau courante, mais pas non plus de bombardements.

À peine avions-nous fini de nettoyer notre coin que les deux vieilles dames arrivèrent, aidées par Maysara et Souhaib, un neveu, qui avait abandonné ses études

Les Portes du néant

en Europe pour revenir militer auprès des rebelles et participer à des émissions radiodiffusées ainsi qu'à d'autres tâches techniques au centre des médias. Ils représentaient pour moi l'occasion de regagner Saraqeb. Cette fois, j'étais déterminée : « Je ne suis pas venue ici pour me terrer ! Vous devez me ramener avec vous ! » insistai-je. À ma grande surprise, ils acceptèrent.

Je regardai les vieilles femmes soutenues par les hommes, je songeai qu'entre un déplacement et l'autre, l'âme s'alourdissait alors que le corps devenait plus léger. Les fils mettaient leurs aînés à l'abri puis repartaient affronter la mort. Ils avaient inversé les rôles. La vieille grand-mère était en colère d'avoir dû quitter sa maison. La grand-tante gardait le silence. Les larmes perlaient dans les yeux d'Ayouche. Elle me dit qu'elle ne voulait pas partir, elle non plus, elle ne voulait pas devenir une déplacée. L'exode nous privait de dignité. Il valait mieux mourir chez soi. Mais les hommes restèrent intraitables. Nous les abandonnâmes à la mosquée ; je repartis avec Maysara et Souhaib au centre des médias.

Il était presque 17 heures et les gens commençaient à sortir de chez eux quand nous arrivâmes à Saraqeb. Environ dix-sept barils d'explosifs étaient tombés sur la ville, touchant les habitations et le marché. Nous ne savions pas combien de roquettes et de bombes à fragmentation, les *chebab* me dirent qu'ils l'apprendraient bientôt. Ils me déposèrent au centre qui avait déménagé loin du souk depuis ma première visite. Martin

La troisième porte

Söder m'attendait ainsi que l'Anglais et les deux journalistes syriens, dont l'un avait une jambe cassée. Martin travaillait sur ses photos et dans la pièce voisine, ils énuméraient les noms des familles disparues ce jour. Certaines victimes avaient perdu des bras, des jambes. Ils avaient extirpé le corps déchiqueté d'une fillette de sous les décombres.

Se trouver sur le terrain dans une révolution ne requiert ni talent d'observation, ni talent d'analyse. Vous n'avez pas besoin de savoir comment finira la journée. Tout ce qu'il vous faut, c'est du sang-froid, rester vigilant à chaque minute, être capable de pointer du doigt les issues les plus sûres, se tenir aussi loin que possible des bombardements, ce qui dans la réalité est impossible, s'assurer qu'il y a des médecins et des infirmiers ainsi que des militants pour enregistrer les dernières victimes de l'aviation d'Assad. Vous devez garder un œil sur Internet, en espérant que la connexion fonctionne et ne laissera pas ce petit bout de terre coupé du reste du monde quand il fait face à une volonté d'anéantissement total. Il faut être conscient des plus petits détails et, plus important encore, se maîtriser et se montrer fort devant les corps mutilés, les scènes de destruction, et ne jamais oublier, pas un seul instant, que si vous vous effondrez cela complique la vie de ceux qui vous entourent.

Il faut simplement être capable de se retrouver devant des petits doigts et les ramasser sous les débris. Sortir le corps d'un enfant, les vêtements encore trempés de son urine chaude, puis passer au site suivant et continuer à chercher d'autres victimes. Il faut oublier leurs visages afin de pouvoir écrire plus tard, raconter leurs histoires, et dire au monde extérieur que leurs yeux brillaient en fixant le ciel qui nous inondait de cadeaux mortels. Peu importe que tu sois capable ou pas d'analyser ce qui se passe. Pas le temps de te demander pourquoi les maisons des civils sont bombardées – pour miner le soutien populaire à la révolution ? Ni pourquoi les projets humanitaires que les militants sont revenus organiser dans les zones libérées sont la cible des frappes – est-ce parce que le régime vise des lignes d'approvisionnement militaire ? Rien de tout cela ne compte sur le terrain. Ce qui compte, c'est de tenir debout, de se montrer fort sous la grêle des bombes alors que la peur te cloue sur place. Voilà ce à quoi je pensais quand le ciel s'embrasa de nouveau.

Trois barils d'explosifs et des bombes à fragmentation tombèrent successivement. Nous dévalâmes les escaliers à toute allure avec Martin et l'Anglais qui soutenaient le journaliste syrien à la jambe fracturée. Nous nous arrêtâmes devant la porte où s'étaient rassemblés des *chebab* que je ne connaissais pas. Nous ne savions pas où aller, l'hélicoptère tournoyait au-dessus de nous. La nuit arrivait. Une bombe à fragmentation tomba à côté. Des inconnus nous proposèrent de les suivre, mais je refusai. Je dis à Martin que je préférais rentrer car je ne savais pas qui ils étaient et mes amis m'avaient mise en garde contre les risques d'enlèvement. Nous n'avions rien à gagner en allant avec eux. Nous devions nous réfugier dans l'abri. Les inconnus

La troisième porte

m'opposèrent que les abris ne protégeaient pas des barils.

Martin voulait monter sur la terrasse prendre des photos de l'hélicoptère, les autres porteraient le blessé à l'étage. Je décidai de l'accompagner, ce qui l'étonna. Filmer à cet instant était de la folie. Tant de gens avaient été tués par les éclats d'obus. C'était la première fois que je me trouvais si près de l'aviation militaire, un moment à la fois étrange et terrifiant.

Le ciel comme un drap rouge, le crépuscule descendait. Les maisons se profilaient en ombres noires, des lumières scintillaient au loin et tout près étincelaient les derniers restes des explosions. Là, dans les traits rouges sombres du ciel crépusculaire, un hélicoptère. Les bâtiments paraissaient étrangement silencieux. On aurait pu se croire dans un tableau si ce n'était la foule venue estimer les dégâts.

« Descendons ! » dis-je à Martin, qui m'entraîna par le bras dans l'escalier. Je perdis l'équilibre. Une explosion retentit, nous obligeant à nous accroupir près de la porte. Puis une deuxième, suivie d'une troisième.

Dans les secondes qui précèdent la mort, le corps est réduit à des millions de capteurs qui cherchent, désespérés, à toucher quelque chose, son seul but est de s'accrocher à tout ce qui prouve qu'il est encore vivant. C'est une pulsion instinctive, animale et délirante, une manière violente de résister au danger de l'anéantissement. Mes doigts s'agrippèrent à l'air à la recherche d'un organisme vivant. Aveuglée, je ne voyais que des ombres. Martin et le journaliste anglais

Les Portes du néant

apparurent soudain devant moi. Je me blottis contre eux puis, après un énorme bang, nous nous séparâmes, chacun courant pour sauver sa peau. Rien d'autre ne comptait. Aucun de nous ne voulait mourir. Le courage ne signifiait rien maintenant. Nous étions simplement des mortels terrorisés qui fuyaient une menace d'extinction. Nous quittâmes le centre en courant et ne nous arrêtâmes qu'une fois la fin des bombardements.

La voiture de Mohammed apparut. Il allait et venait entre les différents sites attaqués pour participer aux secours et comptabiliser les victimes. Un jeune qui l'accompagnait expliqua qu'ils se rendaient dans une boulangerie à la sortie de la ville pour apporter de la nourriture aux personnes qui s'y étaient réfugiées. Nous nous engouffrâmes dans la voiture, qui s'éloigna de la zone d'attaque. On entendit au loin des mitrailleuses antiaériennes dans plusieurs points de la ville, un avion avait été repéré. Mohammed accéléra. Des hommes couraient le long de la route. À travers les vitres, on vit une masse de poussière et de flammes s'élever. On ne s'arrêta pas, personne ne dit mot. Il faisait nuit noire quand la voiture se gara devant la boulangerie, un grand local doté d'un toit en ciment. Un groupe de combattants et d'activistes d'âges divers s'y trouvait. Les frappes se poursuivaient, nous nous assîmes en cercle, et on distribua les plats que nous avions apportés.

Ces combattants dépendaient du Front des Rebelles de Saraqeb lié à l'ASL. Avec eux, un vieil homme et les siens, bientôt rejoints par d'autres familles. Une mitrailleuse était posée devant moi. Tandis que nous dînions, j'étais un peu gênée d'avancer ma main entre les leurs. Comment penser à ces jeunes gens sans les associer à la mort ? Ils trempaient leur pain dans l'huile d'olive, les traits tirés, leur faim, leur épuisement évident, malgré ce moment de répit, cette accalmie temporaire. Puis ce bruit de nouveau, ce bruit qui résonne encore dans mes oreilles, un missile, les secousses.

Je mangeai à peine. En revanche, je fumais. Je fumais beaucoup. Depuis des années, je me disais qu'un jour j'arrêterais de brûler mes poumons, mais je n'avais pas trouvé de motivation assez forte. Encore moins ce jour-là. Ma cigarette ne me parut jamais aussi délicieuse alors que je savourais mon thé chaud, dans ce sinistre bâtiment, sous les bombardements, près d'une mitrailleuse, entourée de combattants qui rusaient avec la mort. Je m'inquiétais pour Noura, Ayouche et pour les deux vieilles dames, tout en sachant au fond de moi qu'elles étaient en sécurité à la mosquée. Ahmed me ramena à la réalité :

« Que se passe-t-il ? La mitrailleuse vous fait peur, madame ? »

Mohammed lui lança un regard réprobateur. Je répondis sur le ton de la plaisanterie : « Bien sûr que j'ai peur, regardez, je tremble. » Il éclata de rire avec moi.

Ahmed avait fait des études de commerce, il combattait maintenant à Saraqeb. Il avait vingt-neuf ans

Les Portes du néant

et portait sur l'avant-bras le tatouage d'une rose de Damas. Quand il riait, on voyait toutes ses dents et ses joues se gonflaient. Grand et corpulent, il lui était difficile de s'asseoir en tailleur. Il leva les bras au ciel :

« Mon Dieu ! J'ai terminé mon service militaire en janvier 2011 et je n'ai même pas eu le temps d'en profiter avant que la révolution n'éclate. On est sortis manifester comme tout le monde. C'était pacifique. Tout ce qu'on demandait c'était des réformes. Oui, je le jure, fit-il avec un sourire. Mais ils ont tiré sur nous, nous ont emprisonnés, tués, ils ont brûlé nos maisons à Saraqeb. Nous n'avions pas d'armes, on se relayait pour veiller sur nos maisons. On était trois, et on avait un seul fusil, pour protéger nos femmes et nos enfants des *chabbiha* et des services de renseignement. Ils ont tué notre ami, nous ne sommes plus que deux. Après ça, je me suis engagé dans le Bataillon du Martyr Asaad Hilal.

— Qu'est-ce qui vous a poussé à prendre les armes ? » lui demandai-je.

Son sourire s'effaça. Il cessa de manger et alluma une cigarette : « Un *chabbiha* a tiré sur nous, nos gars ont riposté. On a décidé de se protéger nous-mêmes parce qu'ils canardaient n'importe comment. On a formé des groupes de quinze à vingt hommes qui se relayaient pour protéger la ville et, en guise de riposte, ils ont établi cinq barrages sécuritaires autour de la ville pour l'armée et les services de renseignement. »

Tout le monde s'était arrêté de manger pour l'écouter. Le bombardement aussi.

La troisième porte

« Je n'avais pas l'intention de tuer quand je me suis engagé dans le bataillon. Chaque fois qu'il y avait un combat, nous faisions en sorte de ne pas porter de coups mortels. On s'était mis tous d'accord pour viser les pieds. Mais la situation a changé. Vous le savez, ils nous ont bombardés. Ils ont arrêté et tué nos gars. Face à leur brutalité, on tirait, c'est tout, on s'en fichait de savoir où on visait. Je vis avec mon père, ma mère et mon frère, je ne cesserai jamais de combattre Bachar al-Assad en hommage aux camarades que j'ai vus mourir sous mes yeux. »

Je l'interrogeai sur les bataillons extrémistes qui avaient dévié la révolution de sa voie. Il me répondit :

« Je ne comprends pas de qui vous parlez exactement. Ce sont des groupes qui n'ont rien à voir. Il y a une grande différence entre l'EI et le Front al-Nosra. Une très grande différence ! »

Un jeune intervint : « Les gens du Front al-Nosra sont des gens bien. Ils ne volent pas, ils ne tuent pas, ils protègent le peuple. »

Un autre s'interposa : « C'est faux !

— Je n'insulte pas les combattants du Front al-Nosra, coupa Ahmed, ils ne font aucun mal, alors que les gens de l'EI sont une insulte à l'islam et à la Syrie. Ce sont des étrangers qui n'ont aucun lien avec nous. Chaque musulman a le droit de décider comment interpréter la loi religieuse même s'il s'agit de savoir si une femme porte le hijab ou pas. »

Je laissai courir. Je ne voulais pas m'engager sur ce terrain-là, même si je voyais bien qu'il attendait une réaction de ma part. Il poursuivit : « Je n'ai que du respect pour le Front al-Nosra qui a libéré beaucoup de nos régions.

— Quels sont leurs objectifs politiques ? lui demandai-je.

— Ça, je n'en sais rien ! Laissez-moi vous dire quelque chose : actuellement, nous sommes en pleine anarchie, en pleine pourriture. Tout est sale : le régime, les services de sécurité, de renseignement, les brigades djihadistes et les rebelles. Le monde entier. Nous sommes tous empêtrés dans la même boue. Mais il y a quand même une différence entre les combattants qui ont abandonné leurs familles pour venir défendre leur foi en Syrie et leurs chefs qui sont de connivence avec les services secrets et se sont vendus au régime. Oui, je vous le dis, les dirigeants de certains bataillons sont des infiltrés. »

Ahmed recevait de son bataillon le modeste salaire de 1 500 livres, une somme qui, selon lui, suffisait à peine à payer ses cigarettes. Il me dit qu'il voulait se marier, car les combats allaient se poursuivre encore longtemps.

« Et vous, madame, me dit-il en plaisantant, Dieu vous a-t-il conduite ici pour vous punir ? »

Je ne trouvai pas cela drôle. Je lui demandai, impassible, ce qu'il ressentait pendant les combats. Il me répondit avec le même sérieux :

« Au combat, nous ne sommes plus des hommes, nous sommes des animaux. C'est tuer ou être tué. » Il eut un rire sarcastique. « Le problème, c'est qu'il n'y

La troisième porte

a qu'une partie des sunnites qui soutient les rebelles, alors que tous les alaouites sont derrière Assad. Pourquoi nous, les sunnites, devrions mourir alors que les minorités survivraient ? S'ils sont syriens comme nous, pourquoi gardent-ils le silence ? Je ne comprends pas, je vous jure. Je suis un combattant, pourtant je suis d'une bonne famille, j'ai fait des études et j'ai horreur de tuer. Je voudrais me marier, avoir des enfants. C'est pour ça que je me bats, pour pouvoir vivre. Je sais pourtant que la révolution a été infiltrée, que nous sommes entourés d'ennemis.

» Parfois, j'ai l'impression d'être un pion sur un échiquier, qu'est-ce que je peux faire ? Ils me déplacent comme ils le veulent. Tout ce que je sais c'est que je ne cesserai jamais de combattre Bachar al-Assad. Je me rends compte que tout ça est pure folie, que nous nous dirigeons droit vers la mort, mais peut-on mourir sans se défendre ? Je suis allé deux fois en Turquie. Quand je marchai dans les rues là-bas, je me sentais tout bizarre. Il n'y avait pas de bombardements ! Il n'y avait pas d'avions ni de roquettes qui tuaient les gens ! Et vous savez quoi... ? »

Il se tut soudain, je voyais bien qu'il fulminait.

« Vous m'offrez une cigarette, chef ? » lui dis-je après un silence, et il éclata de rire.

« Ça ne vaut pas la peine. Nous allons tous mourir, dans une minute peut-être. »

Il alluma ma cigarette et sourit :

« Pourquoi n'écrivez-vous pas sur Abou Nasser ? » me dit-il en pointant du doigt un jeune homme au teint clair et au regard inquiet que je n'avais pas remarqué. Il se tenait en retrait et semblait indifférent à notre conversation. J'appris qu'Abou Nasser était né en 1991, qu'il avait passé trois fois son baccalauréat sans succès. L'air timide, il me regardait du coin de l'œil.

« Ne soyez pas timide, Abou Nasser, vous êtes comme mon petit frère », lui dis-je pour l'encourager.

— Vous m'êtes plus chère qu'une sœur, madame, je le jure, répondit-il calmement avant de me raconter son histoire. J'ai pris les armes, ça faisait partie de mon djihad, mon combat pour le bien de Dieu, dans le Bataillon Hassan bin Thabit qui est lié à Ahrar al-Cham. J'ai arrêté de fumer et je suis allé au front avec eux. Après être restés plusieurs mois à Alep, nous avons rejoint la base militaire aérienne de Menagh, au sud d'Azaz. Là, on m'a donné une arme. Je n'ai jamais tiré un seul coup de feu sinon pour venger un camarade tué devant moi. »

Je lui demandai de me décrire le bataillon auquel il appartenait.

« C'est un groupe indépendant. Il y en a beaucoup qui fonctionnent comme ça. Pendant trois mois, on est restés à Menagh sans tirer une seule fois, pendant que l'armée nous attaquait et exécutait les nôtres d'une balle dans la tête. Et là, le commandant s'est révélé être un menteur. Il nous a abandonnés pendant une bataille. Il a disparu. J'étais furieux. Il était censé être notre émir ! Comment pouvait-il prendre la fuite ? Il a même emporté mon arme, on me l'avait donnée comme un cadeau. J'ai appris depuis qu'il se droguait, fumait du haschisch, et commettait toutes sortes de péchés.

» J'ai rejoint ensuite le bataillon d'Abou Tarad, le commandant de la Brigade des Révolutionnaires de Saraqeb. Ça fait quatre mois. Mais je n'ai pas les moyens d'acheter un nouveau fusil, une arme comme ça vaut plus de 130 000 livres. »

Abou Nasser dit qu'il voulait absolument continuer à se battre, même s'il espérait terminer ses études. Il avait eu une formation musicale et savait jouer de l'oud et du violon.

Ahmed l'interrompit en riant : « C'est un excellent joueur de oud. »

Abou Nasser secoua la tête.

« Je ne peux plus jouer.

— Menteur va ! s'écria Ahmed.

— Je le jure devant Dieu, j'aime l'oud mais je ne sais plus jouer ! J'ignore pourquoi. Je croyais que je me battais contre les infidèles qui tuaient les musulmans, maintenant je dis que je me bats contre l'injustice. Si je suis encore en vie lorsque Bachar tombera, je partirai rejoindre mon frère aux États-Unis pour étudier la musique. Avant, j'avais peur de ne pas mourir en martyr parce que je voulais aller au paradis, mais j'ai vu la tromperie, la duplicité entre les paroles de l'émir et ses actes. Une fois... »

Abou Nasser paraissait soudain plus vieux que son âge. Il se redressa, agité et morose, sa voix prit un ton désespéré.

« Maintenant je ne pense même pas à me marier. Comment puis-je me marier, je risque de mourir à tout moment ! Vous voyez bien, nous sommes constamment bombardés. Et la situation a empiré. À Alep, quand ils surprenaient un homme en train de boire du vin, ils le fouettaient en public. Il y a des brigades djihadistes qui égorgent, qui brûlent.

— Qui sont ces gens ? demandai-je.
— Ça n'a aucune importance. Je les ai vus massacrer des gens simplement parce qu'ils étaient alaouites. Ils fouettaient ceux qui ne respectaient pas une loi de la charia ! »

Il était 6 heures, au centre des médias. Les avions commençaient tôt ce matin. Ils ne faisaient aucun effort pour se cacher, reconnaissables à leur bruit. Par la fenêtre qui donnait sur le quartier général du bataillon, j'observai un jeune combattant qui prenait position derrière une mitrailleuse lourde, placée à l'arrière d'une camionnette et pointée sur l'avion. Je le connaissais et lui fis un petit signe de la main. Je surveillais le ciel comme lui. Il semblait être dans un autre monde, concentré, le corps collé à la mitrailleuse. Il ouvrit le feu.

La radio hurla : « L'avion a déguerpi, les amis ! Dieu vous donne de la force ! Gardez les yeux bien ouverts. » Les hommes dans le centre proclamèrent que l'avion était parti grâce à la mitrailleuse.

Je retournai à la fenêtre. Le jeune homme, qui avait gardé sa position, alluma une cigarette tout en scrutant le ciel. Il semblait détendu, écoutant la radio.

La troisième porte

Nous étions nombreux au centre. Il y avait un jeune Damascène, docteur en droit, qui avait quitté la capitale pour rejoindre la lutte et apportait son aide sur les questions de technologie et d'informatique. Un homme mince, enthousiaste, à l'air inquiet. Il restait plusieurs jours, travaillait sans répit puis repartait, à l'instar d'autres activistes qui allaient et venaient. « Comme vous ! » me lança-t-il.

Souhaib, le neveu de la famille qui m'accueillait, était là aussi. Animé d'un courage exceptionnel, il refusait de quitter Saraqeb, malgré sa blessure à la jambe, et répétait sans arrêt : « Nous crèverons ou nous vaincrons. » Je discutais souvent avec lui, surtout lors de nos longs trajets sur les petites routes de montagne pour aller à la rencontre de femmes. Je m'inquiétais des risques qu'il prenait en passant autant de temps sur le front. Mais il avait un cœur pur et faisait preuve d'un ardent courage.

Dans le groupe, il y avait aussi Ayham, professeur de mathématiques, qui, à cette époque, continuait d'enseigner aux enfants. Il vivait avec son frère, qui supervisait un groupe d'étudiants et élevait des pigeons. Il me dit qu'il n'avait pas l'intention de partir de sitôt. Mais il finit par le faire. Des mois plus tard, j'appris qu'il avait été tué par une roquette lancée d'un avion.

Mohammed, mon fidèle compagnon de voyage, Manhal, Martin Söder, des hommes de la brigade Ahrar al-Cham et quelques professionnels des médias, se trouvaient dans le centre avec moi. Ils rêvaient dans ce petit deux-pièces que la révolution se poursuivrait et « qu'un miracle se produirait bientôt ».

Dans un coin, deux *chebab* discutaient de la façon dont les bataillons islamiques avaient instauré la pratique des butins de guerre – une pratique qui avait ouvert la voie à de nombreux abus, pillages et à l'émergence de voleurs – alors que l'ASL condamnait le vol organisé. « Pour finir, ce sont les islamistes qui ont gagné ! » conclut le rédacteur de *Zaytoun et Zaytouna*.

Le travail au centre n'était pas toujours assuré par des professionnels, mais les jeunes apprenaient avec zèle. Ils devaient se montrer polyvalents, intervertissant les rôles. Ceux qui étaient chargés de prendre des photos et de récolter des informations sur les événements pouvaient se voir confier une mission liée aux communications, aux combats ou aux secours.

Le local lui-même, une véritable ruche, était mal entretenu. Un peu gênée, je demandai néanmoins à Ayham, le professeur de maths et au jeune Badee, seize ans, qui m'avait donné un coup de main auparavant, de m'aider à nettoyer la pièce. Ma requête leur parut un peu étrange, mais ils finirent par s'y mettre.

L'avion refit son apparition le soir même, nous nous précipitâmes à la fenêtre qui dominait la mitrailleuse. Le jeune combattant, toujours à son poste, pointa son arme et lança une rafale de tirs. Je me bouchai les oreilles et m'éloignai de la fenêtre. Trois garçons sortirent le rejoindre en scrutant le ciel comme s'ils guettaient un avion en papier. La porte s'ouvrit brusquement. Shaher, un jeune homme calme, sympathique et énergique qui ne parlait pas beaucoup, membre du Front des Rebelles de Saraqeb, s'écria : « On a deux cadavres dans la vallée. Venez nous aider à les identifier et à les enterrer. » Je mis un foulard sur ma tête en disant : « Je vous accompagne. » Il me lança un drôle de regard, sans protester.

Dehors, le soleil était brûlant. Des bombardements résonnaient à l'autre bout de la ville. On se gara au bord de l'autoroute flanquée de cyprès. Sur notre droite, le profond wadi, un lit de rivière à sec, où gisaient les deux cadavres en état de décomposition.

Une puanteur nauséabonde flottait dans l'air. On ne me laissa pas avancer, mais je distinguai leurs vêtements en lambeaux, rouge pour l'un, noir pour l'autre avant de voir que les corps étaient décapités. Une des têtes se trouvait non loin. Un petit nuage de mouches bourdonnait au-dessus d'eux.

L'humeur auparavant peu joyeuse de Shaher s'assombrit. Personne ne pouvait identifier les morts ; on décida de les enterrer sur-le-champ. Mes compagnons descendirent dans la ravine, m'interdisant de faire un pas de plus. Je m'abritai sous un mince cyprès au feuillage vert pâle. Tout autour de nous, des bruits d'avions et d'explosions. Les hommes se mirent à creuser après avoir mis des masques. J'eus peur, un instant, de m'évanouir, bouleversée par cette barbarie.

Je regardais Shaher, né dans ce pays, qui le défendait avec une arme et son engagement. En face, des mercenaires étrangers coupaient des têtes au nom de la religion, réécrivaient la loi, se comportaient en colonisateurs. L'autre jour, déjà, à Al-Mashrafiyah, j'avais remarqué les membres de l'EI en nombre sur les sites des bombardements, maniant leurs armes au vu de tous. Ils avaient beau essayer de se fondre dans la foule, on les remarquait tout de suite. Leur peau foncée les distinguait des Syriens. J'avais repéré, à l'un des checkpoints, trois Mauritaniens, un Yéménite, un Saoudien et un Égyptien. Tout ce chaos alors que les rebelles se tuaient à la tâche en défendant une révolution qui leur échappait et devaient lutter sur deux fronts, contre le régime d'Assad et contre les groupes djihadistes qui leur pourrissaient la vie.

Je m'assis au pied du cyprès. « Comment vais-je pouvoir écrire toute cette dévastation ? » marmonnai-je alors que l'odeur était insoutenable. Un jeune homme derrière moi m'avait entendue, il se pencha et me dit d'une voix douce : « Madame, je vous assure que vous n'avez pas besoin de voir ces horreurs. Venez, rentrons. »

Je n'y voyais plus clair. Shaher et les autres revinrent vers moi en me faisant signe de rebrousser chemin. Je me levai péniblement. L'odeur s'était nichée dans ma gorge, l'image de la tête décapitée, gravée dans mon esprit. L'assassin et les assassinés. Sans noms. Le chaos de l'absurdité et la destruction.

Sur le chemin du retour, Shaher déclara : « Je ne crois pas qu'ils étaient des nôtres. Ils appartenaient peut-être à l'un des gangs du régime.

La troisième porte

— Comment peux-tu le savoir ? Et puis, peu importe qui ils sont ! Que Dieu ait miséricorde d'eux ! lui répliqua un autre.

— Non, que Dieu n'ait pas pitié s'ils sont du côté de Bachar ! Que leurs corps pourrissent en enfer ! » s'écria un troisième.

Il ne resterait plus rien pour nous, ici, quand tout serait fini. Je compris à cet instant que je m'étais mise dans un piège mortel. Tout ce que je voyais était à la limite du supportable. Je n'étais pas assez forte pour ces tueries incessantes, pour ce mal qui se répétait à chaque seconde, enflait, se multipliait, et finirait par avaler tout le pays. Je sentais que je n'avais plus la force de continuer comme je l'avais fait auparavant. Plus rien n'avait de sens. Dans ma tête, se mêlaient, tel un essaim d'abeilles, le bruit des bombardements, celui des mouches au-dessus des cadavres, le visage de la fillette sous les décombres… Je flottais dans la douce tentation de céder à la mort.

La voix de Shaher me tira de ce cauchemar. Nous étions arrivés au centre. Le conseil local de Saraqeb s'y était réuni ce soir-là pour débattre du problème de la pénurie de pain depuis que l'approvisionnement avait été interrompu la veille. Le conseil commençait à perdre de son influence avec l'émergence de l'Autorité de la charia, du manque de financement et des rivalités entre les habitants. Plus grave, le tribunal de la charia était sous la protection des bataillons islamiques, qui imposaient ses lois par la force des armes et au nom de Dieu.

Les Portes du néant

Je m'isolai avec Mohammed pour organiser nos prochaines visites chez les femmes. Nous devions mettre en place un cours d'alphabétisation, choisir un local pour le centre des femmes, suivre les microprojets. J'avais du mal à me concentrer et notais d'un geste machinal ce que Mohammed disait. Un jeune homme se joignit à nous. Il me parla des combattants étrangers qui demandaient aux habitants de leur trouver des épouses parmi les veuves des martyrs, en échange d'argent. La plupart des familles refusaient mais certaines acceptaient. La veille, d'ailleurs, j'avais entendu parler de cette pratique lors d'une visite chez la belle veuve d'un martyr. Un combattant yéménite l'avait demandée en mariage. Elle songeait à regret à accepter parce qu'elle avait trois enfants et aucune autre source de revenus que l'allocation versée par Al-Ihsan. Je lui proposai un projet, vendre à domicile des produits ménagers et d'hygiène féminine. Elle était consciente que cela ne lui rapporterait pas assez d'argent pour vivre mais lui éviterait au moins d'avoir à épouser un djihadiste étranger. (Plus tard, j'appris qu'elle réussissait à se débrouiller par ses propres moyens et ne s'était pas remariée.)

Un des *chebab* était occupé à transformer le ventilateur électrique en générateur, car le régime avait coupé le courant dans les zones tenues par les rebelles. Deux autres jeunes suivaient avec attention les informations diffusées par une station créée par la jeunesse locale. C'étaient là des indicateurs forts qu'un État indépendant était en train de se former après la libération des régions, même si la plupart allaient être balayées par les bombardements et l'expansion des bataillons extrémistes. Malgré tout, entre les murs de ces deux pièces négligées, la révolution continuait, forte. Les hommes ici participaient à un programme unique d'autogestion de la société civile.

« Tout ce qui arrive en ce moment vise à transformer la révolution pour la démocratie en une guerre religieuse, me dit un garçon de vingt et un ans qui travaillait dans un journal diffusé dans le nord du pays. Ces musulmans takfiris… Ils ne savent pas ce qu'ils font, mais leurs chefs, eux, le savent très bien. » Il cracha par terre. Il avait perdu deux de ses frères dans les bombardements.

Nous partîmes avec Mohammed pour notre tournée. En chemin, vers le domicile de Mountaha, un avion réapparut dans le ciel, mais il fut repoussé par la mitrailleuse et la « Dushka », une mitrailleuse lourde russe. Quelques enfants sortirent dans une ruelle où ils formèrent un cercle en jouant et en riant. Je ne pouvais partager leur gaieté. J'avais les yeux fixés sur l'avion là-haut, qui menaçait de les pulvériser en quelques secondes. Deux mères se tenaient, inquiètes, devant une porte. Un homme apparut, chargé d'un sac d'oignons, croisant un combattant armé. La vie continuait.

Les murs, les visages, tout était couvert de poussière, je devais m'essuyer la figure toutes les minutes. Je me sentais à bout, sur le point de perdre la tête. Comment faisaient les gens pour ne pas devenir fous dans de pareilles conditions ?

Le lendemain matin, je me réveillai épuisée. Aala et ses histoires du soir me manquaient, même si j'étais heureuse de la savoir en sécurité hors de la Syrie. Non seulement, ma petite conteuse me manquait, mais cela faisait deux jours et deux nuits que je portais les mêmes vêtements. Je ne mettais pas de pyjamas, craignant de devoir sortir en pleine nuit dans une tenue indécente à cause d'une attaque. Je me couchais toujours avec mon abaya noire à côté de moi. Depuis plusieurs nuits, j'avais du mal à dormir d'un sommeil continu à cause des moustiques et de la chaleur étouffante.

Nous avions programmé d'aller voir Mountaha et sa sœur Diaa ainsi que l'école provisoire qu'elle avait mise en place. Mohammed me dit qu'il fallait d'abord inspecter l'abri, près du souk, que nous comptions transformer en centre pour les femmes. L'emplacement n'était pas idéal mais la municipalité avait proposé de céder à titre gracieux ce local disponible. Un bon début, donc. Les frappes se concentraient sur le souk, comme si l'objectif était de tuer le plus grand nombre de civils, mais grâce à une accalmie d'une heure, nous nous sentions en relative sécurité. Je commençai à lister les veuves que je voulais rencontrer, à Kafranbel et à Saraqeb, quand Mohammed me prévint que ce serait difficile et que nous aurions besoin de plusieurs jours pour couvrir tout ce terrain. J'avais hâte d'abattre le plus de travail possible, de revoir Razane à Kafranbel, ainsi que de visiter l'école pour les enfants déplacés.

La troisième porte

Le calme régnait dans le souk, seuls quelques magasins étaient ouverts. De nombreuses portes avaient été arrachées. D'autres se balançaient sur leurs gonds. Pour la première fois, je vis des commerçants empiler des sacs de sable devant leurs devantures, donnant à l'endroit un air de ligne de front. On emprunta une rue qui menait à l'abri. Malgré les frappes, le siège, la mort, j'éprouvai une légère sensation de bonheur. Tous ici, femmes, hommes et enfants, ne demandaient qu'une chose, que le cours normal de leur vie reprenne. Soudain, une voix hurla dans la radio : « Un hélicoptère ! » Il y eut quelques grésillements puis « Où êtes-vous, bande d'idiots ? Personne ne l'a vu ? Merde, pourquoi personne n'a lancé d'avertissement ! » J'attrapai le talkie-walkie pendant que Mohammed manœuvrait. « Vite, à vos mitrailleuses ! hurla la voix. Il vole au-dessus de Saraqeb maintenant ! »

On entendit le souffle des pales et le vrombissement de l'appareil tandis qu'un nuage de poussière nous enveloppa. Mohammed ralentit et remonta les vitres. Je me collai les mains sur les oreilles et criai pour entendre que j'étais toujours en vie. Les cris des humains sont pareils aux hurlements des animaux. Une déflagration suivit. Un nuage de poussière. J'aperçus un homme qui courait, un enfant blessé dans les bras, pleurant et hurlant tout à la fois. Je ne pouvais l'entendre, le bourdonnement dans mes oreilles avait viré à une douleur aiguë. Je ne comprenais plus ce qui se passait autour de moi. Pourtant, j'entendis un bruit terrifiant. Je ne pourrais pas le nommer, mais je crus que mes tympans allaient éclater et ma tête plongea violemment vers l'avant. La voiture aussi fut secouée. Le sol, mon corps, la voiture, tout paraissait trembler. Mohammed bifurqua afin de quitter la zone au plus vite. On dut s'arrêter, des rubans de fumée blanche enveloppaient la voiture, glissant sur les vitres. De la fumée et des éclats de métal. Je baissai la tête. J'entendis des objets volants heurter la voiture. Un éclat traversa la vitre du côté de Mohammed, un autre passa à quelques centimètres de mon cou. Il me fallut deux ou trois minutes avant de pouvoir ouvrir les yeux. J'avais cru que c'était la fin, mes derniers instants. Je n'avais pas pensé à ma vie, ni à autre chose de plus grand. Je savais que la mort serait facile, ma seule crainte c'était de ne pas pouvoir prévoir où elle toucherait mon corps.

Mohammed et moi ignorions que le troisième baril d'explosifs que l'hélicoptère avait largué sur le souk nous était destiné. Nous avions eu une chance incroyable, il avait explosé dans les airs. L'hélicoptère volait sans doute à haute altitude pour éviter les défenses antiaériennes qui portaient jusqu'à six kilomètres et avaient déjà permis d'abattre plusieurs appareils. Sans compter qu'il s'agissait d'armes grossières et artisanales, munies de mèches qu'on devait allumer avant le largage. La longueur de la mèche n'avait pas été calculée avec assez de précision pour assurer que le baril atteigne le sol avant d'exploser. Notre vie avait tenu à une mèche trop courte.

La troisième porte

Mohammed se hâta de me déposer chez Mountaha. Il s'apprêtait déjà à repartir, je lui demandai de m'emmener avec lui évaluer les dégâts causés par les barils d'explosifs. « Pourquoi ? Pour mourir avec moi ? » se moqua-t-il, puis il sourit et démarra en me faisant un signe de la main.

Le nuage de poussière bouchait encore le ciel quand j'entrai chez Mountaha. Entre les veuves des martyrs, les voisines, les enfants, comme à son habitude, la grande maison fourmillait d'activité. Un mur s'était écroulé laissant un trou béant. Je leur demandai de me raconter l'explosion tandis qu'elles disposaient plusieurs plats de nourriture par terre tout en riant. Une jeune veuve aux yeux en amande serrait son bébé contre sa poitrine. Elle désirait monter un atelier de tricot. Une autre, médecin, célibataire, s'intéressait à la littérature. Une mère de deux enfants voulait une machine à coudre. Je commençai à leur raconter mon histoire mais dus m'interrompre, je balbutiai, l'esprit soudain vide. Le contraste était si brutal entre le flot de vie que je trouvais ici, et la mort que je venais de frôler. Les femmes m'entourèrent. L'une d'elles me saisit la main, une autre récita des versets du Coran. J'étais dans un sale état, le visage blafard, mais si heureuse d'être vivante. Je voulais savoir comment elles se débrouillaient pour garder la force. Elles étaient belles, soignées, cuisinaient de délicieux plats et réussissaient, malgré leur dénuement, à garder leurs enfants propres et bien élevés.

Diaa, la sœur de Mountaha, qui dirigeait une école provisoire, m'expliqua l'importance de mettre sur pied des réseaux de femmes capables d'éduquer les enfants à domicile. C'était trop dangereux de rassembler les élèves dans les anciens bâtiments scolaires, qui couraient le risque permanent d'être bombardés. Le lieu où les leçons se tenaient variait en fonction de l'intensité des frappes. Dans ces conditions, impossible d'établir un calendrier scolaire, mais au moins les enfants ne restaient pas sans instruction.

Nous étalâmes nos papiers devant nous pour examiner le cas de chaque femme. Le ballet strident des avions et des ambulances, à l'extérieur, se combinait au brouhaha des enfants et au tintement des plats. J'avais beaucoup de mal à me concentrer. J'essayai de cacher mon malaise, presque embarrassée par le sang-froid qu'elles affichaient. Soudain, le travail fut oublié et la conversation s'engagea sur d'autres sujets, cédant à un furieux besoin de parler. Une jeune fille de vingt ans dénonça les agissements des bataillons islamistes et décrivit comment un jour ils avaient décapité un soldat et brandi sa tête au bout d'une pique dans le marché.

« Oui, mais tu sais comment ça s'est passé ? intervint une autre femme. Ils l'avaient sommé de se rendre, de sortir de son blindé. Ils ne voulaient pas tirer sur lui, ils ne voulaient pas le tuer. Mon cousin était présent, il a tout vu. Le gars a ouvert le feu sur eux. Il a abattu deux hommes avant que l'un d'eux le neutralise. Ils étaient livides !

— Nous n'avons pas manifesté contre Bachar, répliqua une troisième, pour laisser nos enfants assister à des scènes aussi barbares. C'est criminel, méprisable.

La troisième porte

Avaient-ils besoin d'exhiber sa tête en public ? Nous voulions envoyer une pétition au tribunal de la charia mais nous sommes complètement impuissants, vous savez.

— C'est inacceptable, approuva une autre, nous ne voulons pas que nos enfants grandissent au milieu de toute cette barbarie !

— L'avenir s'annonce encore plus monstrueux, prédit une autre, croyez-moi ! »

Pendant la conversation, les enfants s'amusaient à courir partout, sautaient dans nos bras puis repartaient.

« Que devons-nous faire ? demanda une femme. Je ne vais pas juste laisser mon fils devenir un meurtrier en assistant à ce genre de scènes. »

Je continuais à prendre des notes sur l'histoire de chacune, stupéfaite par leur infaillible désir de vivre, leur capacité de résilience palpable dans l'air. Elles n'avaient pas d'autre choix que de rester, quand moi j'avais la possibilité de quitter cet enfer, de vivre à l'étranger.

Lorsque le rugissement d'un avion se fit entendre, la jeune veuve cria : « Ça, c'est un MiG ! »

Il y eut une explosion, puis une autre déclara : « Et ça, c'est une bombe à fragmentation. »

Nous rassemblâmes à la hâte nos papiers et courûmes nous mettre à l'abri. Mountaha me demanda de rester avec elles, mais je savais que Mohammed m'attendrait dehors sous les bombes. Inquiète, je me précipitai pour le rejoindre.

Les Portes du néant

À la maison, je retrouvai Abou Ibrahim dans l'abri avec Noura et Ayouche, qui avaient quitté la mosquée d'Al-Mashrafiyah. Noura était furieuse parce que Ayouche voulait se rendre à l'étage auprès des deux vieilles dames. Je décidai de l'accompagner. Nous prîmes une assiette et nous installâmes sur les marches de l'abri, en silence. La mort, célébrée par les bombes à répétition, était si présente qu'il paraissait insensé de penser plus loin que l'instant. Pourtant, je calculai mentalement combien de temps il me restait pour compléter mon travail avec les femmes et cherchai des solutions pour aider Diaa à mener à bien son projet d'éduquer les enfants malgré la guerre. En aurait-elle seulement la possibilité ?

Plus tard dans la soirée, Mountaha, Mohammed et moi nous retrouvâmes chez Fadia, qui voulait ouvrir un salon de beauté et de coiffure. Idée surprenante, qui pouvait bien encore se préoccuper de son apparence ? Fadia n'avait pas plus de vingt-cinq ans, et déjà trois enfants. Personne ne savait ce qui était arrivé à son mari. Elle ouvrirait le salon chez elle. La tradition dans cette communauté rurale interdisait aux femmes de sortir sans un chaperon masculin, mari ou parent. Avant la révolution, la situation économique était meilleure et les femmes, dans l'ensemble, n'avaient pas besoin de travailler. Les choses étaient différentes aujourd'hui. La médecin de Saraqeb m'avait dit que nombre de femmes dans la ville possédaient des diplômes universitaires. L'influence des coutumes et des traditions prévalait néanmoins. La religion n'était pas le seul frein ; elles craignaient aussi le qu'en-dira-t-on.

La troisième porte

Au cours de mes déplacements, les jours suivants, je pus rencontrer, à la faveur des fréquents arrêts imposés par les frappes, un large échantillon de Syriens appartenant à la classe moyenne, dont la situation financière s'était détériorée depuis le début de la révolution. Ils se montraient toujours courtois et généreux, et n'avaient de cesse de dénoncer les sectarismes. Ils ne voulaient pas de ces bataillons extrémistes parmi eux, mais ils n'y pouvaient rien et se sentaient impuissants. Au vu de leurs efforts pour se dissocier de tout sectarisme, je compris qu'ils devaient savoir qui j'étais. Je ne me sentais pas pour autant en danger avec eux. Ce qui advint, peu après, me poussa pourtant à quitter Saraqeb de manière définitive.

J'avais aperçu des ombres sous la porte du centre. Pensant qu'il s'agissait d'hommes venus réparer les câbles ou le serveur, et, malgré leur extrême discrétion, je ne m'en inquiétai pas. Je me sentais en sécurité, je savais que la porte en fer de l'immeuble était fermée. J'étais épuisée, le corps courbaturé, à la merci d'une migraine tenace, un bourdonnement permanent dans les oreilles. Ces dernières vingt-quatre heures avaient été éprouvantes. La veille au soir, les avions s'étaient tenus à distance suffisante pour qu'avec Mohammed, Manhal, Martin Söder, le jeune Badee et l'ancien gauchiste Abou Hassan, nous travaillions jusque tard dans la nuit. Quatre activistes s'affairaient devant l'écran de leur ordinateur. Un peu après minuit, le centre reçut un appel au secours de l'hôpital, et je m'y rendis avec

Les Portes du néant

certains de mes compagnons. Martin nous accompagna, photographiant en détail les impacts des bombardements : les mares de sang, les maisons calcinées, les corps des blessés, les visages à la dérobée, les arbres, les couleurs du ciel.

J'avais réussi à garder mon sang-froid jusqu'à ce qu'on s'arrête devant la chambre d'un enfant blessé. Très maigre, il n'avait pas quatre ans et semblait s'être réveillé à l'instant. Il était beau. Il fixait le plafond sans ciller, sans pleurer. Son corps semblait intact si ce n'était ce trou profond à la poitrine causé par un éclat de shrapnel. Le médecin nous dit qu'il allait devoir lui ouvrir le thorax pour extraire l'éclat.

Je regardai l'enfant, je ne sais pourquoi, je me mis à marmonner « Ô mon Dieu… Ô mon Dieu… » Je dus sortir de la chambre, prise de vertiges devant l'insoutenable de la scène. Un enfant abandonné, pareil à un oisillon, souffrait sans un mot, sans une plainte, les yeux écarquillés plein d'un espoir infini, ignorant ce qui se passait autour de lui. Je m'aperçus brutalement que je marchais dans une flaque de sang et m'écartai, avec un cri d'horreur comme si j'avais trébuché sur un cadavre.

Martin prit des photos de l'enfant. Pendant ce temps, je visitai d'autres chambres du misérable hôpital qui manquait de tout. Il était 1 h 30 mais les gens affluaient avec des blessés. Je retournai voir l'enfant qui fixait toujours le plafond. Cette fois, je cédais aux larmes. Puis le médecin se prépara pour l'intervention. Nous les laissâmes. Je rebroussai chemin, d'un pas lourd. Martin essaya de me réconforter : « Tout se passera bien, me dit-il en anglais. Il survivra. »

Je ne savais pas encore que ce serait la dernière fois que je verrais Martin, ce soir-là, lors de ce voyage de nuit, troué par les bombes. Jamais je n'aurais pu imaginer que j'allais être le témoin de son enlèvement.

À 10 heures, le lendemain matin, j'étais assise près de la fenêtre ouverte, perdue dans mes pensées, quand des cris éclatèrent, suivis de coups de feu. Je vérifiai que la porte de la pièce où je me trouvais était fermée et retins mon souffle. On frappa violemment à la porte. De nouvelles détonations suivirent. J'entendis Manhal demander aux intrus ce qu'ils voulaient. Mes oreilles sifflaient et je ne savais pas si c'était à cause du ciel. Puis je compris qu'il y avait des hommes armés dans la pièce à côté et que c'étaient leurs ombres que j'avais vues.

Manhal hurla : « L'ordinateur, Samar ! Vite ! Donne-moi l'ordinateur ! »

J'enfilai mon abaya, mis mon foulard et entrouvris la porte. Manhal se tenait sur le seuil, le visage ensanglanté, barrant le passage à un homme armé. Je n'eus pas le temps de voir grand-chose, il claqua aussitôt la porte. Après une ou deux minutes, n'y tenant plus, je la rouvris. L'inconnu était toujours là, Manhal lui faisait face. Le type l'avait frappé à la tête avec la crosse de son revolver. Je crus notre dernière heure arrivée.

Une seule pensée tournait dans ma tête : ces combattants de l'EI étaient venus soit pour m'enlever après avoir découvert mon identité, soit pour nous tuer tous.

L'EI, à l'instar du régime d'Assad, ciblait depuis peu les militants civils et les journalistes comme moi. Sans compter qu'en raison de mon origine alaouite, à leurs yeux, j'appartenais à une secte d'infidèles.

Manhal saignait beaucoup, à tel point que je crus sa blessure mortelle. « Ça va ? » demandai-je morte d'inquiétude. J'en avais presque oublié la présence du tireur masqué qui hurla : « Ferme la porte ! » en pointant son arme sur moi. J'eus l'impression que mon cœur allait se décrocher mais je le regardai d'un air calme : « Excusez-moi », dis-je en refermant la porte. Je m'effondrai sur les coussins en tremblant comme une feuille. Je ne pouvais m'arrêter de penser que Manhal allait s'écrouler d'un instant à l'autre, le tueur aller me tirer une balle dans la tête ou me kidnapper.

Ce n'était pas un Syrien. Il était jeune, ses yeux noisette n'avaient rien de ceux d'un tueur. C'était pourtant bel et bien ce qu'il était. Un assassin. De vingt ans. Je ne cessais de trembler et, à bout, j'ouvris la porte. Personne. L'épisode avait duré moins de dix minutes.

J'appris plus tard qu'ils étaient neuf, armés et masqués. Ils avaient ligoté les poignets de Mohammed avec des lanières de plastique, les mêmes qu'utilisaient les services de sécurité et les *chabbiha*. Elles s'incrustaient dans la chair. Abou Hassan et Badee avaient reçu des coups de crosse. Tout le matériel avait été volé : dossiers, appareils, câbles, papiers... Méthodiques, ils avaient fait main basse sur tout ce qui se trouvait dans le bureau, en un rien de temps. Pire que tout, ils avaient kidnappé Martin ! L'opération avait à l'évidence était planifiée pour enlever un journaliste étranger en vue d'obtenir une rançon.

Cela n'en resta pas là. Manhal et ses camarades, qui n'avaient pu rattraper la voiture des ravisseurs, tentèrent de déposer une plainte au tribunal de la charia. En vain. Manhal refusa de faire soigner sa plaie tant qu'il n'aurait pas obtenu un engagement du tribunal qu'il allait lancer des poursuites. Le tribunal exigea la preuve que l'EI avait enlevé Martin.

Après un bref arrêt chez Abou Ibrahim, nous retournâmes dans le centre-ville, au quartier général de l'ASL, pour parler avec eux. Ils firent venir leur commandant, Abou Diab, ainsi qu'un groupe de combattants et quelques habitants de la ville. J'insistai, nos agresseurs avaient dû être renseignés par quelqu'un qui connaissait bien les activités du centre et l'identité de ceux qui le fréquentaient. En découvrant qu'une femme s'y trouvait, ils avaient filé, craignant aussi que le bruit des balles n'attire les combattants du bataillon voisin.

L'opération n'avait, de toute évidence, d'autre but que d'intimider les militants civils et laïcs puisque d'autres incidents similaires, d'autres enlèvements et assassinats d'activistes suivirent. Ils étaient délibérément pourchassés. Le chaos régnait partout et les cas d'enlèvements de journalistes étrangers se multipliaient, pour obtenir une rançon ou les empêcher de publier la vérité sur la situation.

Les Portes du néant

Nous étions abattus. Martin était un homme exceptionnel. Avec son teint clair et ses fossettes, il se montrait toujours gai, calme, courtois. Pendant les attaques aériennes, malgré son urgence constante de prendre des photos, il se débrouillait toujours pour descendre le premier de la voiture afin de m'ouvrir la portière. Il avait organisé un stage pour former les jeunes à la photographie. Je l'avais vu tapoter d'un geste affectueux l'épaule d'un jeune militant après avoir survécu à une autre frappe. Il souriait toujours quand il évoquait pour moi ses expériences sur le terrain : « Je partage la cause de votre peuple, je la comprends, mais pour le monde extérieur c'est compliqué et difficile. »

Après la disparition de Martin, la rumeur de ma présence au centre se répandit, malgré toutes nos précautions. Il était devenu urgent pour moi de quitter Saraqeb. Mes amis de Kafranbel vinrent me chercher en apprenant les nouvelles, mais je restai quelques jours de plus pour m'assurer que tout irait bien pour ceux que j'avais appris à connaître et à apprécier, et pour aider les jeunes à témoigner devant le tribunal religieux. Je ne me doutais pas alors que le tribunal considérerait ma présence comme un crime en soi !

Lorsque je rentrai à la maison, Noura poussa un petit cri en se collant les mains sur le visage. « Ô mon Dieu ! qu'aurais-je fait s'ils t'avaient kidnappée… » Puis elle me serra dans ses bras. Ayouche m'entoura d'affection et d'attentions. Elle s'apprêtait à sortir faire les courses, mais revint s'asseoir à mes côtés :

La troisième porte

« Avant la révolution, les hommes achetaient tout ce dont nous avions besoin. Tu crois que la révolution a marginalisé les femmes ? C'est tout le contraire. Depuis la révolution nous sortons seules, sans chaperon. Le problème vient des brigades takfiris étrangères qui veulent contrôler nos vies. Ils ne trouveront pas une place pour nous. Les hommes doivent se battre sur plusieurs fronts : contre Bachar al-Assad, les extrémistes armés, les kidnappeurs et les mercenaires. Ils ne peuvent pas tout faire à la fois – et nous travaillons aussi. Ce serait un désastre si la situation s'enlisait. Ce pays ne serait plus jamais le même. »

Il fallait beaucoup d'efforts et d'énergie pour assurer les vivres d'une seule journée, même si la famille d'Ayouche était relativement aisée. La pénurie alimentaire, les prix élevés, les coupures d'eau et de courant rendaient la vie infernale. Les femmes assuraient l'essentiel du quotidien, s'occupant des repas, de l'hygiène, de ce qui était nécessaire à la survie des enfants et des hommes. Très peu de magasins étaient encore ouverts et les gens ne prenaient qu'un repas par jour – quand ils mangeaient. Les plus chanceux faisaient pousser des légumes dans leur jardin.

Au début de la semaine, je m'étais rendue, en compagnie de Mountaha et de Mohammed, à l'Épicerie gérée par un groupe de femmes qui préparaient des plats et des conserves qu'elles vendaient à des prix abordables, ce qui leur assurait une indépendance financière. Nous étions passées le soir, après l'*iftar*. On s'installa dans la cour de la maison, la mère au centre, entourée de ses sept filles. Trois autres familles nous rejoignirent. Malgré le jour qui déclinait, le patio, coloré de rouges et de violets, et orné de diverses fleurs en pot, vibrait d'énergie. Au milieu trônait un olivier. Cette scène paisible tranchait avec l'apparence extérieure de la maison, dont la façade avait été détruite par un obus. Le lieu de travail était une cuisine spacieuse, dotée d'un réfrigérateur, d'une cuisinière et d'étagères sur lesquelles s'alignaient des bocaux de produits alimentaires et de pâtisseries. Elles s'étaient procuré un grand frigo pour conserver les denrées et un générateur pour le maintenir en marche. Alors que la nuit tombait, on alluma une bougie. « Nous utilisons le générateur avec parcimonie, car le mazout est très cher, m'expliqua le fils de la maîtresse de maison, qui était chargé des livraisons à domicile. Grâce à ce projet, nous avons réussi à mettre en place une économie familiale productive. Mais serons-nous capables de continuer dans ces circonstances ? »

Ayouche partit pour le marché sans moi cette fois, car toute la famille me suppliait de rester à la maison. Je participai à leurs conversations tandis qu'ils tentaient d'organiser les jours suivants. Je ne cachai pas mon désarroi.

Le neveu, Souhaib, jeune homme cultivé et sympathique, me dit : « Comment pouvons-nous continuer à vivre ici ? La situation paraît impossible. On ne pense qu'à une chose, se procurer l'essentiel. La terre a été brûlée, le commerce a périclité, les jeunes sont partis combattre et ne reviendront qu'en martyrs. On tiendra comme ça encore un an, pas plus. Nous retournons au Moyen Âge ! Si les tribunaux religieux, les bataillons djihadistes et les étrangers continuent à nous opprimer, notre pays finira entre leurs mains. L'islam est une religion de prospérité pas de pauvreté. »

Plus tard, alors que la discussion portait sur l'EI, je m'inquiétai : « Ils ne vont pas tuer Martin, n'est-ce pas ?

— Non, ils vont le garder pour réclamer une rançon, me dit un des hommes. Le problème, c'est qu'ils refusent d'admettre qu'ils l'ont enlevé. »

Les opérations de kidnapping et de tuerie de militants menées par l'EI n'avaient pas encore la brutalité qu'elles prendraient après mon départ. Au moment de l'enlèvement de Martin, les kidnappings étaient menés de façon hasardeuse. L'EI n'avait pas encore développé sa stratégie de terreur qui combinait enlèvements et assassinats, et vidéos de décapitation.

Mes compagnons rapportèrent qu'un des membres du tribunal de la charia, qui appartenait aussi au Front al-Nosra, Abou al-Baraa, avait l'intention de déraciner tous les laïcs du pays, menaçant les activistes de décapitation. J'essayai de me concentrer, mais ces paroles me hantaient. Alarmées, bouleversées, les femmes répétèrent sa phrase, tout en découpant les légumes pour le dîner, allant et venant entre la cuisine qui donnait sur la cour, et le patio où nous nous étions rassemblés autour du talkie-walkie.

Les Portes du néant

J'appris que mes camarades avaient vu au tribunal, ce jour-là, Abou Akrama, un des leaders du Front al-Nosra, membre du comité de sécurité de Saraqeb, dont le rôle était de servir de soupape pour libérer les tensions dans la communauté. Cet homme de quarante ans, bien en chair, intelligent, à la voix douce et grave, s'habillait en civil, contrairement aux membres d'Al-Qaida qui arboraient la tenue des islamistes. À son arrivée, les gens crurent qu'il venait de la région du Hauran, au sud du pays. D'origine jordano-palestinienne, il avait vécu en Afghanistan, en Irak et au Pakistan, avant de passer en Syrie. Il parlait rarement de lui-même ou de son passé, mais on finit par découvrir qu'il était ingénieur en mécanique, parlait anglais, français et certains dialectes afghans. On disait qu'il était venu au Levant pour combattre les tyrans et les chiites, qu'il traitait avec mépris de « rawafids », d'hérétiques.

« Comment allons-nous vivre si tous les mercenaires du monde viennent s'installer en Syrie ? » s'exclama Ayouche, qui venait de rentrer.

Une parente en visite s'en prit aux hommes : « Et vous, pourquoi avez-vous livré Saraqeb aux étrangers ? »

Je ne participai pas à la discussion. À ce moment-là, une seule chose me préoccupait : comment continuer si je ne pouvais faire un pas dehors sans protection ? Allais-je pouvoir rester ici comme je l'avais prévu, sans devenir un fardeau pour ces merveilleuses personnes, sans ajouter un nouveau malheur à tous leurs maux ?

La troisième porte

« Les femmes passeront te voir demain, me dit Mohammed. Tu es plus en sûreté ici. » Je les regardai, Noura et lui, interdite. Ils avaient lu dans mes pensées.

Noura, assise par terre, découpait un tissu, elle me regarda avec une tristesse infinie : « Nous ne craignons pas ce que les gens ordinaires pourraient te faire, je le jure, nous avons peur des mercenaires, des bandits, des escrocs. »

Je me tus mais décidai qu'il était temps de partir pour Kafranbel. C'était le meilleur moyen pour que tout le monde se sente rassuré. Je représentais une menace pour ma famille d'adoption.

Le centre des médias, à Kafranbel, avait beaucoup changé. Il était maintenant situé dans une grande maison de plusieurs pièces utilisées par des journalistes, arabes et étrangers, ainsi que des activistes persécutés par les services de renseignement dans les zones contrôlées par le régime. Ils étaient venus dans le Nord afin de prendre part à la révolution. La maison avait été auparavant occupée par l'armée du régime, les traces des balles sur les murs en témoignaient ainsi que les trouées aménagées par les snipers. Après la fuite de l'armée, le propriétaire offrit le local aux insurgés, qui le remirent en état sans pouvoir réparer les dégâts.

La maison possédait une vaste terrasse surplombant une oliveraie. Nous y passions beaucoup de temps. Mes compagnons me dirent à quel point ils s'étaient inquiétés de me savoir encore à Saraqeb après l'enlèvement

Les Portes du néant

de Martin. Ils voulaient que je reste avec eux jusqu'à mon départ. Ils me proposèrent de m'occuper d'un projet de formation destiné à aider les jeunes à monter une station de radio pour la province d'Idlib.

« Le but, m'expliqua Raed Fares, est de créer un espace public pour le débat et la discussion, d'évoquer les problèmes d'une manière responsable et transparente. » C'était une composante essentielle à la démocratie naissante.

Raed Fares, qui évoquait souvent ses attentes pour le futur, était le pivot de toutes les activités du centre. Il n'avait jamais perdu l'espoir de voir la révolution l'emporter malgré les dérives et le fait que le pays soit le terrain d'une guerre par procuration, où les divers intérêts internationaux cherchaient à marquer des points les uns contre les autres. Il paraissait infatigable et je tentais de prendre un peu de son énergie.

À ses côtés travaillait Khaled al-Issa, que j'avais déjà rencontré, Abdallah, Oussama, ingénieur de trente ans chargé des diffusions radio au sous-sol, Hammoud, totalement dévoué à son travail, ainsi qu'un groupe de *chebab* qui avaient initié les manifestations pacifiques dans la zone. Razane, mon amie, se trouvait là aussi. J'appris que le peintre Ahmad Jalal passait de temps en temps, sans jamais perdre le flegme que je lui connaissais.

« Ou nous mourrons ou la révolution vaincra. Ou nous mourrons et la révolution échouera », prophétisait Abdallah en riant. À vingt ans, il avait consacré ces trois dernières années à la révolution.

La troisième porte

L'heure de l'*iftar* approchait et tout le monde s'attela aux préparatifs du repas. Raed, occupé à laver une salade verte, me dit qu'il faisait ses courses à Maarat al-Numan, bravant les bombardements, parce que les légumes y étaient meilleurs et moins chers. Nous bavardâmes gaiement, Razane s'affairant entre la terrasse et la cuisine. Quatre Syriens très impliqués dans l'activisme civil nous rejoignirent. Parmi eux, Ibrahim al-Assil, un volontaire qui était venu donner aux rebelles une formation en management, en psychologie et ressources humaines afin de développer les talents et d'accroître la main-d'œuvre. Ce jeune homme courageux et dévoué parcourait les régions rurales en conseillant les professionnels des médias et les activistes locaux.

Tandis que nous discutions, j'appuyai la tête contre un pilier de la terrasse, et, pendant une courte seconde, me demandai si un soldat du régime y avait posé la sienne dans le passé, si une balle avait transpercé son front. Les jeunes commençaient à distribuer des verres d'eau et juste au moment où le muezzin lançait son appel à la prière pour rompre le jeûne, on entendit aussi l'avertissement au talkie-walkie : « Un hélicoptère sur le marché ! Un autre sur la place ! » Nous nous regardâmes, stupéfaits. « Allez, servez-vous ! Que Dieu accepte notre jeûne », s'écria alors Raed.

Je pris mon assiette et me servis, à l'instar de mes compagnons. Hammoud était sur le point de s'asseoir avec nous quand le bombardement débuta. Je courus m'abriter derrière un pilier à l'intérieur et

Les Portes du néant

criai aux autres de m'imiter, ils étaient à découvert. C'était un hélicoptère, ce qui signifiait qu'il larguait des barils d'explosifs. Puis je remontai les marches en suivant Hammoud pour voir où l'appareil se dirigeait. Quelques-uns nous rejoignirent. La bombe tomba à proximité, soulevant un énorme nuage de poussière.

Hammoud nous cria de redescendre. Raed demeura sur le toit encore un instant avant de se précipiter en ville avec ses camarades, pour recueillir des informations et secourir les blessés.

L'un des combattants s'assit sur la terrasse et plaça le radio transmetteur sur ses genoux. « C'est bon. On a eu notre dose quotidienne. C'est le même refrain chaque jour, juste à l'heure de l'*iftar* ! »

Personne ne toucha aux plats, on se nourrit de cigarettes plutôt. « Depuis le début du ramadan, ils attendent l'appel à la prière du soir pour attaquer. J'ai intercepté leur conversation à la radio, affirma Abou Mahmoud, la quarantaine.

— Que disaient-ils au juste ? l'interrogeai-je.

— Ils disaient en riant qu'ils nous préparaient un appétissant plat à base d'explosifs. »

Je le fixai du regard, incrédule.

« C'est vrai, je vous le jure ! Nous captons leurs échanges pendant qu'ils larguent leurs bombes. L'un d'eux disait à l'autre : "Vas-y ! C'est l'heure de nourrir les chiens !" Ils ne parlent pas toujours comme ça, mais ça arrive. Et pour mon malheur, je dois les écouter. Ça fait partie de mon boulot. »

La troisième porte

Abou Mahmoud, un brun aux yeux bleus, paraissait déprimé. Ouvrier en bâtiment en Arabie Saoudite pendant six ans, il était rentré en Syrie, s'était acheté une voiture de chauffeur et s'était construit une maison à Kafranbel. Lorsque les manifestations pacifiques commencèrent, il abandonna tout pour se consacrer entièrement à l'activisme révolutionnaire. Quand l'armée d'Assad entra dans la ville, le 4 juillet 2011, la nature de son travail changea, et il se concentra sur les informateurs prorégime.

Au début, il ne possédait qu'un simple fusil russe. Une arme inefficace, me dit-il, qu'il remplaça par un fusil de précision, avant de s'engager au sein de la Brigade Fursan al-Haqq (je me souvins d'un des commandants de cette unité, le joyeux Abou al-Majd). Dès les premiers bombardements, il troqua son fusil de précision contre une mitrailleuse 12,7 mm. Aujourd'hui, il utilisait des mitrailleuses antiaériennes. Il protégeait ainsi son peuple et sa famille avec ses maigres moyens. Alors qu'il scrutait le ciel, tout en gardant un œil sur la radio, je lui demandai ce qu'il ferait à la fin des combats. Il sourit avec amertume en secouant la tête :

« Je reprendrai mon travail de chauffeur et je me débarrasserai de tout ça, ajouta-t-il en indiquant avec dégoût son fusil. Je n'ai jamais voulu porter les armes, ce sont des instruments de mort, et moi je veux vivre. Le régime de Hafez al-Assad a tué mon père à la prison de Palmyre après l'avoir détenu pendant onze ans. Quand ils m'ont arrêté à la sécurité militaire,

Les Portes du néant

le brigadier général m'a dit : "N'abandonne pas tes enfants comme ton père l'a fait." … Vous savez, j'ai grandi sans père. Le régime me l'a volé, m'a privé de mes droits civils et je n'ai pas protesté. Puis nous avons manifesté pacifiquement et ils nous ont tiré dessus. Je veux vivre dans un État démocratique et laïc, pas un État islamiste. »

Les jeunes sont revenus entre-temps et nous ont donné des informations sur le lieu des impacts et les noms des blessés.

« Le plus important, c'est que personne n'est mort aujourd'hui. Allez, dînons ! » déclara Raed.

Je profitai de ce moment pour les observer en dépit des allées et venues. Des étudiants nous rejoignirent, des jeunes qui aidaient au projet du Bus Karama de Razane, une école mobile pour les déplacés. On courait le risque de voir une génération complète grandir sans savoir lire ni écrire. Sans compter que d'aucuns recrutaient les enfants pour en faire des combattants : l'EI à Raqqa ainsi que le Front al-Nosra.

Il y avait Hassan, étudiant en économie, Youssef, Izzat et Firas inscrits en littérature anglaise. Visiblement épuisés, ils m'exposèrent le fonctionnement des écoles de Kafranbel et de deux autres villages, les activités qui incluaient des projections de films, des ateliers de sport et de musique. Je compris à quel point Kafranbel était exemplaire dans la courte histoire de la révolution syrienne. Les bataillons de l'ASL contrôlaient la ville et les extrémistes djihadistes n'avaient pas encore proliféré.

La troisième porte

Les deux jours suivants, j'accompagnai l'équipe du Bus Karama dans les villages voisins. Les jeunes s'affairaient, comme dans une ruche, afin de rassembler l'équipement dont ils avaient besoin pour la projection d'un film destiné aux enfants. Leur détermination pour que la vie continue malgré tout forçait mon admiration. Ils n'avaient aucune expérience du militantisme social, ils devaient inventer à partir de rien. Je les observai avec une émotion qui me noua la gorge. Hassan, le satirique, Izzat, le courtois colérique, Firas à la voix si douce qu'on avait du mal à l'entendre, le beau et énergique Abdallah, surnommé « le crocodile », qui ressemblait à un lord de l'époque victorienne.

Plus j'apprenais à les connaître, plus je me surprenais moi-même. Les racines que j'avais cru pouvoir arracher : mes liens avec ma famille, avec ceux que j'aimais, mon identité religieuse, professionnelle, ma conception de la nation, toutes ces graines faisaient partie de moi, elles n'avaient pas été détruites. J'avais essayé de replanter ce qui restait de moi-même dans une nouvelle terre, par fidélité à mon éternelle dévotion à la liberté et à la vérité. Mes choix prenaient tout leur sens comme je partageai un repas avec ces jeunes gens si courageux.

Le lendemain, je leur fis la cuisine et nous discutâmes de ce qui était envisageable pour les femmes et les enfants de Kafranbel et des villages alentour. Ils apprécièrent le buffet que j'avais préparé, comme un cadeau, le regard plein de reconnaissance. Je détectai leur besoin profond, urgent, de savoir qu'au moins certaines des ambitions qu'ils avaient eues pour la révolution, quand ils avaient manifesté deux ans plus tôt, avaient trouvé forme. Ils refusaient de considérer les événements actuels comme une guerre religieuse. Ma propre présence parmi eux, moi, une femme alaouite, en était la preuve irréfutable. Ils me le dirent en plaisantant quelques jours plus tard, lorsque, indéfectiblement, un hélicoptère largua ses bombes à l'heure de la prière du soir. Raed se mit à chantonner « Nous venons vous égorger », un autre fredonna en retour l'air de « La Quatrième Brigade », tout le monde rit et reprit en chœur ces deux chants en leur inventant de nouvelles paroles. Le premier faisait allusion à la présence du Front al-Nosra dans la ville de Binnish et à un petit enfant menaçant d'égorger les alaouites. En réponse, dans « La Quatrième Brigade », un enfant alaouite célébrait avec obscénité les tueries dans les régions sunnites tenues par les rebelles. Les deux chants utilisaient comme des armes de haine les enfants, mais les pastiches qu'en firent mes compagnons les délivraient de leur promesse de mort.

« La victoire est à nous, dictateur, me disais-je à moi-même. Qui sait si cela durera, si nous vivrons, mais ici maintenant, nous t'avons vaincu. Tu gagneras sans doute parce que tu es un criminel et que nous sommes les enfants d'une Syrie qui a disparu... Mais, ici, maintenant, nous t'avons vaincu ! » Cette sensation de triomphe ne dura qu'un court instant, le bombardement s'intensifia, nous plongeant dans le silence.

La troisième porte

Après plusieurs verres de thé, le moment vint de partir visiter les écoles. Le courant était coupé dans la région, des lumières éclairaient le ciel dans la distance. Derrière nous, Maarat al-Numan subissait un déluge d'obus, alors que Razane, Izzat, Firas, Hassan, Houssam, qui m'avait servi de chauffeur pendant mon séjour à Kafranbel, et moi, prenions la direction opposée.

En traversant les champs d'oliviers et de figuiers sous un ciel clair de pleine lune, je songeai que l'état de ce pays relevait plus de la fiction que de la réalité. Je m'autorisai un moment pour apprécier le calme, la paix qui régnaient, un instant de magie pure, sans peur. Cette petite bulle d'euphorie fut rapidement crevée par le bruit lointain des roquettes, confirmant mes soupçons que ma propre pulsion de mort me poussait à revenir sans cesse. Non, ce n'était pas vraiment une question de pulsion de mort, mais plutôt de mon désir de desserrer son étreinte, de la contrôler. Cette pensée me fit rire, je pris une profonde inspiration, baissai la vitre et sortis la tête dans l'air frais du soir.

« Nous sommes arrivés », annonça Izzat.

L'école se trouvait sur une colline, dans le village d'Al-Dar al-Kabira, à dix minutes en voiture de Kafranbel. Le bâtiment semblait plongé dans l'obscurité, comme tous les environs, mais à l'intérieur une ampoule à faible intensité brillait, suspendue au plafond. L'école servait désormais d'abri pour les familles de déplacés. Un homme vint nous accueillir tandis qu'un autre nous jeta un coup d'œil méprisant puis s'éloigna. Sur le côté, près d'une clôture, quelques jeunes barbus observaient la scène avec curiosité.

L'équipe installa l'écran, l'appareil de projection, l'équipement audio. Nous étions prêts. Un groupe d'enfants se présenta. Je ne pus distinguer leurs visages dans l'obscurité alors qu'ils couraient partout, mais je remarquai que les filles se tenaient à l'écart des garçons, ce qui me parut étrange. Les cris, le vacarme et les rires s'élevèrent. Puis les mères firent leur apparition.

Quelques-unes s'approchèrent de moi, intriguées par la présence d'une étrangère. L'une habitait sur place avec ses trois enfants depuis que sa maison de Maarat al-Numan avait été détruite. Une autre avait quitté Alep pour se réfugier chez des proches à Hich et, découvrant qu'ils avaient été tués, elle était venue ici avec ses cinq enfants, qui bondissaient autour d'elle, tout excités.

Une fillette de dix ans s'avança et entonna une chanson, d'une voix magnifique au timbre clair, sans lâcher la main de sa sœur jumelle, muette depuis les bombardements, me dit-on, comme pour la faire participer. Elles étaient d'une maigreur effrayante. Des habitantes de Maarat al-Numan m'expliquèrent qu'il s'agissait d'orphelines mais elles furent interrompues par une sexagénaire qui me chuchota à l'oreille : « Vous voyez ce qui nous arrive ici. Jusqu'à quand allons-nous vivre ainsi ? » Tout mon corps se raidit.

J'entendais cette plainte partout où je me rendais, autour de Kafranbel, dans la bouche de ceux qui avaient cru à la révolution sans y participer. Ils avaient perdu tout espoir après le siège de leur ville, la faim, les bombardements, la mort de leurs enfants. La plus âgée des dames me saisit le poignet et s'approcha plus près de moi :

« J'ai perdu trois de mes enfants et ma maison dans les bombardements. Mon quatrième fils est au combat. Je suis ici avec six petits-enfants et mes belles-filles », ajouta-t-elle en me désignant trois jeunes femmes.

La projection démarra. Les enfants étaient assis en rangs ordonnés. J'allai m'installer près des plus jeunes. Le film, éducatif et ludique à la fois, fut suivi d'une discussion avec les enfants à laquelle contribuaient au passage quelques adultes. Sans téléphone ni électricité ici, il n'y avait pas grand-chose à faire le soir et toute distraction était la bienvenue.

Le groupe de jeunes barbus se tenait à l'écart, suivant la scène d'un air de dégoût. L'équipe m'expliqua qu'ils considéraient leur travail comme blasphématoire et peccamineux, surtout les cours de dessin, les projections et les autres ateliers proposés aux enfants. Ils se contentèrent pourtant d'observer le déroulement de la soirée, passifs, sans s'interposer ni interrompre la projection.

« Qui sont-ils ? demandai-je en les désignant.

— Des combattants du Front al-Nosra, des disciples de l'EI et quelques fondamentalistes… »

Je n'arrivais pas à comprendre comment toute cette confusion avait pu s'installer ni pourquoi ces provinces rurales acceptaient de se convertir ainsi. Si la situation perdurait, toute forme de vie civile disparaîtrait. Bon nombre de citoyens continuaient cependant à résister. La nature est changeante mais évolue toujours vers le futur, pas le passé, et ils avaient grand-peur des brigades djihadistes et de leur volonté d'édifier un État islamique.

Une explosion retentit en plein milieu de la projection, suivie d'un éclair. Le ciel s'embrasa. Je lus la panique dans les yeux des enfants. Une roquette passa au-dessus de nos têtes vers le village voisin. Près de nous, tomba un obus. Personne ne cria. Les mères coururent prendre leurs enfants dans leurs bras. Les organisateurs crièrent leurs instructions. L'un d'eux s'empara d'un mégaphone : « Vous vous souvenez de ce qu'on a dit, ce qu'il faut faire quand un obus tombe, quand un avion nous bombarde ? Qu'est- ce qu'il faut faire ? » Personne n'écoutait. On avait appris aux enfants certaines mesures pour faire face à ce genre de situation, pour prévenir les bousculades ; ils risquaient de se marcher les uns sur les autres, d'écraser les petits ou de bloquer l'évacuation du lieu.

« Arrêtez la projection ! s'exclama un homme. La lumière attire les bombardements ! » Il fut obéi.

Une femme s'approcha pour me dire : « Ma petite, qu'est-ce que vous croyez faire ? Vous voulez éduquer les enfants et soulager leurs problèmes ? Ils veulent manger avant tout. Ils veulent que ce misérable Assad cesse de nous bombarder. Stoppez-le et tout ira bien. Dieu te maudisse, Bachar, toi et ta famille de criminels !

— Je vous assure, ma tante, que si c'était en notre pouvoir… mais l'éducation est la seule chose à notre portée. »

L'équipe remballa le générateur et l'équipement. La salle, plongée de nouveau dans l'obscurité, se vida. Les enfants continuaient à nous observer derrière les vitres de la salle de classe.

« Si un obus tombait là, ô mon Dieu ! Combien de gosses pourraient mourir ! » s'écria Razane.

Sarcastique, un jeune barbu répliqua : « Ce serait la volonté divine, voilà tout. »

Nous reprîmes la route en silence, sous un ciel sombre.

Le lendemain, j'accompagnai l'équipe du Bus Karama dans une autre école à l'extérieur de la ville. Cette fois la projection et la discussion se déroulèrent sans incidents jusqu'à la fin. Quinze familles logeaient dans l'école. On comptait environ soixante-dix enfants entre deux et treize ans. La plupart de ceux qui participaient étaient des filles enthousiastes alors que les garçons demeuraient plus circonspects, affirmant qu'ils étaient des hommes et que leur place n'était pas là. J'invitai un garçon de neuf ans à se joindre à nous :

« Quoi ! Tu me prends pour un gosse ! me répondit-il sur un ton indigné. Je m'enfuirai demain pour rejoindre le Front al-Nosra. Je sais tirer, moi !

— Menteur ! Il ne sait rien du tout », se moqua sa sœur, jolie fillette de dix ans. Son cadet lui ordonna de se taire, car une femme n'avait pas le droit de parler en présence des hommes. Il n'était pas le seul à penser de la sorte. Pire encore, un des combattants avait dû attacher son neveu de douze ans au pilier de la cour, car il avait fugué pour rejoindre le Front al-Nosra. Quand ses parents réussirent à le ramener, il les insulta, les maudit, les renia parce qu'ils étaient des impies.

Je sentais le désespoir me gagner, car, malgré le soutien psychologique, éducatif et même économique, que les militants apportaient aux déplacés, aux personnes sans abri, ils demeuraient impuissants face à l'étendue et à l'horreur des tragédies quotidiennes. Ces enfants avaient à peine de quoi manger, ils étaient obligés de déménager sans arrêt, les tournées du Bus Karama ne suffisaient pas. Ce n'était qu'une goutte au milieu de l'océan, face à l'ampleur de la catastrophe humanitaire.

Au centre, les lampes à piles étaient allumées et les autres nous attendaient. Raed démarra le générateur à notre arrivée. Houssam nous servit un thé avec sa bonne humeur et sa courtoisie habituelles. J'avais eu de longues conversations avec lui lorsqu'il me conduisait en ville. Il m'avait raconté, indigné, qu'il avait passé son diplôme pour enseigner la littérature arabe et rêvait de devenir professeur d'université, et ils avaient donné le poste à la fille d'un officier, paresseuse, et bien moins méritante que lui. Il avait déserté pendant son service militaire, en juillet 2012, et s'était enfui vers la région d'Idlib en passant par les montagnes de Lattaquié. Il avait participé à la libération du premier checkpoint de Kafranbel, mais avait repris l'action civile une semaine plus tard. Il n'appréciait ni l'attitude de l'ASL ni celle des bataillons armés qui, disait-il, étaient malhonnêtes et volaient, il ne supportait plus toute cette barbarie.

Houssam était un de ces nombreux jeunes qui n'arrivaient pas à trouver de travail en raison de la situation économique et de la corruption endémique. Il avait une histoire à raconter. Je l'écoutai comme nous traversions des villages marqués par la destruction et que sous mes yeux défilaient les arbres arrachés, les sites antiques détruits, les files de réfugiés, le visage brûlé par le soleil. Ici, des enfants dormaient sous les arbres. Là, un feu était allumé entre les pierres. Ces scènes évoquaient une époque archaïque, comme si la flèche du temps était inversée.

Pendant son service militaire obligatoire, Houssam fut affecté à la 4e division blindée. Un jour, le colonel, qui avait suivi une formation auprès d'experts russes, lui demanda de faire sauter une Saba argentée qu'il avait achetée à cette seule fin, pour combattre les groupes terroristes.

« Ensuite, il nous a entraînés lui-même. On est partis en hélicoptère jusqu'à Tal Rahal, alors que toute la zone était assiégée par les rebelles. Là, le commandant nous a donné quelques EEI, des engins explosifs improvisés. Je pensais qu'on ferait exploser la voiture dans une zone de combat. Je croyais à son histoire de terroristes. »

Il secoua la tête d'un air triste.

« Le colonel m'a dit que la voiture était prête, qu'il fallait installer le détonateur et qu'elle exploserait dès que le conducteur mettrait le moteur en marche. »

Il s'interrompit pour essuyer la sueur qui coulait sur son front en raison de la chaleur oppressante, tandis que nous traversions des plaines infinies, des forêts d'arbres arrachés.

« Le colonel est venu me réveiller en personne à minuit. Il m'a dit que deux jeunes soldats m'accompagneraient pour fixer le détonateur. Ils ne disaient pas un mot, ne répondaient à aucune de mes questions. J'étais inquiet à l'idée de pénétrer dans une zone de combat mais je devais obéir aux ordres. En cours de route, j'ai découvert que les deux types appartenaient aux services de renseignement de l'armée de l'air. À ma grande surprise, on s'est garés en plein milieu du quartier de Qaboun à Damas, pas du tout dans une zone de combat, à côté de deux autres véhicules. Les gars m'ont dit alors que le général Jamil Hassan avait ordonné de rapporter les deux voitures et que je devais en conduire une, qu'ils prendraient l'autre. J'étais sous le choc. J'ai essayé de gagner du temps afin de neutraliser le détonateur. Je l'ai branché à l'envers pour éviter que la charge de trente-cinq kilos explose sur la place qui grouillait de monde et provoque une véritable hécatombe. Et puis on est partis chacun de son côté, j'étais soulagé. J'ai déserté le lendemain même. Jusque-là, je croyais qu'on se battait contre les terroristes et j'étais déterminé à défendre mon pays, mais cet épisode m'a ouvert les yeux sur la vérité. Le gang des Assad était le seul véritable terroriste. »

Nous nous retrouvions tous ensemble, ce soir-là, en chantant et en buvant du thé après une longue journée, et je souris à Houssam, assis en face de moi. Une brise légère et fraîche montait de l'oliveraie. Je me souvins d'une conversation que j'avais eue plus tôt avec un autre jeune, rencontré dans un magasin près du centre des médias. Il m'avait expliqué qu'il étudiait à l'université et n'avait jamais voulu rejoindre la résistance armée. « Nous vivons une double occupation, celle d'Assad et celle des djihadistes takfiris qu'il nous a imposée. Ras-le-bol ! »

Dans une autre boutique, je constatai à quel point les médias étaient mal considérés désormais, le propriétaire sortit, furieux, au moment où je prenais des photos avec mon iPad, et cria : « Hé, vous, si vous faites des photos de ma boutique, le régime viendra la bombarder. J'ai perdu deux de mes enfants et ce tas de gravats que vous voyez... C'était ma maison. Allez, partez, et que Dieu vous bénisse !

— Merci, mon oncle », dis-je.

Ce soir-là, après qu'Houssam rentra chez lui, il ne restait plus que Raed, Razane, Hassan, Izzat, Hammoud et Oussama. Ces derniers se préparaient à dessiner des graffitis sur les murs de Kafranbel le lendemain matin. Ces dessins, ces caricatures peintes sur les murs, dont ils diffusaient ensuite les clichés dans le monde extérieur via Internet, étaient le moyen le plus parlant qu'ils avaient à leur disposition pour exposer leurs souffrances. Oussama et moi étions occupés à préparer un programme de formation pour produire des émissions radio. Je n'avais pas d'expérience de la radio, mais j'avais travaillé à la télévision au Liban et j'avais produit et présenté une émission à la télévision d'État syrienne entre 2005 et 2006, j'avais aussi été critique télé.

Raed avait promis de me raconter l'histoire de Kafranbel, et les débuts de la révolution, mais il préférait attendre que nous soyons seuls. Je lui rappelai que Razane et moi devions rentrer à la maison avant minuit. C'était plus sûr, même si cela me donnait l'impression de vivre en prison parce que j'étais femme et étrangère. Les femmes de la ville ne sortaient jamais seules non plus, en raison des histoires d'enlèvement, de vol et de meurtre.

« Et si nous prenions un café ? lui suggérai-je. Une longue conversation nous attend.

— Tes souhaits sont des ordres », me répondit-il.

Raed, vif, subtil, intelligent, était conscient de sa position de leader ici et dans d'autres centres. Je ne savais si c'était un point positif ou négatif, seule l'expérience le dirait. Une chose était pourtant claire : la révolution avait besoin de leaders tels que lui.

« Commençons. Vous me racontez et moi j'écris », lui dis-je.

Nous étions assis dehors, sur une natte en plastique couverte d'une pile de coussins et buvions notre café. Alors que Raed s'apprêtait à commencer, deux jeunes entrèrent. L'un d'eux s'adressa à moi : « Tout va bien, madame ? Ici, il n'y a pas d'enlèvements, vous êtes en sécurité. »

Je le remerciai sans même lui demander qui il était, car je m'étais habituée à l'arrivée inopinée des *chebab* venus vérifier que j'allais bien. Après le kidnapping de Martin, je sentais qu'ils pensaient qu'ils avaient quelque chose de précieux à défendre. Ils se sentaient responsables de ceux qui venaient les soutenir. Ils ne s'assirent pas et pendant un moment il y eut un silence gêné.

Puis Raed céda et se lança :

« Le mouvement de protestation a commencé en février 2011. Deux groupes ont écrit des slogans contre le régime sur les murs de la ville. En mars, ont eu lieu nos premières réunions pour coordonner nos approches. Nous n'avions alors aucun contact avec d'autres insurgés dans le pays. Nous communiquions entre nous dans le plus grand secret, le but était de créer un soulèvement local contre le régime d'Assad.

» La première manifestation devait avoir lieu le 25 mars. Mais on n'était pas assez nombreux. Beaucoup ont eu peur de manifester, et, pour les intimider davantage, le parti Baas toujours loyal à son chef, Assad, avait organisé une marche de soutien au régime le même jour. On était entre deux cents et trois cents personnes, pour la moitié des infiltrés qui cherchaient à obtenir des renseignements. Les indics pullulent ici à Kafranbel comme partout ailleurs dans le pays.

» Nous avons filmé la manifestation et posté la vidéo sur Internet. Puis des notables, membres des familles les plus puissantes, sont venus nous trouver pour nous convaincre de tout arrêter. Ils ont formé des milices populaires postées aux portes des mosquées pour empêcher les manifestations. Le 15 avril, nous sommes de nouveau sortis protester en brandissant le drapeau officiel et une banderole qui portait la date, le nom de notre ville et le slogan : "Dieu, Syrie, Liberté !"

» Le 17 avril, jour anniversaire de l'indépendance, un jour férié, nous avons manifesté pacifiquement en appelant à la chute du régime. Les voitures des services de renseignement ont surgi, avec environ deux cents *mukhabarat*. Ils ont pointé leurs mitraillettes sur nous alors que nous ne portions aucune arme. Nous sommes restés debout face à eux, les bras levés en faisant le signe V de la victoire. Ils ont reculé.

» Après, je suis parti me cacher comme beaucoup de mes camarades. Nous allions voir nos familles le jour mais dormions la nuit dans les forêts ou les vergers. Nous avons organisé des manifestations chaque jour malgré la faible participation locale, les habitants de Kafranbel avaient peur. Ils se souvenaient encore des massacres de Hama, en 1982, perpétrés par les forces d'Assad père, qui firent plus de trente mille victimes en une seule semaine.

» Le mouvement s'est étendu au-delà de Kafranbel. Nous allions chaque jour dans un village différent, pour inciter les gens à manifester contre le régime. Huzeiran, Jibala, Maarzita, Haas, Al-Habet, Kafr Oweid… Nous sommes allés à pied jusqu'à Maarat al-Numan et les habitants ont manifesté avec nous. Le 22 avril, nous avons produit les premières affiches de Kafranbel. On en créait tous les vendredis, avec de nouveaux slogans, et on les diffusait sur le Net.

Beaucoup ont bravé leur peur pour se joindre à nous. Nos manifestations comptaient désormais entre quatre et sept mille personnes. Pourtant la crainte de la population était toujours grande face aux *mukhabarat*... Je n'oublierai jamais les femmes qui nous jetaient des fleurs et du riz, pendant que nous manifestions et réclamions la liberté. »

Ému, Raed dut s'interrompre. Il alluma une cigarette. Je l'imitai, épuisée. Les *chebab* écoutaient Raed avec déférence, alors qu'il relatait les événements auxquels ils avaient participé.

« Les services de renseignement nous pourchassaient, et cela suffisait à décourager les habitants. Le 2 mai, les agents de sécurité ont lancé des raids. Ils ont envahi les maisons des militants, ont arrêté une cinquantaine de personnes. En soutien, on s'est rassemblés devant le commissariat où ils avaient été conduits. D'autres nous ont rejoints, nous avons bloqué les issues de la ville avec des pierres et des pneus en feu. On a menacé d'incendier le poste s'ils ne libéraient pas les prisonniers. Une délégation de Kafranbel est partie négocier leur libération, mais elle est revenue bredouille.

» Le lendemain, le secrétaire local du parti Baas est venu s'enquérir des revendications des habitants. Nous lui avons répondu que nous exigions que les services de sécurité soient démantelés, qu'ils cessent de harceler les gens, que le président soit remplacé. Tout s'est déroulé dans le calme jusqu'au moment où j'ai déclaré : je veux, pour le pays, un président différent de celui des quarante dernières années. Là, le responsable s'est tu pendant quelques minutes. Puis il a déclaré que leur libération serait possible si nous arrêtions de proférer des slogans anti-Bachar et de maudire son père. C'était faux, nous n'avions jamais maudit l'âme d'Hafez al-Assad. Le 7 mai, nous avons tenu des élections démocratiques pour élire notre bureau de coordination.

— Comment le comité s'est-il constitué ? l'interrompis-je.

— Ça s'est fait tout seul, je vous le jure ! » répondit-il en souriant.

Nous éclatâmes de rire. Comme le bruit des bombardements approchait, Hammoud me rassura : « Ne vous inquiétez pas. Je ne pense pas que nous serons frappés aujourd'hui. »

Hassan corrigea : « Si, il faut qu'elle ait peur. Le risque est omniprésent ! »

Les éclats de rire s'élevèrent de nouveau. Ces hommes n'arrêtaient jamais de plaisanter. Le rire était leur antidote contre la mort !

Raed poursuivit :

« Le Comité de coordination est né de manière spontanée. Nous avons vu arriver des éléments éduqués, compétents, importants. Nous étions quinze, avec Yasser al-Salim, l'avocat, Hassan al-Hamra et moi. En février 2011, l'appellation « coordination » n'était pas encore en usage. Nous étions juste un comité. Nous ne postions pas encore nos affiches et les banderoles sur Facebook. Nous avions mené tout ce mouvement de manière improvisée, ce que nous voulions par-dessus tout, c'était mobiliser les gens. Nous avons élu sept personnes pour les missions politique, militaire, médiatique, administrative. Après avoir constaté que les gens élus n'avaient pas de légitimité populaire assez forte, nous nous sommes réunis dans le centre culturel, nous avons procédé à de nouvelles élections et nous avons annoncé que le comité de coordination de Kafranbel était né.

» Le 1er juillet, nous avons organisé une grande manifestation. Le 4, l'armée a bloqué tout le quartier et nous avons dû fuir. Il y avait à Kafranbel neuf checkpoints de l'armée, mille sept cents militaires, cent blindés et cent véhicules militaires. Nous sommes revenus en secret, pour préparer les banderoles malgré la présence des snipers et des soldats. Puis on a marché à partir de la mosquée Uqba, l'armée a tiré. C'était devenu une routine : nous manifestions, nous fuyions devant l'armée, ils tiraient sur nous, nous fuyions. Nous étions pacifiques et aucun de nous n'a été tué. »

Il se tut. Je posai mon stylo, bus une gorgée de café et allumai une cigarette pendant que Raed admirait la nuit et les oliviers autour de la maison.

« Comment en êtes-vous venus à prendre les armes ? Comment cette révolution pacifique est-elle devenue un conflit armé ? repris-je.

— Nous étions convaincus de pouvoir faire tomber le régime grâce aux grèves et aux manifestations. Nous n'avions pas prévu la suite des événements... et nous avons pris les armes. »

Ne retenant plus sa colère, un *chebab* debout près de la porte intervint en disant : « Ils nous canardaient. Qu'est-ce qu'on pouvait faire d'autre ? Attendre qu'ils nous tuent ? »

Raed poursuivit :

« Il y avait une base militaire secrète, connue sous le nom de Wadi Deif, elle existe encore. Certains des nôtres ont réussi à négocier des armes avec un soldat en poste là-bas. Il nous a procurés trois fusils. Puis, on a réussi à en emprunter six autres. En tout, on en possédait dix-huit, enterrés dans les champs parmi les figuiers. On s'était mis d'accord pour les sortir seulement sur ordre du Comité de coordination dans le but de défendre nos maisons.

» Les armes sont bien restées là jusqu'à ce que l'armée entre dans la ville. Le 16 août, nous étions allés manifester et c'est là que l'armée a fait irruption et s'est livrée à une opération d'arrestations massives. Une femme s'est interposée pour essayer de libérer son fils arrêté, les soldats l'ont repoussée et jetée à terre. Son foulard a glissé. Cela a attisé la colère des gens. Ils sont partis vers le checkpoint Al-Ayar, bien décidés à répondre à cette insulte à notre honneur. Nous disposions d'un seul fusil en plus du fusil de précision. En deux heures, nous avons tué six soldats, dont un capitaine. C'est comme ça que l'action militaire a commencé. Le lendemain, l'armée a riposté et a effectué beaucoup d'arrestations au hasard. Ils ont transformé une manufacture de tapis en centre de détention.

La troisième porte

» De six groupes armés nous sommes passés à sept. Chaque groupe était composé d'une dizaine de combattants qui avaient à leur tête un homme respecté. Nous voulions simplement défendre la ville. Quelques expatriés originaires de Kafranbel envoyaient des subsides financiers que nous partagions. Un homme marié recevait 6 000 livres syriennes et un célibataire la moitié. Les sommes étaient modestes, comme le nombre de militants. Certains ont refusé de prendre les armes préférant l'action civile.

« En novembre, nous avons créé notre premier bataillon, le Bataillon des Martyrs de Kafranbel qui, plus tard, a rejoint l'ASL. Notre plan était d'attaquer les positions de l'armée dans la nuit : deux hommes sur une moto tiraient en direction du checkpoint avant de s'enfuir. Nous les occupions et les empêchions de s'en prendre aux civils. Nous avons agi à l'identique sur les neuf checkpoints autour de Kafranbel. »

Raed souligna ce point comme s'il voulait justifier leur action.

« Oui, nous l'avons fait parce que nous voulions arrêter par tous les moyens les souffrances qu'ils faisaient subir à nos familles. Ils ont mis à sac nos maisons, ont emprisonné nos hommes. Nous voulions juste leur faire peur à notre tour !

» À cette époque, le lieutenant-colonel Abou al-Majd, que tu as rencontré, a déserté. Il était le premier officier à le faire. Au début, nous nous sommes méfiés, et il est devenu notre commandant. Puis le bataillon est devenu la brigade Fursan al-Haqq. Nous avons annoncé sa création par un film diffusé sur Internet. Les gens ont commencé à nous respecter, à applaudir nos actions, nous faisant des dons, nous apportant leur aide de bien des manières. La plupart sympathisaient avec la révolution même si leur soutien pouvait se révéler fluctuant.

» Nous fabriquions des charges explosives avec du sucre, de l'engrais et d'autres substances, que nous placions, munies d'une mèche, devant les véhicules de l'armée pour protéger les manifestants. Mais les habitants ont protesté contre les dégâts provoqués par les explosions sur les routes. Ils étaient furieux de voir les maisons détruites, les combats s'intensifier jour et nuit. De notre côté, nous les accusions de nous abandonner. Que pouvions-nous faire ? Nos hommes étaient torturés à mort… Nous avons retrouvé leurs corps après la libération de Kafranbel sur le terrain de l'école, que l'armée avait utilisé comme centre de détention.

» Les gens étaient de plus en plus en colère quand leurs maisons se retrouvaient la cible des tirs croisés. Les combats se sont intensifiés jusqu'à ce que les rues se transforment en zone de guerre. Les familles ont alors cessé de nous soutenir.

» Quand un cessez-le-feu a été décrété entre les forces du régime et l'Armée Syrienne Libre, le 10 avril 2012, nous avons espéré pouvoir maintenir la pression. Si les combats cessaient, que le régime arrêtait ses frappes, les manifestations redeviendraient pacifiques. Mais le régime ne l'entendait pas comme ça, il cherchait à justifier ses crimes en nous accusant d'avoir pris les armes. À la fin avril, nous avons reçu l'aide du Conseil militaire de l'ASL, et des armes supplémentaires.

» Nous avons été dupés par des marchands qui nous ont vendu de vieux lance-roquettes soviétiques RPG inutilisables, au point que l'un des nôtres en est mort. Le Conseil militaire nous en a envoyé dix tout neufs. Je crois que c'est à cette période que l'ère du régime d'Assad à Kafranbel a pris fin.

» Nous avons repris nos attaques sur les postes de contrôle. Celui d'Al-Ayar a été le premier à tomber. Après, l'armée a utilisé des chars et des canons Gvozdika. Un missile pouvait tomber sur nous à n'importe quel moment, mais on ne s'est pas arrêtés avant d'avoir libéré cinq checkpoints.

» La véritable libération a eu lieu une nuit, à 3 heures du matin. Nous avons placé des mines autour d'un barrage, dans le village de Hazazine. On a tout fait sauter. Mais ils ont riposté par des tirs de mortier et on a dû s'enfuir en courant. Je m'en souviens encore, je me suis retrouvé juste à côté d'un endroit où un obus venait de tomber, en train de croquer dans une pomme. J'attendais la mort.

» Nous avons décidé de battre en retraite et de revenir le lendemain pour reprendre le bâtiment à l'armée. Mais ils avaient reculé les checkpoints dans le quartier général et dans la base militaire de Wadi Deif. Il ne restait plus que le quartier général et trois checkpoints à Kafranbel. C'est à cette époque que nous avons commencé à écrire sur nos banderoles : "Kafranbel libérée", après avoir si longtemps écrit : "Kafranbel occupée." C'était en juin 2012. »

Hammoud se leva : « Je crains qu'il ne se fasse tard », déclara-t-il d'un ton timide.

Il était minuit passé. Je remarquai alors une douleur sourde en bas de mon dos.

« Nous poursuivrons demain », confirma Raed en se levant à son tour.

Je tentai de l'imiter, le corps raide, les jambes ankylosées. Pendant un instant, j'eus la sensation d'émerger d'une cavité souterraine pareille aux tombeaux antiques de Rabia. Seule l'imagination pouvait transformer la vie ici en une sorte de miracle. En me levant, j'eus l'impression que le mal s'échappait lui aussi, qu'il sortait de son terrier, se répandait dans les airs, nous engloutissait. Tandis que je retournais chez Razane, la brise de la nuit me tira petit à petit de ma stupeur.

Les phares de la voiture déchiraient l'obscurité à notre passage. Razane accueillait chez elle des militantes qui venaient aider les civils dans les zones libérées. Une mission qui se révélait de plus en plus difficile alors que l'EI et d'autres bataillons mercenaires kidnappaient les bénévoles, hommes et femmes qu'ils considéraient comme des mécréants, lançant depuis des mois des opérations pour se débarrasser d'eux. Cependant, Kafranbel jouissait d'une sorte d'immunité, les islamistes y étaient peu nombreux, même si en 2013, ils commençaient à émerger comme une force.

La voiture s'arrêta et nous continuâmes à pied sur le sentier étroit qui menait jusqu'à la maison de Razane.

La troisième porte

Dans une grande pièce, au sous-sol, vivait une famille de déplacés, cinq femmes et leur nombreuse progéniture. Elles avaient quitté leurs maisons, détruites après la mort de trois des époux. Je les trouvai rassemblées sous la fenêtre. Toutes étaient très maigres, même les deux femmes qui étaient enceintes. J'avais d'abord croisé leurs enfants qui jouaient pieds nus, en haillons, les cheveux collés par la poussière, à l'ombre d'un grenadier où je leur avais raconté une histoire. Cela faisait un an et demi qu'ils n'allaient plus à l'école, déménageant d'un endroit à l'autre, dormant parfois à la belle étoile.

Ce soir-là, le premier étage était plongé dans l'obscurité et je montai l'escalier avec Razane, sans faire de bruit, pour ne réveiller personne. Je pensais à ces enfants dont l'oncle et le père avaient été tués et dont la mère attendait un petit.

« Ils dorment », murmurai-je à Razane.

Elle hocha la tête en plaçant une lampe électrique sur une étagère. Nous avions pris soin de la recharger grâce au générateur du centre des médias, car le courant était toujours coupé ainsi que l'eau, si bien que nous devions nous laver avec parcimonie, en nous limitant à quelques gouttes.

« Je veux fumer ma cigarette en paix », déclara Razane, les traits tirés.

Une sérénité envoûtante enveloppait la nuit. Il était bientôt 1 heure et je réalisai que je ne pouvais plus faire un geste, que mes yeux se fermaient malgré moi. Soudain je me sentis heureuse parce que j'étais ici, à l'intérieur de la Syrie. J'aurais voulu prolonger cet instant magique, m'y prélasser. Je savais qu'il resterait gravé dans ma mémoire.

Malgré les obus au loin, je réussis à dormir jusqu'à 5 heures.

Le lendemain matin, je me réveillai au son des roquettes et luttai contre une furieuse envie de retourner dans le noir du sommeil. Je rêvais à une vie de troglodyte. Mes pieds étaient en feu à cause des moustiques, même si j'avais appris à dormir recouverte d'un drap après m'être retrouvée un matin le visage couvert de boutons.

Je sortis du lit et me rendis à la fenêtre qui donnait sur la maison voisine, détruite par une explosion, et la colline sur laquelle les frappes tombaient. J'entendis le chuchotement de deux enfants cachés dans un recoin du bâtiment qui avait pris l'aspect d'une sorte de tente. Le premier devait avoir six ans et le deuxième était à peine plus âgé. Des mauvaises herbes avaient poussé sur les murs, des fleurs jaunes avaient fleuri. Près d'une pile de sacs plastique blancs, ils comptaient leurs billes, rouges, vertes et jaunes. Le premier sortit un bout de tissu de sa poche, le déplia, le posa par terre et ils commencèrent à jouer. Le ciel était bleu, de petits nuages blancs vaporeux filaient doucement, le bruit des explosions s'amplifiait. Je m'écartai de la fenêtre. Lorsqu'un obus éclata non loin, je criai à Razane de se réveiller et de se cacher derrière un pilier. Puis, incapable de rester immobile, je courus de nouveau à la fenêtre : les deux enfants n'avaient pas bougé et continuaient à jouer. Rassurée sur leur sort, je m'effondrai sur mon lit.

Un peu plus tard, je rejoignis Razane à la cuisine. Elle arrangeait avec méticulosité ses ustensiles. Elle fermait les sacs de café et de sucre avec des pinces à linge et suspendait les vêtements à sécher sur les portes et leurs poignées. Dans l'un des placards se trouvait un miroir en pied que nous utilisions comme dans une salle de bains.

Pendant que nous prenions notre café, j'ouvris mon petit carnet et évaluai la tâche qui m'attendait. Chaque jour passé dans le nord de la Syrie devait représenter l'équivalent d'un mois de travail. C'est ce que je m'étais promis. Donc pour rester un mois, je devais accomplir le travail de plusieurs mois. En théorie. Les circonstances ne le permettaient pas toujours. Les bombardements paralysaient le quotidien, transformaient les humains en des créatures terrifiées et affamées. Parmi les missions du jour figurait un cours de formation aux métiers de la radiodiffusion. Je devais aussi me rendre au local des femmes, puis à Maarat al-Numan et recueillir la suite du témoignage de Raed.

Je songeai aux deux garçons qui jouaient dehors, insouciants. Personne n'écrivait sur l'héroïsme quotidien des Syriens, ni sur la façon dont ils transformeraient le pays. Eux-mêmes demeuraient indifférents aux slogans et aux paroles chocs. Ces gens dont je rapportais la vie étaient en train de transformer la mienne ici même, sur cette petite route poussiéreuse flanquée de maisons qui n'avaient pas résisté aux frappes, où l'herbe poussait entre les pierres. Eux, les anonymes, ignorés de tous, qui risquaient leur vie pour aller à moto acheter trois galettes de pain et qui affrontaient au quotidien les obus sifflant au-dessus de leurs têtes, les avions détruisant leurs maisons, brûlant leurs champs et leurs vergers. Ils se réveillaient chaque jour, heureux d'être encore en vie. Ils menaient une existence simple parmi les ruines, les oliviers et les figuiers. Aussi sûrement que le jour succède à la nuit, ils grandissaient, enfantaient et mouraient, sans faire de bruit. Une vie à toute vitesse. Personne ne s'intéressait à leur sort. Ils ne pensaient pas à ce qu'ils voulaient à cet instant, assis sur leurs terrasses. La plupart des femmes dormaient par terre avec leurs époux – s'ils étaient encore en vie – et les enfants couraient et jouaient dans de petits espaces confinés.

Au cours de la matinée, je croisai une famille de réfugiés composée d'un couple et de cinq enfants vivant dans un abri de fortune. La femme discutait avec son mari des moyens d'obtenir deux litres supplémentaires de mazout et lui demandait où acheter des oignons. Leur fille aînée de douze ans balayait et arrosait la terrasse de quelques gouttes d'eau. Le père regardait tantôt le ciel tantôt sa femme et son bébé tout en marmonnant des paroles inaudibles.

« Bonjour ! les saluai-je.

— Bonjour ! » me répondirent-ils gaiement tout en me regardant avec curiosité. Puis je poursuivis mon chemin.

La troisième porte

Houssam m'attendait dans la voiture. Je lui demandai si je pouvais aller inspecter les lieux d'impact et constater les dégâts que la ville avait subis. À Kafranbel, comme partout dans la région d'Idlib, les gens considéraient le degré de destruction comme moyen, loin derrière l'énorme dévastation que connaissait Maarat al-Numan, où nous avions prévu de nous rendre dans l'après-midi. En l'espace d'une heure et demie, je pus photographier des lieux qui avaient été frappés, l'école et les citernes d'eau. Celles-ci représentaient une cible de prédilection pour le régime, qui voulait couper l'eau potable dans les villages rebelles.

Comme partout, les souks étaient également visés. Un après-midi, les avions balancèrent trois barils d'explosifs sur le marché et le centre de Kafranbel, faisant trente-trois victimes en quelques minutes. Une ancienne mosquée fut bombardée. Nous traversâmes le souk où les habitants avaient érigé une colonne décorée de marbre sur laquelle étaient gravés les noms des martyrs. L'activité m'y parut normale, mais Houssam me dit qu'elle s'était beaucoup réduite depuis le début de la révolution. J'observais un groupe d'enfants devant une charrette de légumes ; l'aîné avait quinze ans. Ils s'égosillaient, riaient, en allant et venant parmi les autres étals.

Houssam me déposa au centre des médias en me promettant qu'il serait de retour dans une heure pour me conduire au centre des femmes. En attendant, je commençai avec Oussama notre cours sur la production d'émissions radio. Le sous-sol réservé à la station consistait en trois pièces en enfilade, agrémentées de quelques nattes en plastique et de coussins en mousse. La salle réservée à l'enregistrement et à la diffusion était minuscule, à peine assez grande pour une personne, l'équipement et le matériel rudimentaires. Les hommes montaient quelques émissions pilotes et préparaient l'équipement pour communiquer en direct avec les gens. Malgré leur manque d'expérience, Oussama, le jeune ingénieur, Izzat et Ahmed, avaient hâte de produire un talk-show sur les difficultés et les problèmes quotidiens, secours, pillages et violations perpétrés par les brigades militaires à Kafranbel. Ce dernier point était particulièrement sensible. Les jeunes désiraient ouvrir un dialogue qui permettrait au public de discuter de leurs tracas en toute liberté. Comme me le dit l'un d'eux : « On a réussi à se débarrasser d'Assad et on se retrouve avec les djihadistes. »

Il faisait très chaud dans le sous-sol. Certains sortirent pour aller aux nouvelles du bombardement qui venait de commencer. L'artillerie causait en général moins de dégâts que les barils d'explosifs et laissait de plus grandes chances de survie.

Après le cours, Houssam m'emmena au centre des femmes. Il était situé lui aussi dans un sous-sol presque vide, peu équipé, qui aurait eu besoin de quelques travaux. Oum Khaled, la directrice, dont le fils était un militant, m'attendait avec un groupe d'habitantes qui participaient à un atelier de broderie et de perles. Une part significative des femmes de la province d'Idlib espérait encore conduire la société civile vers les buts revendiqués par la révolution : la justice, la liberté et la dignité. Oum Khaled n'avait pas de diplômes mais elle aimait lire. Elle était convaincue que les femmes seraient les actrices du changement. Propriétaire d'un salon de beauté, elle priait, respectait le jeûne et conduisait.

On portait le voile par tradition ici, même s'il avait été rendu obligatoire par la loi depuis un an. L'EI l'avait imposé dans certains quartiers d'Alep. Après la prise de Raqqa, sur la rive de l'Euphrate, dans le nord-est, les femmes durent se couvrir de noir de la tête aux pieds. Comme toutes les provinces syriennes, la région d'Idlib subit une paupérisation réelle, mais les femmes ici étaient instruites et capables de débattre et d'alimenter des conversations passionnantes. Elles avaient conscience des changements radicaux qui menaçaient la condition féminine, la faisait reculer dans une impasse obscure depuis que les brigades djihadistes s'imposaient par la force des armes et de l'argent. Mais parler de ces questions-là sous les bombardements était un luxe inutile, affirmaient les femmes pendant que nous prenions le café. La question la plus urgente était de trouver un moyen de continuer à travailler sans que leurs époux ou leurs familles n'en pâtissent, en évitant d'aller à l'encontre des mœurs et des traditions.

« C'est très compliqué. Nous devons nous contenter d'apprendre aux femmes à coudre, couper les cheveux, soigner les blessés. Ni plus ni moins. Quand la guerre sera finie, nous pourrons penser à autre chose », me dit l'une d'elles.

Oum Khaled était d'un autre avis : « Nous pouvons enseigner l'anglais et le français, organiser des cours d'alphabétisation et d'initiation informatique. »

Il était essentiel qu'elles aient des ordinateurs et un accès Internet mais le plus important était l'alphabétisation. Pendant que nous discutions, un obus tomba à proximité. Nous nous retrouvâmes empilées les unes sur les autres au milieu de la pièce. Nous nous regardâmes, stupéfaites, un long moment, avant de partir dans un fou rire contagieux. Je remarquai cependant la pâleur de leurs visages. Je ne devais pas en mener large moi non plus.

Il était déjà 13 heures. Je devais retourner au bureau pour accompagner Abou Wahid sur la ligne de front. Mais Houssam était en retard, les téléphones ne fonctionnaient pas et je ne pouvais sortir seule dans la rue. C'était hors de question, me prévinrent les femmes, sauf en cas d'extrême nécessité, même si au fond d'elles, malgré le chaos qui régnait, elles pensaient qu'il valait mieux continuer à vivre comme avant.

Oum Khaled intervint : « Oui, c'est la guerre, mais je veux apprendre à nos filles à avoir une vie pleine. Nous voulons nous marier, avoir des enfants, construire notre avenir. Nous ne voulons pas nous laisser vaincre par la mort. »

Je l'écoutais, fascinée. À mes yeux, Oum Khaled incarnait l'essence même de ce que devait être une véritable société civile soucieuse du bien-être de ses citoyens, de leur éducation. J'avais bien plus confiance dans ces acteurs de terrain que dans l'élite politique et culturelle.

Les femmes étaient curieuses de connaître les détails de ma vie privée. Oum Khaled parvint à me convaincre qu'il était important que je prenne soin de moi, et je lui obéis. Je l'accompagnai chez une coiffeuse qui exerçait à domicile. Son équipement était modeste et rudimentaire, mais suffisant pour apprêter les plus belles mariées de la ville.

Houssam passa enfin me chercher. En repartant, je songeai que je ne devais pas perdre espoir, parce que les femmes autour de moi possédaient tellement de courage et de détermination. Mais plus nous avancions, plus j'avais l'impression de suffoquer dans ma lourde robe noire, sous un soleil de plomb digne de ce début de mois d'août. J'étais anxieuse. Alors que la moindre explosion me faisait encore trembler, pour la première fois j'allais me rendre sur le front.

Abou Wahid m'attendait dans sa voiture et nous partîmes sur-le-champ. Il n'avait pas beaucoup changé depuis que je l'avais vu en février, juste un peu amaigri. Il répondait avec réticence à mes questions, se contentant de me répéter qu'il ne recevait pas assez de fonds pour payer ses soldats.

« Nous avons été vaincus ? » lui demandai-je.

Il me regarda fixement avant de répondre : « Je dirais plutôt que nous sommes vainqueurs et vaincus. Mais n'imaginez pas un instant que nous puissions

Les Portes du néant

perdre. Le monde entier était contre nous… Tous… » Ses doigts sur le volant tremblaient alors que ses bras forts et tannés par le soleil demeuraient raides.

Je lui demandai des nouvelles de sa femme et de ses enfants.

« Ils comptent plus que le monde entier à mes yeux.
— Je peux fumer ?
— Non, non ! C'est le ramadan, les gars de l'EI sont dans les parages, ils pourraient débarquer. »

Je m'excusai pour avoir oublié ce détail.

Un vent chaud soufflait tandis que nous traversions les villages. Lorsque je l'avais vu en février, Abou Wahid rêvait encore : « Tout est réparable. Nous essayons toujours de réaliser notre rêve. » Mais cette fois, comme il se montrait silencieux, je n'essayai pas d'engager une discussion sur le devenir de la révolte, ni sur les raisons qui avaient donné l'avantage aux djihadistes takfiris. Je devinais sa réponse : les sources de financement et les hommes qui affluaient tous les jours des quatre coins du monde pour combattre sous le prétexte de défendre l'islam.

« Nous devons passer chercher un combattant », déclara-t-il.

On s'arrêta à Maarzita pour prendre Abou Khaled. Ce combattant aux cheveux clairs avait fait venir sa femme et la famille de la sœur de celle-ci près de lui, sur le front. Ils vivaient dans un local désaffecté qui avait servi à l'élevage de poulets. Il n'avait pu se résoudre à les laisser seules sans abri. La ferme de volailles se trouvait dans une plaine aride avec de rares étendues d'herbe desséchée. À l'intérieur, une vieille natte et un seul coussin assez large pour deux personnes. Des piliers de ciment et de béton divisaient l'espace. Je demandai à Abou Wahid si je pouvais rencontrer l'épouse d'Abou Khaled et sa sœur. Je fus présentée ainsi à Oum Fadi, l'épouse, qui serrait ses deux enfants contre elle.

« Nous avons passé l'hiver ici. Nous n'avons nulle part où aller. Nous avons tout laissé derrière nous. Nous sommes partis en courant sous les frappes. Nous sommes huit femmes, onze personnes en tout avec les hommes. Cette grange nous abrite depuis un an. »

La porte en fer claqua, me faisant sursauter. Les femmes éclatèrent de rire.

« Ce n'est rien, c'est le chat », me dirent-elles.

J'étais confuse, j'avais cru qu'un obus avait explosé.

La sœur de Oum Fadi, qui avait trente-sept ans, s'exprimait avec assurance et tristesse. Elle avait la peau sombre, et ses yeux, injectés de sang, noirs, perçants, faisaient peur. Elle étendit devant elle ses pieds nus, craquelés. Les enfants étaient en haillons, yeux écarquillés comme tant d'autres enfants déplacés que j'avais pu voir.

Quand Abou Khaled l'appela, sa femme sortit pour lui préparer sa tenue de combat.

« Vous allez au front vous aussi ? m'interrogea la sœur.

— Oui.

— Vous voulez des vêtements comme ceux des combattants ?

— Ce serait mieux, car nous allons être à découvert », me conseilla Abou Khaled.

Je refusai. Je demandai aux femmes comment elles survivaient. Elles me répondirent que le mari se chargeait de la nourriture, qu'elles se lavaient tous les quinze jours, et faisaient tourner les vêtements qu'elles possédaient, car ils s'étaient enfuis avec les seuls habits qu'ils avaient sur le dos.

« En hiver, nous bouchons les ouvertures avec des sacs en plastique. Le froid est usant. Nous n'avons plus assez de bois pour nous chauffer, il n'y a plus d'arbres. »

Oum Fadi interrompit sa sœur : « Nous ne pouvons abandonner nos époux qui se battent, nous les suivons partout. Je travaillais comme secrétaire médicale. Je sais lire, écrire. Aujourd'hui, nous vivons comme à l'âge de pierre. Nous nous déplaçons d'un village à l'autre avec nos enfants. On a à peine de quoi manger et nos maris se battent. Vous imaginez ce que c'est ? »

Elle posa sa main sur la mienne et la serra en me fixant du regard.

« Vous voulez vraiment faire connaître au monde ce qui nous est arrivé ? Jurez que vous direz au monde entier que les habitants des autres villages nous ont chassés. Ce n'est pas comme vous croyez. Le peuple n'est pas uni. La haine monte entre les gens. Vous voyez là-bas ? » Elle me montra une fenêtre étroite au cadre rouillé : « Là-bas, c'est le front. Nous les voyons ; ils nous voient. Trois kilomètres seulement nous séparent… Nous vivons ici isolés, sans un sou. On ne peut pas appeler cela vivre. Je me serais suicidée si je ne craignais pas Dieu. Nous mourons à petit feu ici, comme des bêtes de somme attachées à un arbre et abandonnées jusqu'à ce qu'elles crèvent de faim. Nos proches restés au village sont morts sous les bombes. Les serpents rampent autour de nous jour et nuit. Vous seriez capable de passer ne serait-ce qu'une nuit avec nous ? Impossible… ! Vous voyez ces sacs… ? » Elle me montra trois sachets suspendus à un pilier : « Ce sont nos vêtements, on les met là au cas où il faudrait fuir rapidement. Nous sommes perdus, sans abri. Vous voyez mon ventre ? Je compte être enceinte tous les neuf mois pour que notre lignée ne disparaisse pas. Nos enfants recouvriront nos droits. Nous voulons qu'ils soient instruits, nous voulons qu'ils se battent pour que nous puissions rentrer chez nous. Nous ne plierons jamais devant Bachar ! Nous ne nous rendrons jamais. Nous ne reculerons jamais ! »

Elle me lâcha enfin la main. Mes doigts étaient tout rouges. Je pouvais à peine respirer. Je me mordis la lèvre pour ne pas pleurer, des larmes coulèrent malgré moi. Elle ne me quittait pas des yeux, sans un sourire. Deux enfants s'approchèrent de moi. Je me levai et demandai si je pouvais les prendre en photo. Ils ne souriaient pas non plus.

Je les quittai en promettant de revenir, mais je ne tins pas parole. Oum Fadi l'avait d'ailleurs prédit : « Je sais que vous ne reviendrez pas ! » Elle avait raison. Je ne la revis jamais.

Les Portes du néant

Abou Khaled, Abou Wahid et moi partîmes pour Hich, l'une des premières lignes de combat de la région d'Idlib, laissant derrière nous la petite colline avec son sinistre poulailler. On apercevait une autre ferme dans la plaine déserte. Le ciel se teintait d'un bleu profond. Pas un nuage en vue. Nous nous dirigions vers le front qui se trouvait à sept cents mètres seulement des forces du régime.

« Sont-elles en sécurité ici toutes seules ? demandai-je à Abou Khaled.

— Allah est notre protection », me répondit-il.

Hich, qui comptait autrefois vingt-cinq mille habitants, avait subi quatorze jours de bombardements continus. Abou Khaled ne nous avait pas préparés à l'échelle de destruction que je découvris. La population avait disparu. Vingt-cinq mille personnes enfuies ou emprisonnées. On aurait dit que la ville n'avait jamais existé. Plus de routes, plus de rues, le sol éventré, poussiéreux, criblé de cratères parfois énormes, entre les ruines des maisons. Partout les décombres. Abou Khaled expliqua que certaines maisons avaient été ciblées en particulier par les barils d'explosifs. Quelques piliers en béton tenaient encore debout, tout tordus. Seul signe de vie, de grands margousiers verdoyants, procurant un peu d'ombre.

Quand nous pénétrâmes dans la zone de combat par l'arrière, je baissai la tête. Il était crucial que je ne sois pas repérée par l'autre camp. La présence d'une femme sur le front était tellement insolite que le camp adverse aurait cherché à découvrir mon identité, ce qui nous aurait mis en plus grand danger encore.

« Est-ce qu'ils peuvent nous voir ? m'inquiétai-je auprès d'Abou Wahid.

— Nous allons tenter de les contourner », me répondit-il.

Seules une rue et quelques maisons démolies nous séparaient de l'ennemi positionné en hauteur. Nous leur faisions face et mes compagnons baissèrent eux aussi la tête en sortant de la voiture. Abou Khaled me protégea de son corps comme d'un bouclier. Derrière nous, une rue jonchée d'énormes tas de pierres d'où émergeaient de minces branches de margousiers. Partout, des pierres, des morceaux de métal, des carcasses de voitures calcinées qui fumaient encore, prouvant qu'ils n'avaient pas fini de bombarder la ville.

Nous entrâmes dans une petite pièce agrémentée, comme toujours, d'une natte et de quelques coussins. Dix combattants au moins s'y précipitèrent en trombe. Et les tirs éclatèrent.

L'un d'eux m'expliqua : « Ils savent que vous êtes là.

— Mais comment ? Nous avons pris beaucoup de précautions et nous avons contourné la route ! »

Au mur, des photos, une nature morte, le portrait d'un combattant, des fleurs en couleurs, et des clous auxquels pendaient des chemises. L'espace était si étroit que nous tenions à peine assis. Chaque combattant gardait son arme sous ses jambes, entremêlées comme pour une danse. Je contemplai les fusils rutilants, et j'avais l'impression que leurs canons formaient un anneau autour de mon cou tandis que les balles sifflaient au-dessus de nous. Ils me regardèrent avec curiosité et amusement.

« Hé, madame, vous n'avez pas peur ? Vous auriez dû vous habiller comme nous pour qu'on ne vous repère pas ! » me lança l'un d'eux, un type jovial un peu rondouillard d'une vingtaine d'années.

Je lui souris et lui dis que j'aimerais en savoir plus sur lui et ses camarades, qui ils étaient, pourquoi ils étaient restés. Je voulais savoir aussi s'il était vrai que les brigades suivaient le Front al-Nosra ou Ahrar al-Cham, et si l'EI était arrivé jusqu'ici.

« Tous ceux que vous voyez là viennent de Hich. Nous n'avons pas quitté notre ville. Je m'appelle Fadi. Avant, je travaillais au Liban. En voyant à la télévision les Syriens se faire tuer, j'ai abandonné mon travail et je suis revenu. C'est mon pays. Je dois y rester. Je suis spécialiste en mines et en RPG. Ce que je vois c'est une guerre entre chiites et sunnites, c'est tout. Ce n'était pas le cas au départ, mais les chiites iraniens sont intervenus, eux et le Hezbollah, contre nous. On les entend parler farsi à la radio. Ils ne sont qu'à deux cents mètres, sur la ligne de front que vous avez passée. Vous avez pu le voir, le village de Hich a été complètement détruit et nous ne disposons pas de centre des médias comme ailleurs. Ils nous ont bombardés avec toutes les armes possibles et imaginables : des roquettes, des barils, des Scud, des obus, etc. Il ne reste plus rien debout.

— C'est une guerre religieuse et rien d'autre, enchérit un autre. Je m'appelle Sami, j'ai vingt-deux ans et j'étais étudiant.

— C'est ça, c'est une guerre de religion », reprit un troisième.

Un jeune homme maigre et calme prit alors la parole, le visage pâle, un sourire poli aux lèvres :

« Je m'appelle Anas, j'ai vingt-cinq ans. Tout a commencé par des manifestations pacifiques, il n'était pas question de religion. Nous criions : "À bas le régime !", mais le régime s'est avéré plein d'infidèles et c'est pourquoi nous avons dû prendre les armes. Vous savez pourquoi ce sont des infidèles ? Chaque minute, cinquante obus tombaient sur nos têtes. Ils ont eu recours à l'aviation, mais ils n'ont pas réussi à entrer. Quatre-vingt-cinq de leurs soldats ont péri, et ils n'ont pas pu entrer.

» Ici, dans ce bataillon, nous sommes tous des enfants de Hich. Mais il y a le Front al-Nosra et d'autres brigades. La communauté internationale nous a abandonnés. Tout ce qu'on peut dire c'est : "Il n'y a de Dieu qu'Allah et Mahomet est son Prophète." La mort nous attend et nous comptons sur l'aide de Dieu pour battre ce tyran de Bachar ! »

La colère se répandit sur tous les visages.

« Les alaouites nous ont tués et nous les tuerons », proclama un autre.

Abou Khaled intervint en souriant :

« Ces jeunes viennent de familles pauvres. Le régime a détruit leurs maisons, tué leurs familles,

Les Portes du néant

jeté sur les routes ceux qui ont survécu. Comme vous voyez, ils ont le sentiment d'être persécutés religieusement.

— Non, monsieur, non. Les alaouites et les chiites ne connaissent pas Dieu, ce sont des hérétiques ! » l'interrompit un jeune combattant, approuvé par ses compagnons.

Le bataillon auquel ils appartenaient portait le nom de Commandos de Hich. Le Front al-Nosra avait refusé de nous rencontrer. Abou Wahid ne voulait même pas qu'ils sachent que j'étais là. Il craignait leurs représailles s'ils apprenaient qui j'étais.

Les tirs s'étaient intensifiés et Abou Wahid voulait repartir, mais les combattants tenaient à me parler de leurs problèmes, à m'expliquer comment ils avaient été livrés à eux-mêmes, abandonnés à leur sort. Ils voulaient monter un centre de communication mais les bombardements constants rendaient la tâche impossible. Les militants civils avaient tous été tués, il ne restait qu'Anas, qui était devenu un combattant.

« On a essayé une fois de demander de l'aide à d'autres villes, personne n'a bougé. Ils nous ont tous abandonnés. »

Leur ville semblait en effet oubliée, comme si elle existait en dehors du temps et de l'espace. Et eux, ces *chebab* pleins de colère, l'occupaient comme des morts-vivants. Je sentais que je devais partir, mes mains se mirent à trembler alors qu'ils évoquaient leurs camarades tombés les uns après les autres. Sarcastique, un jeune homme déclara : « Aujourd'hui, c'est mon tour. Je monte au ciel. »

Un autre lui répliqua : « Pas question ! Gare à toi si tu pars avant moi ! » Tout le monde éclata de rire.

Abou Wahid affirma alors d'un ton grave :

« Nous devons partir, les gars. C'est dangereux pour une femme. »

J'étais partagée, j'avais envie de rester les écouter, mais c'était risqué de retarder notre départ. Les bombardements pouvaient reprendre à n'importe quel moment. Et les snipers des deux bords poursuivaient leur duel. Je leur dis adieu sans leur serrer la main, un contact interdit ici entre hommes et femmes.

Nous nous apprêtions à partir, Abou Wahid ouvrant la marche, lorsqu'un jeune homme assis dans l'ombre, dont je ne pus discerner les traits, déclara :

« Il faut que vous disiez au monde entier que nous sommes en train de mourir seuls. Que les alaouites nous ont tués et que le jour viendra où ils seront tués à leur tour. Nous ne faisons que riposter au mal dont nous accablent ces chiites mécréants et leurs putains de femmes.

— Tu ne devrais pas parler ainsi ! le morigéna Abou Khaled.

— Je n'ai pas honte de le dire ! se défendit le jeune homme.

— Dieu vous bénisse tous et vous rétablisse dans vos droits », dis-je en le regardant fixement.

Ils me répondirent tous en même temps : « Amen ! Dieu vous garde ! Vraiment, merci de votre visite !

Vous ne voulez pas partager le repas de l'*iftar* avec nous ?

— Béni soit l'*iftar* », dis-je. Puis, avant de m'engouffrer dans la voiture, je ne pus m'empêcher de leur lancer, le cœur battant, sans réfléchir : « Vous savez, ma famille est alaouite. »

Deux jeunes se précipitèrent vers moi alors que je m'asseyais sur le siège arrière :

« Pardon, madame ! Il ne faut pas nous en vouloir, nous ne parlions pas de vous. Je vous jure que nous ne haïssons pas tous les alaouites. Nous vous respectons vous et votre famille. »

Je gardai le silence, écoutant les battements de mon cœur et les tirs.

Abou Khaled ajouta : « Ne vous fâchez pas. Je vous jure qu'ils ne pensaient pas ce qu'ils disaient.

— Je ne suis pas fâchée », répondis-je d'un ton calme.

Un flot d'excuses jaillit de toutes les bouches. Anas s'approcha de moi, les yeux brillants :

« Je vous jure, madame, nous donnerions nos vies pour vous protéger. Vous êtes une fille de ce pays.

— Vous n'auriez pas dû commencer », murmura Abou Wahid.

Abou Khaled et Abou Wahid étaient en colère contre moi, quel besoin avais-je eu de dire ça. Je ne savais pas ce qui m'avait pris… Il me fallait briser ce mur de haine. Demeurer silencieuse aurait été une trahison envers les alaouites innocents et l'esprit de la révolution que nous voulions honorer deux ans auparavant.

Les *chebab*, gênés, se battaient maintenant pour nous accompagner. Deux partirent, sous les tirs, en éclaireurs tandis que nous roulions au pas sous leur escorte. De temps en temps, ils me jetaient un regard reconnaissant et embarrassé. Je leur faisais un signe de la main en souriant. Je ne voyais même plus les maisons détruites autour de nous, n'entendais même plus siffler les balles. J'avais mal à la gorge, comme si on la serrait, l'étranglait.

Nous approchions de la ligne de front, me prévint Abou Wahid : « Pas de photos. » Les deux jeunes qui nous suivaient prirent position avec leurs armes.

« Attendons un peu pour voir ce qui se passe », dis-je. Mais il refusa. Les combats étaient violents, impossible de rester plus longtemps.

Avant de faire demi-tour, je leur adressai un signe d'adieu auxquels ils me répondirent, timidement. Puis on emprunta une route poussiéreuse et Abou Wahid lança la voiture à toute vitesse. Quelques instants plus tard, il se tourna vers moi pour me dire :

« Hors de question que je vous ramène dans un tel endroit. Ce que j'ai fait était très risqué même si c'était bien que vous rencontriez ces jeunes. Mais vous devez savoir que leur réaction aurait pu être tout autre. Vous auriez pu être tuée. »

Je hochai la tête en jetant un coup d'œil par la vitre arrière. Une pensée me hantait : avais-je des cousins de l'autre côté du front, des membres de ma famille que j'aimais et qui me manquaient, auprès desquels j'avais passé mon enfance, dont je revoyais les visages aimés, pleins de bonheur, alors que défilait ma jeunesse. Je ne souhaitais pas leur mort, je ne voulais pas qu'ils soient tués.

Je mis mes lunettes de soleil. Le soleil n'était plus une menace, mais le moment des larmes était arrivé. Abou Wahid précisa que nous nous étions tenus à seulement trois cents mètres des soldats du régime. Je me contentai de hocher la tête. Je pleurai en silence, le visage dissimulé par le hijab et les lunettes. J'étais à bout, j'avais l'impression que mon cœur allait exploser. Et j'oubliai ma promesse de retourner voir les femmes dans la grange. Je manquai à ma parole.

Abou Wahid proposa d'aller le lendemain à Khan al-Assal près d'Alep : « Il y a eu une bataille hier. En quelques heures, elle a fait cinq cents victimes des deux bords. »

Je ne lui posai aucune question. Je me demandai comment un si grand nombre de gens pouvait mourir en un laps de temps aussi court. Perdue dans mes pensées, je ne remarquai même pas qu'Abou Khaled nous quittait jusqu'au moment où il s'approcha de la vitre pour me faire un signe d'adieu. Mes oreilles sifflaient encore alors que le soleil disparaissait derrière les champs et les collines où étaient disséminées les ombres de maisons en ruine. En arrivant au centre des médias à Kafranbel, je me lavai le visage et je m'installai sur la terrasse, le dos appuyé contre un pilier près de l'olivier, totalement épuisée.

De ma place, je voyais une petite maison et deux enfants nourrir des agneaux dans un enclos qui semblait neuf, une pile de bois entassé sur un des murs. Ils s'approchèrent de l'olivier et me lancèrent, pour jouer, une petite branche qui atterrit sur mes genoux. En baissant les yeux, je remarquai que j'étais assise sur une natte marron, ma couleur préférée. Les activistes s'affairaient à toutes sortes de tâches. Raed préparait le dîner sur la terrasse, plaisantant avec ses compagnons en faisant griller des morceaux de viande marinés dans l'huile et le piment. Hammoud lavait les légumes, Abdallah balayait par terre, Razane faisait la vaisselle. La préparation de l'*iftar* était le rituel qui précédait les obus mortels. C'était le moment de se réjouir d'avoir encore des légumes et autres denrées alimentaires qu'on pouvait découper et cuisiner, des amis à inviter pour célébrer ces petites choses. La carafe d'eau, lavée plusieurs fois avec minutie, fut posée à côté des tasses propres. Deux combattants entrèrent et rejoignirent l'équipe de travail.

Raed rit : « Nous mangerons dans une heure, et nous serons bombardés dans une heure. Mais on ne va pas mourir avant d'avoir dégusté un bon plat, n'est-ce pas ? »

Je restai muette.

Il ajouta : « Nous poursuivrons l'histoire de Kafranbel quand vous reviendrez de l'école ce soir. »

Je lui répondis machinalement : « Bien sûr. » J'étais encore sous le choc de mon passage à Hich. Je devais me ressaisir, retrouver ma force et ma résilience. Le prochain obus tomberait dans quelques minutes. Si nous ne survivions pas, je n'aurais pas à poursuivre ma tâche. Si nous échappions à la mort, je devrais me rendre dans une école puis achever ma dernière mission, celle de consigner l'histoire de la révolution à Kafranbel. C'était aussi simple que cela.

Nous dînâmes et survécûmes au bombardement. Les obus tombèrent à l'ouest de la ville, cinq minutes exactement après l'appel à la prière, et bientôt nous pûmes enfin respirer.

À 22 h 30 passées, nous étions de retour.

« Nous voilà de retour, Shahryar ! » lui dis-je. Il rit en m'entendant l'appeler du nom du roi des *Mille et Une Nuits*.

« On a échangé les rôles, tu es Schéhérazade, la conteuse, et je suis le scribe, ajoutai-je. Bien… Nous en étions à juin 2012, lorsque les rebelles ont pris le contrôle de Kafranbel. Les checkpoints de l'armée étaient toujours en place ? »

Il hocha la tête : « C'est ça. Les checkpoints n'avaient pas bougé, mais les soldats du régime ne pouvaient entrer en ville qu'à bord de leurs blindés. Le 6 août, on décida de lancer une ultime bataille pour la libération. Un bataillon, avec à sa tête Fouad al-Homsi, un combattant téméraire, est sorti pendant le ramadan pour tendre une embuscade à un barrage de l'armée sur la route de Lattaquié. Ils ont échoué et comme ils rebroussaient chemin vers Kafranbel, il y a eu des échanges de tirs avec l'ennemi. Fouad al-Homsi a donné l'alerte par radio. Alors des hommes ont mis le feu à une pile de pneus en criant : "Nous sommes ici pour aider !" Et c'est ainsi qu'a commencé la bataille pour la libération de la ville, de manière improvisée, et des *chebab* ont afflué pour nous seconder.

» Nous étions environ un millier de rebelles et nous nous sommes battus sans arrêt pendant cinq jours. Nous avons occupé des positions défensives autour de la ville pour bloquer les routes. Nous avons réussi à couper l'approvisionnement en eau et en vivres de l'armée. Les combats n'arrêtaient pas. Le septième jour, des hélicoptères de l'armée sont venus en renfort des soldats pour nous bombarder. Les frappes n'étaient pas aussi barbares qu'aujourd'hui, c'était des frappes défensives pour protéger la retraite de leurs troupes, c'était de l'autodéfense.

» L'horreur a commencé le 8 août, quand ils ont largué leur premier baril d'explosifs. Je me tenais près du checkpoint et je prenais des photos. Le 9 et le 10 août, leurs MiG nous ont bombardés, et le 10, ils nous ont survolé continuellement. Kafranbel a été libérée. Nous avons fait l'annonce depuis la mosquée. Nous étions fiers parce que notre ville a été surnommée "La libérée". Nous pensions que la victoire sur Assad était imminente.

» D'autres barrages ont été libérés à Haas et à Kafruma. Les habitants ont commencé à fuir à cause des frappes. La bataille continuait. Seuls les révolutionnaires sont restés pendant la libération et il y a eu de grosses pertes à Kafranbel.

» Le 22 août, vingt-six personnes sont mortes en martyrs sur la place où les manifestations ont eu lieu. Le 25 septembre, dix-sept victimes ; treize le

17 octobre, puis onze à la fin du mois. Le 5 novembre, nous avons compté trente-deux morts. Après la libération, les bombardements sont devenus quotidiens. Kafranbel est devenue une ville fantôme. Sa population est passée de trente mille habitants à la moitié. Ceux qui sont restés allaient la journée se mettre à l'abri dans les villages voisins et revenaient le soir. En octobre, Maarat al-Numan a été libérée. Les habitants de Hich, qui avait été entièrement détruite, se sont réfugiés à Kafranbel. Les réfugiés ont péri avec les nôtres dans les massacres. »

Raed se tut. Je posai mon carnet.

« Si on faisait une pause, proposai-je. Je fumerais bien une cigarette. »

Il sourit. Je décelai sur son visage en général serein une expression étrange, identique à celle d'Abou Wahid : la douleur de deux années et demie de meurtres quotidiens. D'abord la révolte pacifique, puis la lutte armée et maintenant les groupes religieux extrémistes qui volaient la révolution. Pourtant, malgré leurs parcours différents, ces deux hommes continuaient à croire qu'il n'existait aucune solution possible sans la chute du régime Assad.

Je repris mon carnet et récitai : « Raconte, ô heureux sultan… »

Raed, qui était assis en tailleur depuis des heures, se redressa et étendit ses jambes.

« Ah. Détail important. En juin 2012, de nombreux officiers et soldats déserteurs nous ont rejoints à Kafranbel, environ mille soldats et une cinquantaine

La troisième porte

d'officiers. Une désertion de masse. L'officier le plus gradé a pris la tête d'un bataillon. La bataille de la libération a été menée par Hassan al-Salloum.

» Le problème, c'est qu'après la libération, des rivalités pour le pouvoir ont vu le jour entre les hauts gradés déserteurs et les civils engagés dans la révolution. Le premier Conseil militaire, composé de militaires et de cinq révolutionnaires, n'a pas tenu plus d'une semaine. Des différends ont surgi entre les bataillons de Kafranbel et les autres bataillons. Un des officiers les plus gradés, très riche, qui possédait des stocks d'armes, s'est retiré. Vous le savez, puisque vous l'avez rencontré, le lieutenant-colonel Abou al-Majd est resté avec les Fursan al-Haqq, le premier bataillon qui a œuvré pour la révolution et qui, depuis, est devenu plus important, comptant toujours plus de membres. Ses chefs ont libéré Kafranbel. Dès lors, la situation a viré au chaos, avec tous ces nouveaux bataillons qui ont été formés.

— Comment se fait-il que les djihadistes n'aient pas réussi à s'emparer de Kafranbel ?

— J'attendais cette question ! dit Raed, un peu cynique. Ils vous font si peur que ça ?

— Oui, j'ai peur. Mais pas pour moi, pour l'avenir du pays.

— Bien sûr, bien sûr. Ils ont essayé de prendre le contrôle de la ville. Ahrar al-Cham a proposé de libérer les checkpoints en septembre 2011, mais nous avons refusé. Nous avions peur qu'ils s'incrustent après la libération. En février 2013, le Front al-Nosra a proposé de participer aux manifestations, nous avons refusé. Je pense que la population désirait la présence des islamistes, jugeant qu'ils étaient les seuls capables de les libérer d'Assad parce qu'ils possédaient l'argent, les armes et la foi. L'Armée Syrienne Libre dispose de peu de subventions, certains sont même allés jusqu'à voler pour se procurer de l'argent. Et puis, les habitants croyaient que les islamistes établiraient un gouvernement plus juste, après les décennies de despotisme où ils n'avaient connu que la violence et l'injustice. Après tout, depuis Assad père, le régime se présente comme un régime laïc.

» Or, après l'arrivée des islamistes dans les régions libérées, les gens ont commencé à comprendre leur méprise. Ils étaient une copie conforme du régime. Par islamistes, j'entends les affiliés d'Al-Qaida qui cherchent à instaurer un califat islamique et à imposer la charia. Maintenant, il y a un profond rejet dans la population, elle souhaite leur départ. »

Je proposai une nouvelle pause. Je me levai et préparai un thé. Je me sentais soudain pleine d'énergie, j'aurais pu poursuivre encore vingt-quatre heures. J'étais obsédée par l'idée d'enregistrer les témoignages de tous les Syriens, prisonniers, militants, combattants. Je voulais être la narratrice de ce récit. Je faisais partie du fragile fil de la vérité qui avait été obscurci par l'histoire.

Mais il n'y avait pas de vérité absolue. Les unes des journaux affirmaient que le régime d'Assad perpétrait des crimes comme on n'en avait jamais vus dans

La troisième porte

l'histoire moderne. D'autres évoquaient une conspiration secrète, exploitant la situation économique et sociale du pays, ses particularismes ethniques et religieux, afin de faire passer les zones libérées pour des régions aux mains des djihadistes. Les faits sur le terrain prouvaient que le nord se battait sur deux fronts, et que les rebelles, même si beaucoup avaient été tués, emprisonnés, enlevés ou avaient fui le pays, montraient encore une véritable capacité de résistance. Une résistance exceptionnelle, ambiguë et complexe alors que le conflit se transformait peu à peu en une guerre confessionnelle comme cela avait été le cas de nombreuses révolutions tout au long de l'histoire.

« La guerre civile est une partie de la réalité de la guerre, dis-je en servant le thé. Oui, nous avons besoin de temps, mais la situation est difficile. »

Les autres commençaient à se retirer, je leur demandai de rester pour répondre à mes questions. Razane préféra rentrer chez elle sans m'attendre. Je restai avec Raed et Hammoud.

« Les gens rejettent les djihadistes, mais le soutien populaire à la révolution est aussi en déclin, n'est-ce pas ? repris-je.

— C'est exact, répondit Raed en hochant la tête. Certains des premiers activistes ont commis des erreurs qui ont rendu les gens furieux. La plus grande frustration s'exprime envers les rebelles parce qu'ils ont été incapables de contrevenir aux bombardements ininterrompus de l'aviation d'Assad. Au début de la révolution, le peuple avait confiance dans l'Armée Syrienne

Libre, il la glorifiait. Mais il y avait pénurie d'armes. Dix fois ils ont essayé de libérer Wadi Deif. Dix fois ils ont échoué… Des milliers d'hommes sont morts dans ces combats. Le manque d'armes antiaériennes a causé notre défaite. On a parlé de trahisons. Le peuple a perdu confiance.

» Et puis, il y a une autre raison : le régime a ses acolytes ici. Ils font tout ce qu'ils peuvent pour ternir l'image de l'ASL en fabriquant de fausses rumeurs à propos des rebelles, à propos de tout le monde, les médias et les combattants armés. Le régime a eu systématiquement recours à la calomnie comme arme pour diviser et répandre la terreur.

» Nous entamons la troisième année de la révolution. Les gens sont épuisés, ils cherchent un bouc émissaire, un coupable pour tout ce qui s'est mal passé. L'absurdité de ce combat d'une dureté incroyable traîne depuis si longtemps, avec la violence brutale du régime et le départ de bon nombre d'activistes et de Syriens… Il y a de quoi désespérer. Les bataillons de l'ASL se battent jour et nuit sans succès ; les habitants voient leurs enfants mourir pour rien ; les médias diffusent leurs documentaires en vain ; les secours couvrent à peine le quart des besoins essentiels ; il n'y a ni eau, ni courant, ni nourriture. Bref, les gens sont à bout. Ils en ont assez.

— Est-il seulement possible de regagner l'adhésion du peuple à la révolution ? »

Surpris par ma question, il répliqua d'un ton brusque :

La troisième porte

« La révolution continue. Les fils de la seconde phase de la révolution travaillent dur dans les services que nous avons créés pour organiser la vie dans nos territoires libérés – les secours, les médias, le financement, les statistiques. Le service des statistiques, par exemple, enregistre le nombre de blessés, prisonniers, martyrs et consigne les événements. Les ingénieurs informent jour après jour sur les dégâts causés par les bombardements pour évaluer le prix de la reconstruction de notre ville.

» Quand les dons ont commencé à affluer de la part des expatriés de Kafranbel, nous avons décidé de créer une organisation pour les distribuer de manière équitable. Les hommes qui la gèrent sont d'ici, réputés pour leur honnêteté et respectés de tous. L'idée était de mettre en place un bureau pour les réfugiés mais il s'est révélé impossible de subvenir aux besoins en raison de l'exode massif qu'a connu Kafranbel depuis les villages voisins. Nous avions quinze mille réfugiés et il fallait les nourrir. Et nous devions aussi nourrir les bataillons qui venaient nous épauler. Nous avons ouvert ce bureau avec sept personnes. Quand les combats se sont intensifiés, les déplacés sont partis et le bureau des réfugiés est devenu le centre des médias. C'est comme ça qu'on a réussi à se débrouiller seuls, sans dépendre de personne. Nous avons généré nos propres idées et solutions.

» Mais les choses sont devenues compliquées depuis que nous devons affronter un danger qui nous dépasse. Tous ces bataillons djihadistes sortis d'on ne sait où, et le chaos ambiant, présentent un sérieux obstacle. Pour ma part, je n'abandonnerai jamais notre rêve. Tout ce que nous avons fait jusqu'ici constitue un socle sur lequel il nous faut bâtir. Je ne perdrai jamais espoir, mais je ne peux pas prétendre qu'il sera facile de retrouver le soutien populaire. »

Je cessai d'écrire et nous allumâmes chacun une cigarette. J'étais incapable de prononcer un mot. Raed regardait fixement l'olivier. Le silence de cette nuit constellée d'étoiles était inhabituel. Pas une seule explosion n'avait retenti. La brèche qui s'était ouverte dans mon cœur semblait se creuser sans fin.

Les coutumes et traditions de ces provinces ont toujours formé une partie de l'identité culturelle de la population et la guerre n'avait fait qu'empirer l'oppression dont souffraient encore les femmes. Puis l'EI, le Front al-Nosra, Ahrar al-Cham et d'autres bataillons djihadistes imposèrent de nouvelles restrictions à leur liberté, oblitérant leur rôle civil. Nous rêvions – et rêvons encore – de résistance.

La maison de Razane était confortable et accueillante. Je réalisai que, comme tant d'autres foyers où j'étais allée, elle résumait la Syrie pour moi, ajoutant à la nostalgie amère que je ressentais, le mal du pays. Chaque lieu était significatif à sa façon. La maison d'Abou Ibrahim, ma base principale, les centres des médias, où j'étais restée de longs moments pendant les bombardements, la maison d'Oum Khaled, celle, brûlée, d'Ayouche et toutes les autres, réduites en miettes.

La troisième porte

Pourtant, nous continuions à nous comporter comme si nous menions une vie normale. Nous flirtions sans cesse avec la mort. Les obus pleuvaient, mais nous préparions le café sur un petit réchaud. Le matin, cette tasse de café était plus précieuse que les idées de vie et de mort alors qu'on se réveillait sous les bombardements. Il fallait continuer à prendre soin de soi. Se relayer pour faire sa toilette malgré la pénurie d'eau. Nous faisions ce qu'il fallait afin que la vie continue dans ses moindres détails et nous attendions patiemment que nos chaperons viennent nous chercher pour ne pas attirer l'attention en déambulant seules dans les rues.

En janvier 2011, Razane avait été arrêtée pour activités révolutionnaires par une branche de la sécurité politique à Damas. « L'Armée Syrienne Libre se trouvait au cœur de Damas, nous étions prêts à voir la chute de la ville. Le camp palestinien de Yarmouk avait été libéré et nous avions l'habitude d'y tenir nos réunions », me dit Razane. Elle fut d'abord incarcérée à la prison de Deraa, une prisonnière politique au milieu des condamnés de droit commun, avant d'être transférée d'une geôle à l'autre jusqu'à Damas, où elle fut libérée en fin de compte. Deux mois plus tard, elle était de nouveau arrêtée par les services de renseignement de l'armée de l'air, puis relâchée. Cela ne l'empêcha pas de poursuivre ses activités. Après avoir quitté un temps le pays, elle décida de revenir dans la région d'Idlib pour travailler aux côtés des révolutionnaires.

Razane demeura l'une des figures les plus importantes de la révolution. Elle rêvait encore de son succès malgré les événements. Je voyais les choses d'un œil différent. Il me semblait que la révolution était entrée dans une phase désastreuse et qu'à peu près tout ce qui se produisait avait été planifié loin de la Syrie, avec peu de considération pour nos idéaux. Néanmoins, pas un seul instant, je n'envisageai d'abandonner mon travail pour la révolution.

Ce matin-là, notre collègue Abou Tareq m'attendait au bout du sentier qui menait à la rue. Il avait quarante ans, n'avait pas dépassé les études secondaires, mais était devenu un homme influent, propriétaire d'un atelier de couture, d'une fabrique de mosaïques et d'une marbrerie. Il avait participé aux manifestations pacifiques dès le premier jour du soulèvement et bénéficiait d'une bonne réputation parmi ses concitoyens, qui le décrivaient comme un homme de confiance. Il se montra digne de ces éloges, demeurant loyal à la révolution et à ses acteurs alors que cette loyauté ne menait nulle part dans ces jours terribles. Désormais, il était le commandant d'un grand secteur militaire qui regroupait des milliers de soldats. Il rêvait encore d'une Syrie unie et disait qu'il abandonnerait les armes et retournerait à sa véritable vocation après la chute de Bachar.

Il voulait un État civil, laïc. « Il est inconcevable d'imposer la charia islamique à la société syrienne. Cela va totalement à l'encontre de la nature de notre société ! » À ses yeux, ce qui se passait aujourd'hui était surtout une guerre des opprimés contre un régime tyrannique. Il ne voulait pas entendre parler de sectes ou de religions. Il faisait ses prières, jeûnait, mais il faisait bien la distinction : « Ce n'est pas la même chose. Nous voulons construire notre pays, pas le ruiner. »

Nous devions nous rendre à Maarat al-Numan, que je retrouvai complètement dévastée. Que restait-il à bombarder dans cette ville historique désormais anéantie ?

L'homme que nous devions rencontrer était un leader important, un émir, militant du mouvement Ahrar al-Cham. Nous traversâmes une zone dangereuse que je connaissais bien car je m'y étais rendue avec Raed pour acheter des légumes au souk, avant l'*iftar*. Je baissai la tête et retins mon souffle en traversant le repaire des snipers, les soldats du régime se trouvaient en face de la route. Une minute avant de pénétrer dans la ville, un obus était tombé, provoquant une forte explosion. Mais nous continuâmes droit devant nous.

Le problème le plus prégnant au quotidien était l'apparition d'un pouvoir autoritaire d'un nouveau genre, qui faisait obstacle à toute forme d'activisme civil ou toute tentative de bâtir une nouvelle société. Alors que nous roulions au milieu de ce paysage apocalyptique, je songeai que la meilleure stratégie pour maintenir une relation positive entre les femmes syriennes et le monde extérieur serait de commencer par faire de petits pas sans braquer les brigades djihadistes telles que Ahrar-al-Cham. Mais toute interaction entre sexes opposés était interdite. Cela avait même fait l'objet d'une loi. Il était inconcevable pour une femme de sortir sans voile. Enfreindre cet interdit la rendait passible de poursuites, quant aux activistes, hommes ou femmes, ils risquaient l'enlèvement, le meurtre ou l'arrestation. Pourtant, je refusais de céder au désespoir. J'étais déterminée à faire cette interview de l'émir, en lui dissimulant mon identité.

En chemin, on passa à côté du site de la dernière explosion. L'obus, tombé près d'une école primaire dirigée par l'œuvre de charité Basmat Amal, avait traversé un mur, faisant s'écrouler le plafond sur les bancs multicolores d'une salle de classe. Il semblait incroyable qu'un lieu aux couleurs si vives ait pu être aménagé au milieu des décombres des maisons. Il s'agissait d'un bâtiment ancien, entouré d'arbres, aux murs joyeusement peints. Parmi les gravats, on voyait les dessins, les tableaux d'enfants aux lignes claires.

Un vieil homme était assis devant l'entrée du bâtiment, les mains levées au ciel. La fumée, la poussière remplissaient l'air. J'appris que son fils avait été tué lors de l'explosion, mort sur le coup.

« C'était une roquette », déclara un jeune qui se tenait non loin.

Les débris, les détritus s'amoncelaient dans les rues désertées. La dévastation semblait de plus en plus manifeste à mesure que nous approchions du quartier général de l'émir.

Abou Ahmad, l'émir d'Ahrar al-Cham, siégeait dans un bureau qui ressemblait à celui d'un haut fonctionnaire malgré la présence incongrue d'armes posées contre le canapé, de mitraillettes alignées derrière lui et des combattants qui assuraient la garde devant la porte. Des familles faisaient la queue pour recevoir l'aide humanitaire de Basmat Amal et d'Ahrar al-Cham. Fauteuils et canapé en cuir noir. Le bureau en bois était reluisant de propreté. Âgé de trente-huit ans, l'émir était un blond de taille moyenne et trapu, avec une longue barbe. Originaire d'un village près de Maarat al-Numan, il travaillait comme carreleur au Liban avant la révolution. Il était revenu en Syrie en août 2011 pour s'engager directement dans la lutte armée. Il n'avait jamais participé à une manifestation pacifique, l'action civile ne l'intéressait pas, me dit-il. Au lieu de cela, il avait adhéré à un groupe armé composé de quinze combattants.

Il ne demanda pas qui j'étais et me parla sans me regarder. Abou Tareq lui avait expliqué que j'écrivais un livre. Parce qu'il le respectait et avait confiance en lui, il avait accepté de me recevoir. L'émir commença par des informations basiques et sourit en s'adressant à Abou Tareq, comme pour dissiper la gêne que causait ma présence. Je l'interrogeai sur ses objectifs et ceux du mouvement Ahrar al-Cham. Je savais que le groupe, qui formait une branche essentielle de l'opposition islamiste armée et avait un rôle actif dans le nord, aimait faire sa propre promotion, j'estimai que ce serait une bonne façon de le pousser à parler. À ma question, il tourna la tête de manière encore plus ostensible

Les Portes du néant

pour s'adresser au seul Abou Tareq. Puis un combattant entra sans saluer et nous interrompit pour prévenir l'émir qu'il laissait trois autres mitraillettes derrière le canapé.

Je regardai ma page blanche, inquiète du bruit des explosions, très proche alors que nous étions au croisement de plusieurs fronts de combat. Je n'en revenais pas de me trouver en présence d'un émir djihadiste, de converser avec lui tout en gardant mon calme, du moins en apparence, et avec le sourire. Je tentai de le faire sortir de sa réserve. Il était midi, je commençais à étouffer, j'avais la gorge sèche et je transpirais. Il se mit enfin à parler :

« J'ai rejoint le mouvement militaire pour faire tomber Bachar al-Assad et pour instaurer la loi de Dieu dans ce pays. Nous avons vécu plus de quarante-quatre ans sous la tyrannie et la criminalité de Hafez al-Assad et de son fils. Ça suffit.

» J'ai été arrêté et questionné à plusieurs reprises parce que je lisais les livres d'Abou Taymiya et d'Ibn Qayyim al-Jawziyya. Pourtant une bonne partie de ma famille soutenait le régime… C'est un régime d'infidèles. Et, je fais le djihad pour la cause de Dieu.

» Notre groupe s'est constitué en août 2011. Nous n'avions que trois fusils et un seul véhicule. Maintenant nous avons quarante voitures et quarante tonnes d'explosifs. Nous avons fait alliance avec Abou al-Baara, l'un des cinq fondateurs d'Ahrar al-Cham. On nous disait qu'Abou al-Baara était un takfiri et qu'on ne devait pas pactiser avec lui, on n'a pas écouté. J'étais

La troisième porte

le sixième à rejoindre Ahrar al-Cham. Je fais donc partie des fondateurs et j'ai appris à connaître les autres émirs fondateurs. »

Abou al-Baara était aussi le nom de la personne qui avait menacé les activistes quand Manhal était parti au tribunal de la charia pour réclamer justice après l'enlèvement de Martin, mais je n'avais aucun moyen de savoir si c'était le même homme.

L'émir poursuivit :

« Nous avons discuté pour savoir si nous avions le droit de tuer des soldats et nous sommes arrivés à la conclusion que, s'ils désertaient, nous leur laisserions la vie sauve, mais que leur mort dans les combats ne pouvait constituer un péché de notre part, qu'elle était *halal*, légale. Nous avons posé des IED sur la route des patrouilles de la sécurité. Lorsque l'armée est entrée, début 2012, la situation a changé. Nous ne nous attendions pas à ce qu'ils viennent tuer et bombarder les civils. Face à cette opération d'annihilation, nous avons changé notre stratégie.

» Nous avons continué, Abou al-Baara et moi, à faire sauter des voitures avec des IED. Nous nous déplacions dans une Saba, nous changions la couleur du véhicule toutes les deux semaines. Nous sommes devenus célèbres et voilà, maintenant je suis l'émir de Maarat al-Numan et je dirige un bataillon de mille frères djihadistes.

— Que signifie le terme "émir" ? lui demandai-je. Pourquoi les leaders du Front al-Nosra et de l'EI se font-ils appeler ainsi ? »

Ce n'était pas un titre traditionnel ni en Syrie ni dans tout le Levant, et je voulais savoir pourquoi il s'était répandu.

Il me regarda brièvement avant de répondre :

« L'émir nomme le responsable militaire et planifie les opérations. Puis il y a un législateur religieux, un juge en quelque sorte. Nous avons un Conseil consultatif, la *Choura*, mais souvent la décision de l'émir est prépondérante.

— Alors en quoi êtes-vous différent de Hafez al-Assad et de son fils, si votre avis prime toujours ?

— Cela n'a rien à voir avec moi, me répondit-il d'un ton posé. C'est la loi. La voix de l'émir compte double. »

Je le laissai poursuivre, tout en jetant un coup d'œil sur les armes posées à côté de lui.

« L'émir est aussi un leader politique, bien que l'action militaire constitue notre tâche principale. Nous avons beaucoup de djihadistes volontaires parmi les combattants. Nous ne nous intéressons pas à l'argent, nous n'offrons pas de salaire, mais l'argent nous aide à recruter les hommes de foi sincères.

— Pourtant, l'interrompis-je, j'ai entendu dire que vous versiez des salaires à vos combattants, que vous aviez vos propres associations caritatives et entreprises commerciales. Ce n'est un secret pour personne. »

Il me répondit avec le même calme tout en me regardant droit dans les yeux pour la première fois :

« C'est ce que nous appelons les "réserves des combattants". Ces paiements sont pour leurs familles et leurs propres frais. Quant aux associations, elles sont destinées à aider la population.

— Qu'en est-il des affaires commerciales ?

— Au début, nous avions beaucoup de problèmes, puis nous avons commencé à récupérer des armes comme butin, après les combats. Nous avons plutôt bien réussi avec celles de l'armée. Ce n'était que justice : elles avaient été volées aux musulmans, il fallait les rendre aux musulmans. À Maarat al-Numan, j'ai acheté plusieurs citernes pour ravitailler les habitants en eau potable. Il n'y a pas d'eau, pas d'électricité ici. Nos projets d'investissement ont pour but d'aider les gens. La route est longue. Il est dit : *Soyez les auxiliaires de Dieu, vous serez victorieux.*

» Parmi nous, il y a quelques personnes qui travaillent indépendamment de la révolution et des djihadistes non syriens qui nous sont fidèles. Nous avons aussi beaucoup de Syriens qui faisaient partie des Frères musulmans, avaient émigré et dont les enfants ont grandi en exil. Ils sont revenus combattre avec nous. Environ 99 % des nôtres sont syriens. Il y avait aussi trois Tchétchènes d'origine syrienne dont les parents avaient émigré au début des années 1960. »

Abou Tareq intervenait de temps en temps pour expliquer un point ou apporter un éclaircissement. J'essayais de mon mieux de paraître calme, mais l'atmosphère devenait de plus en plus suffocante. Dehors, les frappes avaient cessé, le monde semblait plus paisible. Il était rare que nous puissions jouir d'une telle accalmie en plein jour. L'odeur du cuir m'oppressait.

« Quelle forme d'État aimeriez-vous voir advenir ? » repris-je.

Il me regarda dans les yeux :

« Ce que nous voulons c'est la chute du tyran ! »

J'insistai.

« Bien sûr, nous voulons un Émirat islamique. Nous aurons un émir des croyants et un Conseil de la *Choura*. »

Puis il se tut.

Je repris : « Et... ? »

« Et... Il y aura des lois qui protégeront les diverses communautés, les non-musulmans, les *nasara*, les chrétiens. Il sera interdit aux femmes de sortir sans le hijab, c'est le plus important. »

Je sentis sur moi le regard d'Abou Tareq tandis que je notai ces dernières paroles. Je compris l'avertissement. Je lui souris pour le rassurer.

L'émir poursuivit :

« Les alaouites ne peuvent rester en Syrie. Les chrétiens seront traités comme les *nasara* sont traités dans l'islam. Et nous déclarerons publiquement que nous réinstallons le califat des premiers califes, les Rashidun. »

Abou Tareq demanda :

« Qu'en sera-t-il des alaouites et des druzes qui ont soutenu la révolution ? »

— Très peu d'alaouites ont soutenu la révolution. Qu'ils partent. Nous combattrons les alaouites et les Kurdes jusqu'à la dernière goutte de sang. »

La troisième porte

Je fus surprise de l'entendre mentionner les Kurdes, car il s'agissait d'un groupe ethnique, pas religieux ; je ne comprenais pas cette haine envers eux. Mais je le laissai poursuivre sans intervenir.

« Vingt-cinq frères forment le Conseil de la *Choura*. Nous ne reconnaissons pas le soi-disant parlement et nous ne suivrons pas la même voie que les Frères musulmans, nous sommes en désaccord avec eux. »

Je sentais des gouttes de sueur couler sur ma nuque jusqu'à ma poitrine et se déposer sur mon ventre. Mes doigts tremblaient. Tout mouvement inapproprié de ma part ou toute réaction à ses propos à cet instant auraient été fatals, je m'appliquai donc à écrire lisiblement. J'étais avant tout une écrivaine, une journaliste, je devais finir l'interview, la transcrire et partir. C'était ma priorité dans l'immédiat. Il fallait oublier l'autre femme en moi, la femme alaouite qui avait du mal à respirer, transpirait, frissonnait de colère et de peur. Elle pouvait attendre.

L'émir poursuivit : « Nous sommes globalement en accord avec le Front al-Nosra en ce qui concerne la doctrine islamique. Nous avons quelques désaccords par ailleurs, mais ce sont des hommes courageux !

— Qui est maintenant le grand émir des Ahrar al-Cham ? voulus-je savoir.

— Notre aîné, notre émir, est Hassan Aboud Abou Abdallah, me répondit-il avec fierté, un ancien prisonnier qui a été libéré au cours des premiers mois de la révolution. Nous avons une importante élite religieuse et depuis le début, c'est-à-dire mai 2011, nous

Les Portes du néant

avons travaillé à les inclure parmi nous. Nous étions sincères sur notre mission, clandestine au début. Nous n'avons déclaré la création de notre groupe qu'à la fin de l'année. Aujourd'hui, nous faisons partie du Front islamique syrien. Auparavant, nous formions quatre factions : le Bataillon al-Fajr al-islam (Aube de l'islam), le groupe Jamaat al-Talia al-Islamiya (les Pionniers de l'islam), les Brigades d'al-Iman (la Foi de l'islam) et d'Ahrar al-Cham. Elles ont fusionné pour fonder un seul groupe sous le nom Ahrar al-Cham.

— Vous n'avez pas trouvé étrange que le régime libère cheikh Hassan Aboud à ce moment-là ? »

Il me regarda avec étonnement.

J'ajoutai : « Au moment précis où la rébellion contre Assad a éclaté.

— Non, je n'ai pas trouvé cela bizarre. »

Je l'interrogeai sur l'EI et leur position à ce sujet.

« Nos frères de l'État islamique d'Irak et de Syrie sont présents ici à Maarat al-Numan. Ils ont participé aux combats. Beaucoup sont des étrangers qui veulent se battre contre la secte Nusayri, contre les alaouites. »

Abou Tareq nous interrompit soudain :

« Nous sommes en retard, nous devons partir.

— Comme vous voulez », dit l'émir.

Mais il me restait encore une question :

« Comment imaginez-vous la situation après la chute de Bachar al-Assad ?

— Le pays connaîtra des conflits majeurs, des guerres entre les factions. Je ne pense pas trop à l'avenir. Par la grâce de Dieu, je serai un martyr. J'ai été blessé six fois au combat. Depuis ma dernière blessure, je n'ai participé qu'à une seule bataille.

— Est-il vrai qu'il existe des émirs de guerre ?

— Oui, c'est le cas, nous sommes en guerre.

— Cela signifie-t-il que la Syrie en tant qu'entité nationale n'est plus acceptable pour vous ?

— Comment cela ? répliqua-t-il surpris.

— Vous voulez un État islamique, cela signifie l'effondrement total de la Syrie.

— Pas du tout ! Nous brandissons seulement la bannière de l'islam. La Syrie restera telle qu'elle est, mais elle sera islamique. Les alaouites partiront.

— Ils sont plus de deux millions ! Qu'en sera-t-il des chrétiens et des autres communautés ?

— Ils peuvent quitter la Syrie, se convertir à l'islam, ou payer un tribut, la *jizya*.

— Et ceux qui ne partent pas ?

— Leur sort sera scellé.

— Ils seront tués ?

— Ce sera leur juste châtiment.

— Et les femmes ? Les enfants ?

— Ils peuvent partir.

— Les druzes ? Les ismaéliens ? Que deviendront-ils ? insistai-je en haussant le ton.

— Ils sont les bienvenus s'ils rejoignent la voie de l'islam, sinon leur sort sera conforme à celui des impies. Nous les invitons à la foi. Mais les alaouites sont des apostats, ils méritent la mort. »

Je ris pour dissimuler ma fureur :

« Mais quel péché ont commis les femmes, les enfants ?

— Les femmes font des enfants, les enfants deviennent des hommes et les hommes nous tuent. »

Abou Tareq se leva alors :

« Je vous en prie, madame, il faut absolument partir. »

Son regard sévère me fit comprendre que je n'étais pas autorisée à ajouter un seul mot. Je parvins à me lever comme si de rien n'était, même si mes jambes tremblaient.

« Mais ce n'est pas une religion de tolérance, et ce n'est pas la volonté divine, dis-je à Abou Ahmad. C'est le mal absolu, comme celui que pratiquait Bachar al-Assad.

— Laissez les affaires de la guerre aux hommes, ma sœur », dit-il.

En nous raccompagnant, il évoqua son projet de fonder une école pour apprendre aux enfants l'art de réciter par cœur le Coran.

« J'ai entendu dire que vous vous intéressiez à l'enseignement, ajouta-t-il.

— Oui, beaucoup ! C'est le plus important.

— Nous voulons ouvrir une école pour enseigner le Coran aux enfants.

— Que Dieu vous récompense de sa bonté, mais le Coran est pour la foi, alors que l'enseignement est pour l'esprit. Nous avons besoin de le développer. Laissez Dieu s'occuper du cœur. »

Il secoua la tête d'un air indigné.

La troisième porte

J'étais tentée de lui révéler mon identité, mais le regard furibond d'Abou Tareq me l'interdit. Une fois dans la voiture, il démarra en trombe. Pas un mot entre nous. Après la sortie de la ville, je desserrai le poing et j'inscrivis sur la paume de ma main la date du 4 août.

Le talkie-walkie grésilla soudain. Abou Tareq entama un dialogue avec ses combattants. Il donna toute une série de chiffres puis leur dit qu'il les verrait après l'*iftar*. Une autre voix s'éleva, les mêmes chiffres furent répétés. Je lui demandai si nous pouvions passer par la ligne du front. Il me répondit que nous étions à proximité, mais que nous n'irions pas jusqu'à la colline au bout de la rue.

Je remarquai des chats partout dans les rues, les uns maigres, les autres le corps étrangement gonflé. La dévastation était la même que partout ailleurs, pourtant, ici, elle paraissait pire. Plus hideuse. Plus près du front, les ruines calcinées devenaient noires, la matière n'était plus que combustion. Tout se transformait en cendres dans une sorte de processus de purification. Il n'y avait plus une seule trace d'habitation humaine.

Abou Tareq, qui avait perdu sept de ses amis proches dans les combats, était plongé dans ses pensées. Il me demanda de ne pas quitter la voiture : « Nous ne pouvons rester que quelques minutes. » À peine avait-il terminé sa phrase que des coups de feu éclatèrent de l'autre côté. Il remit le contact et démarra en vitesse pour rebrousser chemin.

La nuit fut intense. Après l'*iftar* – marqué par la synchronie des bombardements –, nous nous rendîmes dans une école à Al-Dara avec l'équipe du Bus Karama, puis, de retour au centre nous reçûmes un groupe de militants et de combattants qui incluait un homme venu du Danemark pour retrouver Martin Söder et qui cherchait le moindre indice de sa localisation. Il voulait me rencontrer en particulier pour que je lui raconte ce que j'avais vu.

J'avais essayé d'oublier que ma présence n'était plus un secret et donc qu'il était devenu dangereux pour moi de rester, parce que, têtue, je ne pouvais admettre l'idée que les régions « libérées » m'étaient désormais interdites et présentaient un risque aussi grand pour moi que du temps d'Assad, voire pire. Abou al-Majd, le sympathique commandant de la Brigade Fursan al-Haqq m'avait assuré que je n'avais rien à craindre parce qu'ils me protégeaient et j'en étais convaincue, mais rien n'était sûr. Pourtant j'avais envie d'achever ma mission auprès des femmes et des enfants.

Nous travaillâmes jusque tard dans la nuit. Quand j'arrivai chez Razane, tout le monde dormait à l'étage. Mais les rires et le brouhaha des enfants, en bas, alternaient avec le bruit lointain des explosions. C'était mon sixième jour dans cette maison sans électricité, sans eau et sans Internet. Nous n'utilisions les générateurs électriques qu'en cas d'absolue nécessité pour économiser le carburant. Je ne pouvais m'empêcher de songer à ces femmes qui étaient venues dans ces régions pour y travailler comme bénévoles, et avaient quitté leurs foyers, en Europe, en Amérique et dans les régions encore dominées par Assad pour participer aux secours.

Je m'écroulai sur le premier matelas disponible et sombrai dans un profond sommeil jusqu'à 9 heures.

Le lendemain, nous partîmes rencontrer Abou Hassan, un des émirs appartenant au Front al-Nosra (à ne pas confondre avec Abou Hassan de Kafranbel). Depuis six mois, j'essayais en vain de rencontrer l'un d'eux. Le voir allait être difficile car il se trouvait dans une zone de combat proche de la ligne de front. Malgré sa blessure à la jambe lors d'une attaque, il insistait pour rester stationné là. Je devais donc me rendre à Al-Bara, un site historique. Ibrahim al-Asil, le volontaire du centre qui formait les rebelles aux médias, nous accompagnerait.

Dans la voiture d'Abou Tareq, j'écrivis sur ma paume la date : 5 août. Je savais que l'encre s'effacerait pour ne laisser qu'une tache bleue. Mais ce dernier séjour durait depuis si longtemps que ma mémoire commençait à me faire défaut. Je notai chaque jour la date dans mon carnet, mais de cette manière, en regardant la paume de ma main, je savais tout de suite quel jour nous étions. Je regrettai de ne pas avoir eu recours à ce procédé plus tôt alors que le trou noir de ma mémoire s'élargissait. En fait, deux trous grandissaient au fond de moi, l'un dans mon cœur, l'autre dans mon esprit.

Sur la route d'Al-Bara, Abou Tareq appela par radio trois personnes pour arranger les derniers détails de notre rendez-vous. Le village lui-même avait subi de lourds dégâts. Nous entendions dans la radio les voix des combattants qui s'époumonaient et juraient. Abou Tareq raconta en détail la grande bataille que s'étaient livrée les bataillons de l'Armée Syrienne Libre et ceux de l'EI puis il s'exclama :

« L'EI a volé notre révolution ! Nous ne pouvons pas les laisser faire. Pourtant, c'est un choix impossible : combattre l'armée d'Assad ou les brigades extrémistes et les mercenaires qui ont corrompu notre soulèvement. Nous sommes attaqués du ciel par les avions, les barils et les missiles, et de la terre, par les bataillons islamistes. Les gens sont à bout. »

Le voyage qui devait nous mener à Abou Hassan ressemblait à la recherche d'un trésor perdu. Nous suivîmes les consignes d'un combattant dans le centre des médias du Front al-Nosra et dûmes emprunter toutes sortes de routes avant d'arriver au lieu exact du rendez-vous. Notre quête nous conduisit au cœur du village puis à sa lisière. Sous les bombardements, bien sûr.

Après une heure passée à attendre au bord de la route, une voiture s'arrêta à notre hauteur. Deux jeunes en sortirent. Abou Tareq disparut avec eux puis revint nous chercher. On traversa une oliveraie jusqu'à une petite colline. Il n'y avait personne dehors. À part un camion chargé de jeunes combattants qui brandissaient une bannière noire « Il n'y a de Dieu qu'Allah ». Ils disparurent sur un sentier au beau milieu du champ d'oliviers.

La troisième porte

Il était déjà midi et le chargé des médias nous avertit que nous étions en retard. Il voulut nous prendre en photo avant la réunion mais je refusai. C'était l'un des procédés habituels qu'utilisait Al-Qaida avant les rencontres avec les journalistes. Ils constituaient des dossiers qui pouvaient se révéler utiles. Le type n'insista pas, peut-être parce qu'après tout, je n'étais qu'une femme. Plus tard, me dis-je en remontant dans la voiture après l'interview, je lui révélerai mon nom. J'avais besoin de me sentir appartenir à ce lieu et de déclarer mon identité, comme si c'était un gage de ma liberté. Même si j'étais consciente des risques, mon désespoir face aux événements accroissait mon désir d'affirmer haut et fort qui j'étais. J'avais des accès de rage parfois, surtout lorsque nous étions arrêtés par un checkpoint de l'EI dont tous les membres étaient des étrangers venus de Tunisie, du Maroc, d'Arabie Saoudite, du Yémen, de Tchétchénie. À leurs yeux, nous n'étions qu'une bande de Syriens. En colère, je devais me retenir de leur répondre lorsqu'ils demandaient : « Qui est cette femme ? » et que l'un de mes compagnons répondait que j'étais sa tante, sa mère ou sa sœur. Cette fois-ci, je réussis à me contrôler jusqu'au bout.

Nous traversâmes un autre champ d'oliviers avant d'atteindre un mausolée romain à l'architecture exquise malgré les dommages dus aux obus. L'intérieur avait été pillé, il ne restait presque plus aucune pierre. Au fond, des débris, les restes d'un bombardement aérien. Ce site était vieux de deux mille ans et le Front al-Nosra l'utilisait comme lieu de réunion.

Les Portes du néant

« Qui a cambriolé le mausolée ? demandai-je au chargé des médias.

— On ne le sait pas encore. Il y a eu des vols des deux côtés. Ça arrive souvent dans les guerres. »

J'aperçus alors un homme s'avançant parmi les arbres à l'aide d'une canne. Abou Hassan, l'émir, était un homme de taille moyenne, corpulent, le visage basané, et portait une abaya grise. J'avais entendu parler de lui et je savais que si les opinions à son sujet différaient, en général il était apprécié. Il avait travaillé comme entrepreneur en bâtiment à Beyrouth, ainsi que dans la montagne du Chouf, à Jezzine et à Deir el-Qamar. Il avait construit, réparé et rénové des maisons là-bas pendant dix-sept ans :

« Chaque fois que je revenais ici, à Al-Bara, ils m'arrêtaient et m'interrogeaient en m'accusant d'être un salafiste. Une fois, ils m'ont emprisonné pendant sept jours avant de me relâcher. Mais la politique ne m'intéressait pas. Moi, je gagnais bien ma vie au Liban, je travaillais avec des clients très riches. Ils ont aussi emprisonné mon frère pendant quatre ans et l'ont libéré au mois de mai.

— Trois mois après le début du soulèvement ? »

Il acquiesça.

Ce fait revenait souvent : des prisonniers salafistes et islamistes avaient été libérés par le régime en avril, mai et juin 2011. Des activistes pacifiques étaient arrêtés, torturés et exilés alors que ces fondamentalistes étaient relâchés.

Abou Hassan poursuivit :

La troisième porte

« J'étais suivi. Alors je suis parti à Beyrouth il y a quatre ans, pour obtenir une copie de mon inscription dans le registre public que j'utiliserai comme papier d'identité. Lorsque les événements se sont déclenchés à Deraa en mars 2011, au tout début de la révolution, je suis revenu. J'ai vu que le peuple avait décidé de manifester contre le régime. Nous avons tenu des manifestations pacifiques contre Assad à Jisr al-Choughour, Al-Bara et dans le Jebel al-Zawiya. Nous n'avons pris les armes qu'en juin 2011, quand ils ont commencé à tirer sur nous au hasard et à faire intrusion dans nos demeures.

» Nous n'avions pas l'intention au début d'affronter l'armée. Nous pensions que cela se passerait comme en Égypte, Tunisie, Lybie. Notre but était de nous débarrasser des *mukhabarat*. Nous considérions notre armée comme une armée nationale, nous n'avions pas imaginé un seul instant que les soldats allaient nous prendre pour cible. Mais après le massacre, en mai 2011, d'Al-Mastoumé, près d'Idlib, où de nombreux civils ont été tués, nous avons décidé de prendre les armes et de nous battre. À l'époque, je n'avais qu'un fusil de chasse que j'emportais pour les mariages et la chasse. Nous sommes des gens simples, comme vous voyez, des anonymes, mais grâce à la révolution, nous nous sommes fait un nom.

» L'armée a envahi le Jebel al-Zawiya le 29 juin. Nous avons riposté avec la seule arme que nous avions : la kalachnikov. Quand l'un des snipers de l'armée a tué une femme de la famille Halaq, une veuve, les villageois

Les Portes du néant

sont devenus enragés et nous avons attaqué le checkpoint. Alors ils ont bombardé notre village à bord de leurs blindés BMP. Nous avons cru que l'armée entrait dans le village pour nous aider contre les *mukhabarat*, et en fait ils venaient les soutenir et supprimer notre rébellion. Nous étions stupéfaits de voir les tanks. C'était une invasion, une occupation ! Les hommes sont partis, bien décidés à se battre. Les femmes et les enfants sont restés. Et on a décidé de combattre. Nous étions cinq hommes face à eux.

» Il en allait de même dans les autres villes et villages. C'est devenu un affrontement public entre la population d'un côté, l'armée et les services secrets de l'autre. Chaque village a armé des hommes pour défendre les maisons et leur honneur. C'est ainsi que la révolution a commencé. Notre cause était juste et cela nous a donné confiance dans notre victoire. Nous avons décidé d'attaquer le checkpoint de l'armée à Al-Bara pour nous emparer de leurs armes parce que nous n'avions pas les moyens de nous en procurer. Nous avons pillé les postes de police, les bureaux du parti Baas ainsi que les centres de recrutement militaire et pris leurs armes.

» Bien sûr, il y avait des indics parmi nous, et nous étions assez fragiles, mais on a continué d'attaquer les checkpoints du Jebel al-Zawiya. Au début, on ne tuait pas les agents de sécurité, mais cela a changé. Je me déplaçais entre Idlib, Hama et Alep pour me battre. Les mitrailleuses kalachnikov montées sur trépied coûtaient très cher, et nous n'avions pas d'argent. Le régime se montrait de plus en plus brutal. Chaque jour, il y avait des massacres, des meurtres, des raids aériens, des arrestations. Nous avons acheté des armes avec nos économies, et les bénéfices de nos récoltes d'olives. Nous nous aidions les uns les autres, nous formions une communauté soudée. Le rêve de la victoire semblait proche. Et puis la situation s'est dégradée.

— Comment ?

— C'est une longue histoire. En un mot, nous n'avions pas d'armes, nous étions épuisés, et la plupart de nos hommes avaient été tués. J'ai décidé de rejoindre le Front al-Nosra il y a un an. Beaucoup d'officiers déserteurs ont fait de même. Mais auparavant, nous avons constitué la Brigade des Martyrs du Jebel al-Zawiya, et nous avons fait la connaissance des combattants qui plus tard devaient former le groupe des Ahrar al-Cham. À cette époque, en septembre 2011, aucune arme ne venait de l'étranger.

— Vous étiez donc plusieurs groupes armés à attaquer les checkpoints pour vous emparer des armes et combattre le régime ?

— C'est exact. Les gens riches du village nous avaient dit d'acheter des armes antiaériennes, qu'ils les paieraient. Mais ils n'en ont rien fait. De toute façon, le problème, ce n'était pas l'argent, c'était que personne ne voulait nous en vendre.

» J'ai fait la connaissance de deux hommes, l'un avait été le compagnon de mon frère en prison. Ils se sont présentés comme membres du Front al-Nosra dans la région d'Idlib. À ce moment-là, le front n'était pas présent dans le Jebel al-Zawiya. Ils m'ont proposé de me joindre à eux. J'ai accepté et ensemble nous avons constitué une force unique.

— Quels sont vos rapports avec l'EI ?

— L'État islamique n'est pas présent sur le front, mais en arrière-plan. Ses membres appartenaient tous au Front al-Nosra. Ils sont étrangers pour la plupart. Notre religion est tolérante, nous serons miséricordieux avec les personnes d'autres religions. Le calife Omar ibn al-Khattab, que Dieu le bénisse, l'était. Mais nous voulons répandre l'islam et nous voulons tuer Bachar al-Assad.

— Omar fut le premier des sages qui interprétèrent la charia, et vous êtes des takfiris ? Vous éliminez des gens comme infidèles ? »

Il me dévisagea soudain des pieds à la tête, comme s'il venait de découvrir quelque chose et, sans se départir de son sourire, répondit :

« Comparé à d'autres, je suis un modéré, mademoiselle. Ce que vous m'entendez dire pourrait ne pas plaire à certains, ici même. Les takfiris égorgent et punissent par des coups de fouet. Ils ont infiltré certains groupes. Pour ma part, je veux instaurer une religion islamique qui se propage dans le monde entier grâce à un travail missionnaire.

» Au Front al-Nosra, nous désirons créer un Conseil de la *Choura*. Il aura un rôle consultatif et remplacera le parlement. Nous refusons que les chrétiens cohabitent avec nous, les *nasara*. Nous les appelons à se convertir à l'islam. Celui qui accepte, tant mieux ; celui qui refuse devra payer un tribut. Nous avons une

"Trésorerie musulmane" qui administre l'économie. Les alaouites n'ont pas leur place parmi nous. »

Tout en écrivant, j'étais consciente qu'Abou Tareq et Ibrahim ne me quittaient pas des yeux. Ils participaient de temps en temps à la conversation, parfois en s'adressant à moi, parfois à mon interlocuteur. Mais à cet instant je compris qu'Abou Tareq priait pour que le sujet de mon identité ne vienne pas sur le tapis.

« Après deux ans et demi de guerre, je peux vous dire qu'il s'agit d'une guerre sunnite/alaouite. Elle sera longue, elle durera au moins une décennie. »

Abou Hassan se tut. Les six autres hommes intervinrent à leur tour dans la conversation.

« Ils ont brûlé à l'acide cinquante-trois hommes dans le village de Bileen, dit l'un d'eux. Comme ça, pour rien ! Nous allons les brûler à notre tour. Nous savons que le monde entier soutient Assad. Il ne tombera pas, non parce qu'il est fort, mais parce qu'il a l'appui de l'Iran, de la Russie, des États-Unis et de la Chine. Mais nous ne cesserons pas de le combattre. Et quand il finira par tomber, je quitterai tout ça et je reprendrai mon travail d'entrepreneur. Mon oliveraie, mes enfants et mon épouse m'attendent. »

Abou Hassan reprit alors :

« Je suis entré dans un village alaouite et je n'ai tué ni femmes ni enfants. Je suis contre les massacres. L'islam est une religion de tolérance qui ne contraint personne. Mais avec le temps cela finira par changer. Je suis un modéré, mais ma voix et celle de ceux qui pensent comme moi ne sera plus entendue si la situation perdure. Et je crois qu'elle en prend le chemin. Je vois l'avenir très sombre. Qui va en payer le prix ? Ce n'est pas Bachar al-Assad, ce sont les alaouites. Ils sont infidèles, ils n'ont pas de religion. »

— Vous vous trompez, ce ne sont pas des hérétiques, lui rétorquai-je en lançant un regard vers Abou Tareq pour lui faire comprendre que je ne dépasserai pas les limites.

— Je les connais mieux que vous, répliqua Abou Hassan.

— Oh, mais je les connais un petit peu. J'ai le sentiment que les Syriens se connaissent très mal les uns les autres. »

Puis la conversation porta sur notre environnement. Les stèles abîmées, l'oliveraie ciblée alors qu'elle n'était pas dans la zone de combat. L'un des hommes pensait que les tombes avaient été bombardées pour être pillées. Un homme blond, trapu, qui appartenait au Bataillon Jamal Maarouf, n'était pas d'accord. Cependant le jeune insista : « Nous ne pouvons plus nous taire à ce sujet. Ils volent les antiquités. Mais l'armée de Bachar et ses *chabbiha* ne sont pas les seuls responsables…

— Ils le font tous pour acheter des armes ! » répondit un autre.

Sous nos pieds, une autre armée miniature, des fourmis qui couraient partout.

Abou Hassan m'interrogea à son tour :

« Pourquoi êtes-vous ici ? Votre livre, il va servir à quoi ?

« — Je pense publier tous les témoignages que j'ai pu recueillir au sujet de la révolution. Je veux donner une voix à ceux qui n'en ont pas.
— Vous pensez qu'on vous croira ?
— Cela n'a pas d'importance. »
Il me dévisagea avec curiosité :
« Vous êtes de Damas ?
— À votre avis ?
— Je ne sais pas... Je n'arrive pas à reconnaître votre accent.
— Je suis de partout. »
Il sourit :
« Vous avez du courage pour venir jusqu'à nous.
— Et vous alors ? Vous n'êtes pas courageux ? »
Il éclata de rire :
« C'est normal, je suis un homme.
— Et moi, je suis une femme et c'est normal aussi. »
Il cessa aussitôt de rire.
Nous quittâmes les combattants, refusant l'hospitalité qu'ils s'empressèrent de nous proposer. Avant de partir, Abou Hassan me répéta que jamais il ne tuerait une femme ou un enfant, quel que soit le prix. Mais il savait aussi que ce genre d'événements se produirait avec le temps. « On devine le courage d'un homme à ses yeux », répondis-je à Abou Tareq lorsqu'il me demanda plus tard ce que je pensais d'Abou Hassan.

Je dois avouer que la révolution m'apprenait la patience et l'art de l'écoute. Nous avions échangé nos rôles, les combattants et moi : c'était à leur tour de raconter. Moi, en retour, j'écrirai leur témoignage, un acte pour la vérité. Leurs vies m'aidaient à poursuivre la mienne. J'avais besoin de traduire leurs actions par des mots. J'espérais ainsi réparer à ma façon tout ce désastre. Au pire des cas, mon témoignage existerait au moins comme une preuve, une trace de ce qui s'était produit, tout ne partirait pas en fumée, emporté par le vent. C'était au tour des émirs Abou Hassan et Abou Ahmad d'emprunter la voix de Schéhérazade, comme Raed l'avait fait pour me raconter la libération de Kafranbel. J'étais leur Shahryar, celui qui consommait avec avidité leurs récits. Un Shahryar doté d'un double rôle : je les écoutais puis je reprenais l'identité de Schéhérazade pour transmettre leurs faits et gestes. J'étais l'un et l'autre, j'écoutais et je recréais l'histoire. S'il n'y avait pas eu ce mouvement, si je n'avais pu relayer ces récits, j'aurais cessé de revenir en Syrie, je serais restée dans le cocon de mon exil. Même s'il s'agit d'une sorte de fraude esthétique, une fraude hideuse, j'espère qu'elle me sera pardonnée par mon désir de composer, de narrer et de communiquer la vérité sur les événements qui se produisaient dans le nord de la Syrie. Transmettre cette vérité m'apparaît comme un devoir envers toutes les victimes mortes en défendant le rêve d'une Syrie libre et juste.

Je devais rentrer à Saraqeb. J'étais partagée car cette ville, dont j'avais été séparée contre ma volonté, était devenue dangereuse pour moi. Je savais que louer une maison à Saraqeb ou à Kafranbel était impossible, que rester en Syrie pour tenter d'y mener une vie normale,

La troisième porte

de la pure folie. La responsabilité de me protéger et de m'accompagner partout où je voulais aller représentait dorénavant un fardeau pour les rebelles, et même si chacun avait le droit d'exercer sa folie comme il l'entendait, je ne pouvais les obliger à l'endosser plus longtemps. Sans compter que trop de personnes étaient au courant de ma présence à Saraqeb. Je devais néanmoins y retourner une dernière fois en ce milieu du mois d'août pour terminer mon travail auprès des femmes.

En arrivant, nous descendîmes au sous-sol où se trouvaient déjà Noura et Abou Ibrahim. Cette nuit-là, comme je n'arrivais pas à dormir, je remontai m'allonger dans la chambre du haut avec Ayouche et les deux vieilles dames. Je ne sais pas pourquoi. Je réussis à m'endormir. Des explosions me réveillèrent une heure plus tard. J'étais couverte de piqures de moustiques, même sur les paupières.

Mon corps me paraissait lourd soudain, comme s'il pesait une tonne et je mourais d'envie de me débarrasser de la saleté accumulée pendant le voyage. Noura resta à la porte pour me rassurer alors que le bombardement était distant. Je fis une toilette rapide, avec le peu d'eau dont je disposais, avant de me rendre avec elle dans la grande salle en traversant le patio. Un obus tomba non loin mais il ne nous empêcha pas de prendre notre café auprès des deux grands-mères. Je pus enfin m'allumer une cigarette. Un rêve. À Kafranbel j'avais dû résister à la tentation par souci de discrétion à cause du ramadan.

Une longue journée m'attendait car je devais rendre visite à plusieurs femmes. Rien n'avait vraiment changé si ce n'était la façon dont les gens mouraient et le peu qu'ils laissaient derrière eux. Les mêmes détails quotidiens se répétaient : des histoires qui engendraient d'autres histoires ; le mal qui prenait sa revanche sur le mal ; les colonnes de déplacés ; les visages exsangues, hagards, après chaque bombardement. Les regards étaient les mêmes, pourtant une émotion dépassait les autres, collée à leurs rétines : l'horreur. Les tâches quotidiennes étaient assurées, les visages des belles veuves se cachant du soleil, se serrant dans les bras les unes des autres, créant la vie à partir du chaos, préparant les bagages d'un autre mort. Rien ne bougeait excepté la haine qui se répandait en même temps que le poison largué par les avions.

Il n'y avait rien de nouveau. C'était toujours les mêmes difficultés pour acheter un kilo de légumes, la même expédition hasardeuse, risquée, pour se rendre au marché, alors que la mort guettait, qu'il fallait jouer au chat et à la souris avec les MiG. Rien n'avait changé quand, au cours de mes visites, je voyais de nouvelles tombes creusées, puis remplies des corps abandonnés dans les vallées et les collines, des mausolées détruits par les bataillons de takfiris, et, à leur place, de nouveaux camps de l'EI.

Pourtant, la résistance coulait toujours dans les veines de la population. Il y avait encore des soldats qui refusaient de se soumettre aux caprices des pays les plus puissants, refusaient de devenir leurs pions. Des combattants, des militants civils et pacifiques étaient faits prisonniers par l'EI puis exécutés. Des journalistes, syriens et étrangers, étaient enlevés, assassinés, échangés contre une rançon. Les avions d'Assad tuaient sans pitié ceux qui étaient restés. Des combattants de vingt ans étaient acculés à vendre leurs meubles, se nourrir de plantes sauvages, pour défendre leurs maisons.

Plus rien n'avait de sens. Rien n'était clair. Des bataillons se battaient entre eux, les conflits dévoraient la révolution. Les extrémistes religieux étaient devenus un monstre à plusieurs têtes grâce à toutes leurs factions. Des enfants de moins de seize ans, armés, disparaissaient la nuit dans les ruelles. Des gangs de voleurs prenaient le nom de bataillons imaginaires se transformant en rebelles voyous. La Syrie, divisée en zones contrôlées par des brigades militaires rivales, soumises au pouvoir absolu d'un ciel meurtrier, n'avait plus rien d'un pays digne de ce nom. Ici, la population continuait à vivre, malgré tout. Les familles tenaient, vivotant parmi les barbares des bataillons extrémistes.

Je devais préparer mon petit sac de voyage, partir de nouveau vers la frontière. Nous savions, mes compagnons et moi, que nous n'étions pas partenaires dans la mort, que notre alliance était provisoire et ils ne voulaient pas que je meure. Alors que je me préparais à partir, l'une des femmes me dit d'un ton pressant : « Ne meurs pas ici. Pars tant que tu le peux et demeure ce fil qui nous relie au monde, Samar. » Je la regardai, stupéfaite. Cette femme sexagénaire, analphabète, avait lu dans mes pensées ! Je me sentais comme un fil tendu dans l'espace, sans début ni fin, sans lieu fixe, sans autre identité que ma langue.

Mon départ approchait. J'étais atteinte d'insomnie, et j'avais à peine fermé les yeux depuis quatre jours. Je découvrais la vie nocturne, lorsque le ciel se calmait et que les habitants sortaient, déployant toute leur énergie pour préparer le lendemain. C'était la nuit qui permettait aux gens de quitter leur maison. Ce fut de nuit que j'accompagnais les jeunes qui nettoyaient les rues de Saraqeb pour éviter que maladies et épidémies ne se propagent. Leur voiture passait dans les rues, tous phares éteints pour ne pas constituer une cible. Nous devions parfois nous cacher chez les habitants alors que des funérailles d'enfants avaient lieu, que des jeunes estropiés étaient couchés sur des matelas à même le sol. Puis nous repartions et reprenions l'opération de nettoyage.

Les enfants de Saraqeb non plus ne dormaient pas. Ils se tenaient sur le pas de leur porte et nous observaient ramasser les détritus dans un vieux véhicule bringuebalant qui ne roulait plus que sur trois roues. L'odeur était insoutenable. Les déchets étaient incinérés au plus vite.

Le lendemain, je poursuivais mes tournées, comme avant. Une répétition quotidienne de la même scène. Un lieu exposé à la mort. Le hasard seul choisissait les quelques chanceux qui échappaient à ce jeu absurde.

La troisième porte

Le jour de mon départ, alors que je me dirigeais vers la frontière sous un soleil de plomb, je me sentis vidée de toute émotion. Comme mue par un instinct animal, j'accomplissais mes tâches avec un professionnalisme qui demandait diligence et précision. Sans état d'âme. Rien d'autre n'avait d'importance. Pas le temps d'être triste. Pas le temps de pleurer. Ni de réfléchir ou de méditer. Au milieu de tout ce chaos, ce qui comptait, c'était de constater, en nous réveillant le matin, que nous n'étions pas enterrés sous les décombres ou que nous avions évité d'être décapités par l'EI. Le voyage en pleine canicule vers la frontière ressembla à un trajet ordinaire, alors que nous étions serrés les uns contre les autres et sujets à des arrêts fréquents à cause des tirs de mortier.

Silencieuse, je ne me demandais plus si j'allais vivre ou mourir. J'observais les champs d'oliviers et les gens des deux côtés de la route. Je compris à quel point la mort renforce les liens d'amitié en l'absence de toute raison, de tout sens. Ici, on comprenait que cette boucherie, la violence même que la terre respirait, était la seule chose capable de créer une rupture définitive avec l'histoire qui l'avait précédée. Je me trouvais au milieu d'un monde en profonde transformation, je le savais, je la palpais, je la respirais.

Il me restait un dernier témoignage à recueillir auprès d'un combattant et c'était la seule chose qui me préoccupait. Je ne regardai pas dans les yeux les deux beaux jeunes hommes mutilés que nous croisâmes sur la route comme je le faisais d'habitude.

J'étais obnubilée par la douleur, je refusais de la laisser m'envahir. Je devais la séparer de mon sang, la fuir comme un cercle de feu menaçant de me détruire. Je ne regardai pas le groupe d'hommes et j'attendis sagement près de la voiture l'arrivée du combattant. Il fut ponctuel.

Je possédais déjà plus d'une cinquantaine d'entretiens, mais celui de ce combattant, rasé de près, était différent. Il était respectueusement surnommé « Hajji ». Né dans le camp palestinien d'Al-Raml en 1978, dans le port de Lattaquié, ma ville et le cœur de la population alaouite. Lattaquié était aussi différente du point de vue social et culturel de Saraqeb que deux étoiles appartenant à deux galaxies séparées. Fils d'un chauffeur de taxi, cet homme était allé à l'école jusqu'à onze ans avant de travailler dans le port. Il commandait désormais le Bataillon Ahrar Latakia (les Hommes libres de Lattaquié) et se déplaçait sans cesse entre la frontière avec la Turquie et la région montagneuse surplombant le littoral syrien au nord de Lattaquié.

Il me réserva un accueil chaleureux. Cet ami de Maysara paraissait très désireux de me confier son histoire. Il considérait que nous étions entrés dans un conflit religieux qui allait durer vingt ans et que la famille d'Assad ne perdrait pas. Les perdants seraient les autres alaouites, parce que les crimes commis par le clan d'Assad seraient perpétrés contre les alaouites, en représailles. Rien de ce que je pus lui dire ne réussit à le faire changer d'avis. Il parlait avec assurance et détermination, non sans une certaine rage amère :

La troisième porte

« Je travaillais comme docker. Jamil al-Assad, l'oncle de Bachar, et les siens ont mis la main sur le port et ont fait de nous leurs esclaves. Je hais le régime et sa communauté, ils n'ont fait que nous humilier. Les fils de Mounzen, cousin de Bachar, et de Jamil al-Assad considéraient Lattaquié comme leur fief. Ils ont cru que toute la Syrie leur appartenait, que nous étions leurs bêtes de somme. Mais la situation à Lattaquié était particulièrement dure et injuste. Leurs voyous nous insultaient sans cesse, nous traitant de : "Porc sunnite !" Vous êtes de Lattaquié, vous savez ce que c'est. Vous savez que la fille d'un officier est intouchable. Elle pourrait même faire mordre la poussière à l'homme le plus fort.

» Entre 2003 et 2005, nous avons découvert qu'ils s'apprêtaient à construire dix *Hussainias*, lieux de rassemblement pour des commémorations chiites. On a senti que notre religion était en danger parce qu'on voyait émerger ce bloc chiite. Pour moi c'était une question de doctrine sunnite ou chiite. Nous avons organisé une réunion, il fallait agir. J'ai même envisagé une attaque à la bombe après avoir vu une banderole annonçant la création d'une école de langue farsi dans le quartier sunnite d'Al-Ziraa. Les Iraniens avaient déjà construit des mosquées chiites dans les villages alaouites. Nous nous sommes tus pendant des années alors que notre identité religieuse était effacée, moquée, humiliée.

» Nous savions que le régime syrien envoyait des djihadistes et des extrémistes en Irak depuis l'époque de Hafez al-Assad et que nos cheikhs sunnites entretenaient de bons rapports avec le régime dont ils faisaient même partie. Mais nous refusions de devenir des extrémistes ou des membres du régime. Lorsque la révolution a éclaté en Tunisie, en Égypte et en Libye, nous, je parle des jeunes, nous nous sommes réunis pour décider de nos actions.

» Pendant ce temps, Deraa était en feu après la répression du soulèvement. Le vendredi, nous avons décidé de faire la prière des absents à la mosquée Muhajireen, dans notre quartier. Une manifestation spontanée et fervente s'est organisée après la prière et nous nous sommes dirigés jusqu'au siège du bureau de sécurité. Les agents se sont rués sur nous avec des bâtons et des fouets. Nous avons riposté en mettant le feu au quartier général. La manifestation est arrivée jusqu'à la mosquée de Khalid ibn al-Walid, puis au quartier Saliba.

» Ce jour-là, nous avons cru que nous étions les maîtres du monde. Pour la première fois, nous avons pu scander : "Dieu ! La Syrie ! La liberté ! Et c'est tout !" Le vendredi suivant, plusieurs manifestations ont démarré à la sortie des mosquées. Il y avait vingt mille manifestants. L'armée a ouvert le feu, faisant quinze morts et un grand nombre de blessés.

» Au camp palestinien d'Al-Raml, les armes circulaient déjà avant la rébellion. Il y avait aussi un trafic de stupéfiants, une grande pauvreté et beaucoup de chômeurs. Nous sommes entrés dans la clandestinité, planifiant en secret la prochaine étape tout en organisant des manifestations pacifiques. Dès la troisième semaine, nous avions des armes sur nous pour nous défendre. Nous ne nous en servions pas au début. Mais après le massacre qui a eu lieu sur la place Ibn al-Oulabi, on les portait ouvertement. Ce jour-là, nous étions convenus d'une manifestation pacifique qui partirait de plusieurs mosquées pour converger vers la place dans le quartier Sleybiyé. Il y avait des femmes et des enfants qui brandissaient le Coran en scandant : "Sit-in jusqu'à la chute du régime !" Un peu avant minuit, après la prière du soir, nous avons appris que l'armée avait encerclé les manifestants qui continuaient à chanter : "Le peuple et l'armée, main dans la main !" Ils criaient aussi : "Pacifique ! Pacifique ! Pacifique !" L'armée a donné l'ordre aux manifestants de se disperser, mais ils ont refusé d'obéir alors les soldats ont ouvert le feu, à balles réelles. Il y a eu deux cents morts ce jour-là, dont des femmes et des enfants. Les cadavres s'empilaient, les gens qui se tenaient aux balcons et assistaient au massacre ont été tués eux aussi. Je l'ai vu de mes propres yeux. Une fille de seize ans a attrapé la veste d'un colonel. Il a donné l'ordre à l'un de ses soldats de la tuer. Ce dernier a refusé, et il lui a tiré une balle dans la tête avant de tuer la fille.

» À exactement 11 h 45 ce soir-là, un cortège de voitures est arrivé. Ils venaient emporter les cadavres. En quelques minutes, les camions des pompiers avaient tout nettoyé, ne laissant aucune trace du massacre. C'était le 17 avril 2011. Ce jour-là, nous avons compris que la résistance armée était l'unique solution. Nous avons acheté des kalachnikovs et des mitrailleuses pour protéger les manifestants et empêcher l'armée et les services de renseignement d'entrer dans notre camp. Nous avons résisté six mois.

» Mais nous n'avions pas assez d'armes et beaucoup d'indics traînaient parmi nous. Je me déplaçais en moto et je ne dormais qu'une demi-heure par jour. J'étais complètement épuisé. J'ai échappé à trois tentatives d'assassinat, j'ai appris à ne jamais revenir ni coucher au même endroit. »

Impossible d'interrompre le « Hajji ». Malgré sa colère, sa gravité, il était différent des autres combattants dont j'avais enregistré les témoignages : il aimait la vie. Il reconnut à un moment, avec un sourire, qu'il ne voulait pas se marier pour rester libre.

« Au camp, les gens s'entraidaient, partageant tout. Mais il y avait des problèmes. Beaucoup prenaient des drogues, alors on en a interdit l'usage. Les pillages se multipliaient, on a placé des gardes devant les maisons. J'ai demandé aux gens de se montrer solidaires, et nous avons continué à manifester et à empêcher l'armée d'entrer. Nous avons aussi formé des patrouilles qui se relayaient pour surveiller les entrées et les sorties du camp – même du côté de la mer. Et chaque vendredi, les manifestations reprenaient. Il y avait plus de dix mille personnes à chaque fois.

» Nous avons établi un État indépendant dans le quartier palestinien d'Al-Raml pendant six mois. Nous étions autonomes. Nous avons mis en place un premier conseil militaire. C'était au quatrième mois de la révolution. J'étais devenu commandant, car je maîtrisais le maniement des armes depuis des années et puis je suis un peu un aficionado.

» La situation n'était pas bonne dans le quartier Al-Sakantoury. Comme nous, la plupart des jeunes étaient sans éducation, sans emploi, travaillant comme ouvriers ou chauffeurs. Une escarmouche a éclaté. Nous avions seulement de la dynamite, eux possédaient des canonnières et des Dushka. Ils nous ont attaqués. Après ça, on a distribué des armes à la population. Certains de nos jeunes voulaient riposter mais je les ai empêchés, nous n'en avions pas la capacité. Je pensais qu'il fallait attendre qu'on nous envoie des renforts. On a attendu de l'aide de la part de l'Armée Syrienne Libre ou des autres régions. Personne n'a fait le moindre geste. Je l'ai vécu comme une trahison, nous étions livrés à nous-mêmes. Nous avions trois mille cinq cents balles, dix fusils et une mitrailleuse ; nous avons décidé de résister jusqu'à notre dernier souffle. »

Le « Hajji » soupira. Il fumait à la chaîne tout en essayant de sonder mes réactions. Je continuais à écrire sans lever les yeux.

« Notre plan était défensif, nous cherchions à repousser l'attaque, à empêcher le plus longtemps possible l'entrée de l'armée. Après tout, nous ne représentions que le quartier d'une ville d'un pays dominé par l'armée. Nous avons placé les combattants dans les rues pour la surveillance. Une erreur. Nous avons perdu le contrôle sur eux, ils ont ignoré les ordres et se sont mis à tirer sur les soldats et les blindés.

» Nous avons résisté de l'aube jusqu'au lendemain midi, aidés par le dédale des rues. Les bateaux de l'armée tiraient sur nous depuis la mer et leurs blindés nous visaient au sol. Ils sont entrés dans le camp. Ils sont entrés avec les camions de soldats, disposant les snipers sur les terrasses, entre les maisons. Nous avons tué quarante-cinq hommes et ils ont tué treize des nôtres. Nous avons rassemblé les femmes et les enfants pour les faire sortir du camp. Ma mère et ma sœur étaient avec eux. Nous avons attaqué le checkpoint de l'armée. Nous nous sommes battus pendant quatre jours sans dormir ni manger, mais lorsque l'armée est arrivée à Al-Sakantoury, des milliers de gens ont fui. Nous nous abritions dans les bâtiments abandonnés. Il fallait bouger tout le temps, se cacher.

» Ils ont arrêté quarante-cinq jeunes gens du quartier, alors que nous avions réussi à fuir vers le camp de Yelda, de l'autre côté de la frontière turque. J'étais responsable de six cents *chebab*, et je ne savais pas quoi faire. Je n'avais pas d'argent à leur offrir. J'étais perdu, alors je me suis dirigé vers Antioche, où un deuxième choc m'attendait quand j'ai compris que d'autres voulaient diriger la campagne civile à ma place et prendre la tête du mouvement militaire. Cette révolution a été une longue suite de trahisons, de mensonges et de coups de poignards dans le dos.

» J'ai rencontré de nombreux officiers, je leur ai présenté des plans de bataille. J'ai reçu quelques subventions pour acheter des armes et j'ai suspendu les combats avant d'être sûr que la livraison serait assurée. On nous a promis l'arrivée des armes par bateaux, mais j'ai refusé, sachant que ce ne serait pas possible.

» J'ai demandé de l'aide partout. Je n'ai rien obtenu. Le fardeau des responsabilités devenait dur à porter. Le monde entier nous laissait tomber, le désespoir gagnait les combattants et les commandants. Nous avions à peine de quoi nous nourrir et manquions de sommeil. J'ai rassemblé les combattants qui étaient venus en Turquie et je leur ai dit qu'ils étaient libres de rejoindre la brigade de leur choix, faute d'armes à leur fournir. Je suis parti me battre dans les montagnes kurdes début 2012 et j'y suis resté jusqu'à la bataille de Dourine en juillet.

» Nous étions au cœur des montagnes. Nous avions chaque jour un plan différent pour attaquer un barrage ou une faction sécuritaire. Nous volions des voitures, j'ordonnais de tuer le chauffeur si c'était un alaouite. Certains refusaient et protestaient, furieux. Mais moi, je leur en veux aux alaouites. Je n'oublie pas ce qu'ils m'ont fait subir quand je travaillais au port. »

Il s'interrompit. Je savais qu'il guettait ma réaction.

Je lui demandai, sans lever la tête :

« Qu'est-il arrivé ensuite ? »

Il ne répondit pas tout de suite. Le silence s'installa. Je levai les yeux et le regardai fixement. Il fit de même.

« Poursuivez, insistai-je.

— Avant que nous soyons attaqués par l'aviation, les batailles étaient simples et nous progressions.

Les Portes du néant

Mais après, ce n'était plus pareil. À partir de la bataille d'Al-Héffé et après celle de Dourine, je me suis retrouvé sans munitions. J'ai laissé les gars dans les montagnes, je suis reparti en Turquie chercher de l'argent et des munitions. Je les ai fait passer des montagnes kurdes aux montagnes turques jusqu'à la province de Lattaquié.

» La première bataille a eu lieu à l'Observatoire 45, une colline, et la seconde à Nab al-Murr, près de Kassab. Nous sommes entrés dans le village alaouite de Bayt Uthman, où il ne restait plus que quelques jeunes hommes et on les a tués. On a volé toutes les victuailles qu'on a pu emporter. On a brûlé quelques maisons. Un peu plus tard, nous avons appris qu'un des bataillons avait "vendu" l'Observatoire 45 à l'armée, qui l'utilisait dans le passé comme point d'observation. Une trahison de plus. À peine libérées, les lignes de front étaient aussitôt "vendues". Les gens faisaient des affaires pendant les batailles au prix de notre sang. Nous avons été déçus par le manque de confiance et, de notre côté, nous ne pouvions plus nous fier à quiconque. Celui qui arrivait à avoir des armes contrôlait l'issue du combat. Lors de la bataille d'Al-Zaeniya, nous avons assiégé le régiment 135 pendant deux heures et nous en avons tué un grand nombre.

— Vous parlez avec beaucoup de légèreté de ces morts. Êtes-vous un meurtrier ? »

Il me lança un regard furibond :

« Oui, j'ai tué des gens. Je défends nos droits. Mais je ne vous tuerai pas !

La troisième porte

— Peut-être... Parce que nous sommes à la frontière turque. Vous êtes prudent. Mais si nous étions en Syrie, vous ne m'auriez pas épargnée.

— Non, je ne vous aurais pas tuée. Avec la torture qui vous attend, j'ai pitié de vous. Vous assassiner serait un acte de compassion. Vous n'êtes pas dans une situation enviable, vous êtes coupée de la réalité. Ce qui se passe ici, c'est une guerre de religion et rien d'autre ! »

Je cessai d'écrire. Je relevai la tête. Je voulais l'observer pendant qu'il parlait de moi.

« Oui, j'ai pitié de vous, et j'espère que vous resterez loin de cette sale guerre. Je connais un officier alaouite qui a déserté. Il s'est ensuite suicidé au sein d'un bataillon de l'Armée Syrienne Libre.

— Il s'est suicidé ou il a été tué ?

— Il s'est suicidé. C'était au tout début. Je vais vous raconter ce qui m'est arrivé dans les montagnes d'Al-Arbaeen, puisque vous aimez tant les histoires : j'ai pris quinze hommes avec moi jusqu'à la forêt de Foronlok. Nous savions que l'armée se trouvait dans cette zone. Il y avait une falaise devant nous. On a atteint un espace ouvert au cœur de la chaîne montagneuse, entre trois sommets. Nous avons dû nous abriter derrière des rochers pour éviter le déluge d'obus qui pleuvaient sur nous. Nous avons crié : « Soldats ! Vous feriez mieux de déserter ! Nous sommes vos frères. » Ils nous ont répondu par des insultes. Je leur ai crié de se rendre parce qu'ils étaient encerclés. Mais ils ont continué à nous insulter. Vous n'imaginez pas comme

Les Portes du néant

j'étais furieux. Nous étions des Syriens qui tuaient d'autres Syriens. Mais que pouvions-nous faire ?

» Nous nous sommes repliés. Ils nous ont contournés et nous ont bombardés. Nous avons réussi à nous replier. Nous avons réussi à échapper à la mort. Cette bataille m'a beaucoup marqué, nous étions très proches les uns des autres au point de nous entendre parler.

» À Al-Zaeniya, nous n'avons pas laissé un seul homme en vie. Les cadavres gisaient par terre à perte de vue. On les a laissés là, en proie aux chiens, avant que le régime ne vienne les chercher…

» Après, nous sommes restés dans les montagnes turkmènes et nous avons suivis les ordres de la 10e brigade, qui était sous le commandement de l'ASL. J'ai vécu dans les tranchées d'un village alaouite complètement déserté que nous avons contrôlé pendant trois semaines. Trois autres bataillons nous ont rejoints et nous avons réussi à avancer de quatorze kilomètres dans les régions dominées par le régime. Trois mois plus tard, j'ai demandé le soutien de l'état-major, on était constamment à portée des tirs. C'était devenu suicidaire. Personne n'est venu nous épauler. Les autres bataillons sont restés dans le village voisin de Kandasiya. Lorsque j'ai senti que j'allais être vendu avec mes hommes, que j'allais être abandonné, j'ai informé le Conseil militaire que je me retirais. Je croulais sous les dettes, j'ai vendu le mortier et le canon russe pour les rembourser et je me suis mis sous leur autorité. Aujourd'hui, mon bataillon porte le nom d'Ahrar Latakia. Je ne participe plus qu'à quelques combats quand j'en reçois l'ordre. Nous sommes basés près de Mashqita, à quelque quinze kilomètres de la ville.

— À vos yeux, la bataille sur la côte ne serait pas réelle ?

— En effet. Je pense que les pays étrangers désirent voir les Syriens s'entretuer. Ils se sont débrouillés pour nous monter les uns contre les autres avant de partir. J'ai appris cela d'un professeur qui combattait dans nos rangs. C'est désespérant. Je sais que le sang syrien sera répandu pour rien.

» Ce qui est vraiment étrange, c'est de voir l'EI sur le front du littoral, mais pas ailleurs. Ils ont cinq cent cinquante hommes dans la zone, qui se contentent d'observer. Je ne sais pas ce qu'ils attendent. Les hommes d'Ahrar al-Cham sont là, eux aussi, mais nous autres, les combattants de Lattaquié, qui rêvions d'un État national, nous sommes tenus à l'écart de leurs plans ! Ce qui est encore plus étrange, c'est que, à l'heure qu'il est, l'EI tue les soldats de l'ASL et pas ceux du régime. Il y a quelque temps, ils ont fait venir des lance-roquettes Grad et ont voulu tirer sur un village alaouite encore peuplé. J'ai refusé, mais un jour ou l'autre, ils mettront leur plan à exécution, ils tireront aussi sur Lattaquié. Les combattants de l'EI sont des Tunisiens, des Libyens, des Saoudiens. Nous avons eu quelques accrochages avec eux.

— Que ferez-vous après la chute du régime ? »

Il éclata de rire jusqu'à en devenir écarlate, puis me regarda d'un air rusé :

« Il ne tombera pas de sitôt. Le chemin est long. Cette guerre ne s'arrêtera pas avant vingt ans. Je ne sais pas ce qui arrivera après. Je suis certain que je ne vivrai pas assez longtemps pour le voir, ce qui est une honte parce que j'aime la vie. Mais je suis sans cesse sur le front. Je suis un mort en sursis. Si nous avions un véritable chef, les choses seraient bien différentes. »

Ce dernier témoignage épuisa mes maigres réserves de concentration. L'absurdité et la douleur qui transparaissaient dans ces récits de guerre me plongèrent dans une sorte d'abîme sans fond alors que j'avançai vers la frontière, d'un pas machinal, me laissant porter par la marée des voyageurs.

Ici, le flux de la vie s'opposait à l'accélération de la mort, les contraires entraient en collision après une course effrénée. D'un côté, le flot intarissable d'âmes errantes qui fuyaient la mort et les bombardements sans craindre la misère de l'exil, la pauvreté. En face, une file de combattants emportés vers la mort qui devait leur servir de passerelle vers leur prétendu paradis promis. Entre les deux, des trafiquants en tous genres, voitures, armes, hommes. J'observais ces mondes contradictoires et confus.

Autour de moi, un essaim de gens terrifiés et désireux de fuir ; des combattants blessés ; des représentants d'organisations humanitaires ; des correspondants de radios et des journalistes étrangers ; des hommes mutilés sautillant au milieu des femmes et des enfants. La file avançait lentement, chacun regardant devant soi, sans manifester aucune curiosité pour son voisin, comme des figurants dirigés par un metteur en scène invisible. Les visages anxieux, le regard perdu, sous le soleil de plomb. La même scène se répétait chaque fois que je passais la frontière dans un sens ou dans l'autre. Des hordes fuyant comme au jour du Jugement.

Le camp d'Atmeh était tel que je l'avais laissé sauf que le nombre d'enfants, de tentes et de postes de contrôle, dirigés pour la plupart par des djihadistes, avait pullulé. Jusqu'en août 2013, l'EI avait maintenu des relations cordiales avec les autres factions djihadistes telles que le Front al-Nosra et Ahrar al-Cham. Il entrerait bientôt en conflit avec elles, ses objectifs semblant désormais sans limites, avec l'ambition de fonder un État.

L'avant-dernier checkpoint était celui de l'EI. Quatre jeunes armés se tenaient aux aguets, les jambes écartées. Deux avaient le visage entièrement dissimulé par leur keffieh. Ce n'étaient pas des Syriens. Je demeurai aussi calme que possible. Je ne me sentais pas vraiment sereine, mais je fixai un point devant moi sur la route et ne prêtai aucune attention à leur conciliabule avec mes compagnons. Leurs accents étaient bizarres si bien que je ne comprenais pas tout ce qu'ils disaient. L'air arrogant et assuré, ils avaient le verbe haut et se comportaient comme les maîtres des lieux. Leurs barbes étaient plus courtes que d'habitude. D'un signe, ils nous donnèrent l'autorisation de passer.

À l'entrée principale du camp, se trouvait un checkpoint tenu par des combattants d'Ansar al-Islam (les

Alliés de l'islam). Il y avait une répartition des rôles entre les brigades armées pour garder le camp. Je vis, des deux côtés de la frontière, une noria de camions chargés de caisses en bois. On déchargeait l'un d'eux avec beaucoup de précautions. Des armes, sans doute. Cela se passait en plein jour, à la frontière, au vu et au su de tous, vieillards, femmes, enfants, commerçants, passeurs, ONG et journalistes. En bordure d'un champ d'oliviers, des jeunes de différentes nationalités étaient assis au soleil. Ces combattants attendaient leur tour pour entrer et rejoindre la bataille.

Mes amis m'accompagnèrent jusqu'au dernier poste de frontière, celui par lequel nous étions entrés. Maysara fit la queue avec moi au milieu d'une cohorte de gens aux mines abattues, qui avaient l'air de sortir d'un tableau de Goya. Il nous fallut attendre plus d'une heure. À côté de moi, une jolie fille de quatorze ans, Fatima, un prénom commun ici, m'expliqua qu'elle quittait le camp d'Atmeh avec sa mère pour se marier de l'autre côté. Son père avait été tué et elle était l'aînée de six sœurs. Je l'interrogeai sur son futur époux. Il était jordanien, vivait en Turquie et faisait du commerce entre Amman et la Turquie. Elle vivrait à Antioche. Je ne lui posai aucune question sur l'âge de son futur époux pour ne pas la gêner. Elle me demanda ce que je faisais là. Je lui mentis, en lui disant que je venais du Jebel al-Zawiya. Elle se tut et ne s'intéressa plus à moi.

Je l'aperçus un peu plus tard de l'autre côté de la frontière. Un homme l'attendait auprès d'un taxi. Il devait avoir soixante ans au moins et portait sur le front la *zabiba*, cette espèce de durillon, signe de dévotion, dû à des prosternations répétées chez les musulmans pratiquants. Il était vêtu d'une abaya blanche. Je me trouvais assez près d'elle pour lui demander : « C'est lui, ton époux ? » L'homme parut se recroqueviller sur lui-même et Fatima me lança un regard furtif avant de me tourner le dos.

Le préposé qui enregistrait les noms transpirait à grosses gouttes. Je portais toujours mes vêtements noirs qui me couvraient de la tête aux pieds. Derrière moi, la file de femmes, d'hommes et d'enfants s'allongeait, sous un soleil implacable. Personne ne possédait de papiers d'identité. Près de moi, une femme tentait de calmer son bébé en chantant à voix basse. Les bras du petit étaient enveloppés de gaze depuis les épaules jusqu'au bout des doigts. Je baissai les yeux pour lire le nouveau nom sous lequel je quittais le pays. Cela me rappela la première fois que j'avais voyagé sous pseudonyme, à seize ans, quand j'avais quitté ma famille, en 1987. Je ne pus m'empêcher de rire à ce souvenir. J'ai porté tant de noms dans ma vie au cours de mes allées et venues.

L'employé me dit d'un ton agacé : « Dites-nous ce qu'il y a de si drôle ! » Je ne le savais pas moi-même. J'avais pris cette habitude auprès des jeunes militants. Dans les moments les plus critiques, j'éclatais de rire. « Ça ne vous fera pas rire », songeai-je tandis que je gardai le silence.

Enfin, je pus avancer vers le territoire turc. Mes compagnons se trouvaient encore côté syrien, me guettant au milieu de la foule. Comme je ne voulais pas prolonger ces adieux, je me contentai de leur faire un signe de la main auquel ils répondirent de la même façon. Maysara ne dit pas un mot en voyant mes larmes. Je savais que je ne les reverrais peut-être plus jamais. Je leur adressai un dernier signe.

« J'ai l'impression d'être un personnage de bande dessinée pleurant des seaux de larmes », dis-je à Maysara qui, avec son calme habituel, m'indiqua de le suivre. Je me ressaisis, lui obéis et perdis de vue mes compagnons.

En voyant partir la jeune fiancée avec son nouvel époux qui avait l'âge d'être son grand-père, je pensai soudain à ma petite fée, Aala, la benjamine de Maysara, et aux histoires que je lui conterais à mon arrivée à Antioche. Je lui décrirais sa maison, à Saraqeb, je lui relaterais ce que nous avions fait avec Noura et les deux vieilles dames. Je me préparai à lui mimer ces récits en incarnant chaque personnage, ses voisins, ses proches, car tout le monde était plus ou moins parent à Saraqeb. Alors que nous roulions vers leur nouvelle maison, je réglai les derniers détails de l'histoire que j'allais lui raconter. C'était important, Aala allait grandir, elle pourrait raconter un jour l'histoire de sa propre fuite et de sa vie en exil. Ou préférer ne rien dire, et oublier au contraire.

La voiture longeait la frontière. La Syrie était à ma gauche. Maintenant j'étais l'ennemi et dans mon sang coulait le désir de vengeance contre tous les assassins. J'étais cet être éclaté, fissuré, qui s'était déraciné et

La troisième porte

adapté à une nouvelle terre pour se déraciner de nouveau. Je voulais à la fois une identité et lui échapper. Je vivais entre les halls d'aéroports et les quais de gares, chassée, chassée loin d'ici. L'impossibilité de rester m'arrachait avec violence à mon rêve d'un retour. Il me fallait accepter une bonne fois pour toutes que je partais en exil, que je quittais une terre vouée à la dévastation, souillée par les secrets et les complots, saccagée par les takfiris. Les terres que les Syriens avaient libérées au prix de leur sang, les villes et villages du nord, se retrouvaient occupées de nouveau. Ils n'étaient plus même syriens. Nos rêves de révolution avaient été détournés. Les grandes puissances livraient leurs propres batailles dans mon pays, déplaçant les bataillons comme des pions, finançant et approvisionnant des fronts inexistants. La frontière turque était une grande passoire par laquelle transitaient armes et combattants de toutes origines. Qui étaient les bailleurs de fonds de l'EI et du Front al-Nosra ? Qui assassinait les commandants de l'Armée Syrienne Libre ? Les journalistes et les militants politiques ? Qui avait volé la révolution pour en faire une guerre religieuse ? Tant de questions demeuraient sans réponses.

Je savais que dans deux jours, je serais à Paris, que cette scène s'effacerait de mes yeux. Avant, notre voiture disparaîtrait dans le paysage turc, Maysara et moi retrouverions Aala, qui m'attendrait avec son stock d'histoires qui ne s'épuiserait pas avant mon départ pour Istanbul. En échange, je lui donnerais des nouvelles des voisins, des jeunes rebelles et je lui mentirais, je ne lui parlerais pas des cadavres de ses petits camarades. Je lui ferais mes adieux avec élégance. Je lui promettrais de revenir dans quelques mois.

Dans mon livre précédent, *Feux croisés*, qui évoquait les premiers mois de la révolution, j'avais pénétré dans le premier cercle de l'enfer. Ce second témoignage m'a entraînée dans des abysses plus profonds. Pourtant, alors que je me retrouvais en exil, je ressentais toujours la même chose. Encore une fois, je n'avais pas l'impression d'un véritable exil. Mais ce n'était peut-être pas le mot juste. Il ne convenait pas au bouleversement que ces événements accélérés avaient provoqué en moi. Il fallait le redéfinir. Je devais creuser dans ses racines. Car cet exil nourri d'images tirées des réseaux sociaux ne ressemblait en rien à l'exil tel qu'on l'entendait autrefois dans son sens originel. Avec les nouvelles technologies, les lieux qu'on avait quittés demeuraient présents et accessibles dans la mesure où l'on pouvait interagir avec ceux qui étaient restés, communiquer sur les événements au moment où ils se produisaient. L'exil ne suscitait plus un tel sentiment intense de perte d'identité comme avant l'émergence d'Internet.

La frontière disparut derrière nous. Je m'imaginai soudain que si la masse physique qui me constituait pouvait être brisée en atomes éparpillés dans l'espace, me rendant aussi libre qu'un drap léger soulevé par la brise, ce serait magnifique ! Je serais heureuse de passer de la matière au néant. Puis, à cet instant, je me rappelai que nous étions à la fin du mois d'août, que je risquais de ne plus jamais revenir, que mon pays et son ciel étaient occupés. Je me figeai, aussi lourde qu'une statue de marbre et me tournai pour contempler, sans ciller, le regard fixe, le vide de la frontière.

ÉPILOGUE

J'ai achevé le premier brouillon de mon manuscrit à la fin du mois de septembre 2014. J'avais posé mon stylo en quittant mon pays et il me fallut des mois avant de me sentir capable de raconter mon expérience. Écrire me paraissait inutile. Évoquer ce qui se passait semblait absurde et frivole. Mes doigts se paralysaient, mon esprit se figeait. Ce blocage, cette paralysie, m'empêchait de reprendre mes notes, de plonger dans mes entretiens. Impossible de me débarrasser de ce sentiment de futilité. L'énormité de l'injustice, les massacres quotidiens m'avaient laissée sans voix. Je crus qu'il me faudrait une éternité pour retrouver ma capacité à écrire.

Écrire est une voie vers la conscience à travers ses relations complexes avec la mort. C'est une reproduction de la vie, un défi courageux à la mort. Mais aussi une défaite, car, pour finir, la mort, avec toutes ses questions difficiles, représente à la fois l'impulsion de l'écriture et sa source. C'est une défaite courageuse. Je n'avais jamais envisagé ce chevauchement inévitable entre l'écriture et la mort avant ce jour.

Les Portes du néant

Une année s'est écoulée depuis mon départ de la Syrie. Les chiffres de l'exode massif des Syriens entreront certainement dans l'histoire. Je garde un œil attentif sur ce qui se passe. Comme tout le monde, je pense. Vous suivez les informations, vous regardez les photos, vous restez en contact avec ceux qui sont encore coincés là-bas... Mais qu'est-ce que cela signifie ? Qu'est-ce que cela apporte ? La pièce essentielle du puzzle manque. Lire que des barils d'explosifs et des obus sont tombés pendant dix jours sans interruption dans la ville où vous avez vécu n'a rien à voir avec la vraie vie sous les bombardements. Depuis un an, Saraqeb est pilonnée tous les jours. Voir les cadavres amoncelés sous les décombres, ce n'est pas les toucher. L'odeur de la terre après l'explosion d'une bombe à fragmentation ne se transmet pas par le biais des photos et des vidéos diffusées par les militants qui sont en vie et capturent les événements par l'image. Où est la puanteur ? La panique dans les yeux des mères ? Ce bref moment de silence et de choc après chaque déflagration ? Toutes ces images nous connectent de façon provisoire avec les faits qui se déroulent en temps réel, mais quelle signification ont-elles ? Elles ne disent rien d'autre que la folie. Parce que ces images en deux dimensions fusionnent la réalité avec l'imaginaire, réduisent tout à une sorte d'absurdité futile, brouillent la séparation entre la vie et la mort.

Le monde extérieur ne croira jamais que ce qui se passe en Syrie – ce dont le monde entier est témoin pourtant – n'est rien d'autre que le désir de

Épilogue

la communauté internationale d'assurer son propre salut. D'autres gens meurent à la place. La communauté internationale poursuit sa vie alors même que la vie s'éteint devant ses yeux. Ils sont les survivants et cela suffit. C'est un instinct charnel semblable au désir sexuel. Les voyeurs du monde entier prennent leur pied en regardant la lutte désespérée de la Syrie pour survivre, une scène composée essentiellement de tas de cadavres syriens. Le monde se contente de regarder, de broder, de rendre encore plus sensationnel le spectacle artificiel de la guerre entre Assad et l'EI. Puis cet épouvantail a grandi pour devenir le monstre effrayant dont ils avaient besoin pour apaiser leur absence de conscience. Ce qui se passe n'est pas nouveau dans l'histoire de l'humanité. Mais cela se déroule à la vue de tous. Le sang se répand sous nos yeux et sur nos mains. Accompagné d'images de barbarie qui font de nous des monstres au cœur froid. La machine médiatique internationale tourne en boucle si bien que chaque nouvelle victime efface la précédente et nous familiarise avec l'atrocité et l'ampleur de la mort. Nous consommons les informations puis nous les jetons à la poubelle.

Voici ce que sont devenus les Syriens depuis quatre ans. Une révolte populaire pacifique contre un dictateur s'est muée en une mutinerie armée contre les militaires et l'État, avant que les islamistes ne s'emparent de la scène et ne transforment les Syriens en pantins dans une guerre par procuration. L'EI, la faction fondamentaliste qui est apparue en avril 2013, est aujourd'hui un

Les Portes du néant

État et possède de facto une force d'occupation. Les combattants étrangers, qui ont déferlé à travers la frontière turque, sont devenus des machines de mort et de destruction. Tout est pris dans les tenailles du radicalisme violent.

L'EI occupe des villes syriennes. La coalition dirigée par les États-Unis les bombarde presque avec coquetterie, avant de s'enfuir par lâcheté. Pendant ce temps, l'EI et ses alliés avancent indemnes et le massacre se poursuit. Le monde entier est obsédé par l'État islamique pendant que les avions d'Assad continuent à larguer des bombes sur les civils, dans les provinces d'Idlib, de Damas, de Homs et d'Alep. Le monde semble attendre que le spectre flou de l'EI devienne clair, qu'il se cristallise, alors que d'innocentes victimes civiles continuent de mourir. Les rouages des négociations internationales se grippent et pendant ce temps, le sang coule, on compte des millions de déplacés, qui deviendront des millions de réfugiés. La Syrie ne sera plus jamais la même. On l'a pendue et écartelée.

Je suis restée en contact avec les femmes et les rebelles. Mohammed n'a pas encore quitté Saraqeb. Il refuse de quitter son pays pour se faire soigner alors qu'il ne voit toujours pas d'un œil. Lors de notre dernière conversation, il m'a dit qu'il étouffait lorsqu'il sortait de Syrie. Avec ses camarades, ils creusent des grottes pour y passer la nuit, et le jour, ils tentent de secourir les victimes des bombardements, d'archiver les violations et d'aider la population. Souhaib, le neveu, refuse lui aussi de rentrer en Europe où

Épilogue

il a longtemps vécu. « Je mourrai ici, je ne partirai jamais. »

Maysara, son épouse et Aala ma petite fée se trouvent encore à Antioche. Aala a un nouveau petit frère. Elle est heureuse avec les siens. Ils vont à l'école et apprennent la langue turque. De temps à autre, Maysara retourne à Saraqeb.

Raed Fares a échappé à une tentative d'assassinat et reçoit sans cesse des menaces de mort de la part de l'EI et des groupes armés islamistes et takfiris, mais il refuse de quitter Kafranbel. Les autres hommes que j'ai rencontrés refusent eux aussi de partir : Abdallah, Khaled, Izzat, Hammoud, Abou Tareq et Abou Wahid. Ils s'accrochent tous à leur rêve. Leur travail a changé mais leur leitmotiv est toujours : « Nous mourrons ici, nous ne partirons jamais. Ici, c'est notre terre. » Ils ne se soumettront jamais ; ils sont convaincus qu'ils ne céderont pas aux appels des bataillons takfiris qui leur promettent monts et merveilles. Ahmad et Abou Nasser continuent de se battre. Ahmad a été blessé au cours d'une bataille. Abdallah s'est marié, il a aujourd'hui un enfant. Il a négligé la blessure de sa jambe et boite toujours. Manhal s'est installé en Turquie mais il a récemment décidé de retourner à Saraqeb, où il a rejoint les rebelles. Razane a refusé de porter le voile. Elle a dû quitter Kafranbel et vit aujourd'hui dans une ville turque près de la frontière syrienne.

Abou Ibrahim et Noura, mes généreux hôtes, ont fini par quitter leur grande maison au centre de Saraqeb, et sont partis vivre à la ferme, dans la plaine, loin des bombardements. Mais un massacre a été perpétré non loin de chez eux. Ayouche et les vieilles dames s'étaient installées avec eux. La tante, si belle, est décédée un mois après avoir déménagé à la ferme. Abou Ibrahim refuse de quitter son pays, et Noura, qui l'aime tendrement, me confie sur Skype qu'elle ne partira jamais sans son époux, malgré la terreur qu'elle éprouve. Elle me dit qu'elle vivra et mourra avec lui.

Ce ne sont que quelques protagonistes de l'une des plus grandes tragédies du XXIe siècle. Leurs souffrances sont la preuve bouleversante de la faillite morale de l'humanité. Ils se sont engagés dans la révolution avec des rêves de liberté et de justice. Ils ont payé de leur sang leur rêve avorté. Ils sont les enfants de cette grande épopée syrienne que je n'oublierai jamais. Même à Paris, où la beauté surgit partout, dans les plus petits détails, je sens encore que l'horreur de ce qu'ils vivent, nichée dans ma poitrine, me tue. Cette ville n'a pas réussi à m'arracher complètement à ma terre. Le sentiment d'exil, le mal du pays que je croyais pouvoir évacuer, auxquels je croyais pouvoir résister, prédominent encore. Avant cette épreuve, je n'avais pas beaucoup réfléchi à la définition de l'exil comme une situation exceptionnelle qui diminue les confins étroits de votre identité, qu'il s'agisse de la langue, de la nationalité, de la religion ou de la localisation géographique. En ce qui me concernait, mon texte et mon récit étaient mon identité. C'était ce que je pensais. Pendant plus de vingt ans, les histoires ont constitué le seul royaume auquel je croyais. Mais j'ai découvert après un an que

Épilogue

l'exil est l'exil et rien d'autre. Cela veut dire marcher dans une rue et savoir que vous n'êtes pas à votre place.

Ici, dans mon exil, j'ai appris à marcher et à réfléchir pendant mon sommeil. Endormie ou peut-être déjà morte ? Quelle différence alors que je me sens détachée, absente de la réalité ? J'ai beau tâter mon corps, je ne reconnais pas mes mains. Mon récit me paraît étranger, méconnaissable. Ai-je jamais été à ma place ? Je la trouverai peut-être en plongeant encore plus loin dans mon exil.

APPENDICE DE L'AUTEUR

Une courte note sur les alaouites et les sunnites

Les alaouites constituent une branche du chiisme qui possède ses propres enseignements religieux et reconnaît douze imams (successeurs légitimes du Prophète Mahomet). Ils ont fait l'objet de persécutions, de déplacements, de pogroms parce que certains orthodoxes sunnites les considéraient comme infidèles et hérétiques.

Le sunnisme est le courant religieux majoritaire de l'islam. Sa législation et ses traditions sont fondées sur le Coran et les *hadith*, les préceptes oraux du Prophète. Il reconnaît quatre califes, les dirigeants des quatre écoles officielles du sunnisme qui ont émergé après la mort du Prophète.

Les alaouites suivent l'imam Ali Ibn Abi Talib, cousin du prophète Mahomet et n'acceptent pas l'autorité des sunnites. Ils ont leurs propres traditions théologiques, la plus importante étant la séparation de l'Église et de l'État. Avant le XIXe siècle, on les connaissait sous différents noms, incluant *nusayris*. Le statut des alaouites en Syrie a changé lorsque Hafez al-Assad, le père de Bachar, a pris le pouvoir car il a su exploiter l'histoire difficile de la communauté alaouite à son propre avantage, renforçant son allégeance.

Les Portes du néant

Même si de nombreux opposants à Hafez al-Assad étaient en fait alaouites et ont passé de nombreuses années en prison sous son gouvernement, il a rempli les rangs de son armée avec eux et a appauvri la communauté en les obligeant à entrer dans les services secrets, en les corrompant par des postes dans l'armée et l'administration. Hafez al-Assad s'est passé des autorités religieuses et a fait usage de la religion alaouite chaque fois que cela l'aidait, lui et sa famille, à rester au pouvoir. Quand la révolution a éclaté en Syrie, les alaouites se sont rangés généralement du côté de Bachar al-Assad.

GLOSSAIRE

Alaouites : Branche minoritaire du chiisme duodécimain qui voue un culte à la figure d'Ali. La doctrine des alaouites – ou *nusayris* – aurait été fondée au IXe siècle par Muhammad Ibn Nusayr. La communauté est surtout présente dans le nord-ouest de la Syrie, elle constitue aujourd'hui le noyau du clan Assad, qui gouverne la Syrie depuis 1970.

Armée Libre : Armée des rebelles qui combat l'armée officielle du régime. Elle est composée de divers bataillons et brigades, y compris des déserteurs de l'armée syrienne et des militants modérés.

Chabbiha : Mercenaires à la solde du clan Assad. Issus de gangs mafieux, les chabbiha s'avèrent incontrôlables. Ils terrorisent les opposants et font peur à toute la population syrienne. Ils sont responsables de nombreux massacres de civils.

Chebab : Littéralement, les jeunes gens. Appellation amicale et solidaire qui englobe les militants, les activistes et les combattants.

Les Portes du néant

Chiites : Appartenant à la deuxième plus grande communauté de l'islam, les chiites considèrent Ali, le 4e calife, assassiné avec son fils Hussein et ses partisans au cours d'une guerre pour la succession, comme le successeur unique et légitime du Prophète, dont il est aussi le gendre.

Daech : Sigle en arabe de l'État islamique de l'Irak et du Levant que les groupes fanatiques et extrémistes ont adopté. Dans le texte, l'appellation en usage en Europe lui a été préférée : l'EI, l'État islamique.

Djihad : Également épelé jihâd. Le djihad est considéré comme un devoir religieux. Les djihadistes mènent une guerre contre les infidèles ou les autres groupes musulmans jugés comme opposants, mécréants et hérétiques.

EI : L'État islamique. Les groupes d'extrémistes islamiques se sont autoproclamés califat en 2014 lorsqu'ils se sont emparés de Mossoul en Irak. Aujourd'hui, en 2015, l'EI contrôle de larges territoires en Irak et en Syrie et possède des filières au Moyen-Orient, en Afrique et en Asie.

Salafistes : Musulmans ultra-orthodoxes, ils prônent le retour à l'islam des origines par l'imitation de la vie du Prophète et le respect aveugle de la sunna.

Sunnites : Ils suivent les principes de la sunna, basée sur la tradition du Prophète et constituent la plus large communauté de l'islam. Le sunnisme considère les quatre premiers califes comme les successeurs légitimes du Prophète Mahomet et se présente comme le continuateur de leur action.

Glossaire

Takfiris : Ils forment un courant sectaire et marginal dans l'islam sunnite. Ils qualifient de mécréants et d'hérétiques les musulmans qui ne partagent pas leur point de vue.

Du même auteur :

Feux croisés : journal de la révolution syrienne, Buchet-Chastel, 2012.
Un parfum de cannelle, Buchet-Chastel, 2013.

Table

Préface de Christophe Boltanski.......................... 9

La première porte.. 15
La deuxième porte 65
La troisième porte 149
Épilogue.. 333

*Appendice de l'auteur : une courte note
sur les alaouites et les sunnites*............................ 341

Glossaire.. 343

Le Livre de Poche s'engage pour l'environnement en réduisant l'empreinte carbone de ses livres. Celle de cet exemplaire est de :
300 g éq. CO_2
PAPIER À BASE DE FIBRES CERTIFIÉES
Rendez-vous sur www.livredepoche-durable.fr

Composition réalisée par Belle Page

Achevé d'imprimer en février 2017, en France sur Presse Offset par
Maury Imprimeur – 45330 Malesherbes
N° d'imprimeur : 215728
Dépôt légal 1re publication : mars 2017
LIBRAIRIE GÉNÉRALE FRANÇAISE – 21, rue du Montparnasse – 75298 Paris Cedex 06

53/4376/5